W0179656

Georg J. E. Mautner Markhof

Das St. Louis- Drama

Hintergrund und Rätsel einer mysteriösen Aktion des Dritten Reiches

Leopold Stocker Verlag
Graz – Stuttgart

Umschlaggestaltung: Thomas Hofer, Reproteam-Druck GmbH., Graz

Abbildungsnachweis:
Schutzumschlag (MS „ST. LOUIS"): Wissenschaftliches Institut für Schiffahrts- und Marinegeschichte, Hamburg; S. 28, 45, 58, 61, 67, 128: Edgar Glucksman; S. 37, 110: Österreichisches Institut für Zeitgeschichte (Bildarchiv), Wien; S. 39, 139: Ullstein, Berlin; S. 51: Rolf Schröder, Flensburg; S. 55: Hapag Lloyd; S. 63: Wissenschaftliches Institut für Schiffahrts- und Marinegeschichte, Hamburg; S. 65: Gerald Granston (links), Museum of Jewish Heritage, New York (oben); S. 106: „Daily Mirror" vom 6. Juni 1939; S. 111, 176: im Besitz des Autors; S. 146: Maritim and Coastguard Agency, MCA, Cardiff; S. 178: Irmgard Glaevecke.

Die Deutsche Bibliothek – CIP-Einheitsaufnahme

Mautner Markhof, Georg J. E. :
Das St. Louis-Drama: Hintergrund und Rätsel einer mysteriösen Aktion des Dritten Reiches / Georg J. E. Mautner Markhof . - Graz ; Stuttgart : Stocker, 2001
   ISBN 3-7020-0931-0

Hinweis:
Dieses Buch wurde auf chlorfrei gebleichtem Papier gedruckt.
Die zum Schutz vor Verschmutzung verwendete Einschweißfolie ist aus Polyethylen chlor- und schwefelfrei hergestellt. Diese umweltfreundliche Folie verhält sich grundwasserneutral, ist voll recyclingfähig und verbrennt in Müllverbrennungsanlagen völlig ungiftig.

ISBN 3-7020-0931-0
Alle Rechte der Verbreitung, auch durch Film, Funk und Fernsehen, fotomechanische Wiedergabe, Tonträger jeder Art, auszugsweisen Nachdruck oder Einspeicherung und Rückgewinnung in Datenverarbeitungsanlagen aller Art, sind vorbehalten.
© Copyright by Leopold Stocker Verlag, Graz 2001
Printed in Austria
Layout: Klaudia Aschbacher, A-8101 Gratkorn
Gesamtherstellung: Wiener Verlag Ges.m.b.H., Himberg bei Wien

INHALT

PROLOG

Im Frühjahr 1945 erlebte eine meiner Tanten in einem niederösterreichischen Dorf den Einmarsch sowjetischer Truppen. Der kämpfenden und meist nur durchmarschierenden Vorhut folgten Einheiten, die Haus für Haus in Besitz nahmen, die Wälder absuchten und nach Vorräten Ausschau hielten. Wie überall an der Ostfront, herrschte große Furcht vor den anstürmenden Russen. Es kam zu Vergewaltigungen, Plünderungen und manchmal zu willkürlichen Erschießungen. Männer und Frauen wurden zu irgendwelchen Arbeiten abkommandiert. Einige verschwanden für Jahre, manche für immer. Es gab jedoch auch verblüffende Szenen: Sowjetsoldaten begegneten betagten Großmüttern mit Ehrfurcht und erwiesen sich als ausgesprochen kinderliebend.

Meine Tante war damals eine junge Frau. Während der ersten Tage versteckte sie sich hinter einem Holzverschlag. Erst als sich die Situation einigermaßen normalisiert hatte – nach heutigen Begriffen konnte von „normal" freilich noch keine Rede sein –, wagte sie sich aus ihrem selbstgewählten Käfig heraus.

Als ich sie einige Monate später wiedersah, ersuchte ich sie, mir über die damaligen Geschehnisse zu berichten und zu erzählen, wie es ihr persönlich ergangen sei. Zu Beginn ihres langen Berichtes stellte sie einen Satz, den ich bis heute – obwohl seither mehr als ein halbes Jahrhundert vergangen ist – nicht vergessen habe: *„Es war nicht so arg, wie man glaubt, und viel ärger, als man es sich vorstellen kann."*

Über einen solchen Ausspruch einer überaus klugen und gebildeten Frau vermag man nicht einfach hinwegzugehen. Er zwingt zum Nachdenken. Was sie mir vor allem sagen wollte: Wer derartige Geschehnisse nicht miterlebt hat, läuft Gefahr, sich falsche Vorstellungen zu machen.

Als ich begann, eine Dokumentation über die „ST. LOUIS" zu erstellen, erinnerte ich mich wieder ihrer Worte. Geschichtliche Ereignisse setzen sich aus Einzelschicksalen zusammen. Mit jedem Jahr, das dann verstreicht, verblassen diese. Es beginnt das Denken in Kategorien. Schlagworte ersetzen Schilderungen von Begebenheiten, die in Wirklichkeit kompliziert, vielschichtig und oft widersprüchlich abgelaufen sind. So erleben wir in der Gegenwart eine weltweite „Aufarbeitung" der nationalsozialistischen Ära, verbunden mit einer oberflächlichen Aufteilung in Gut und Böse (wobei – das nur nebenbei bemerkt – erstaunlich ist, daß die gleiche Intensität gegenüber dem kommunistischen Terror fehlt).

Gerade die Geschichte der „ST. LOUIS" wird zeigen, daß die unsichtbare Grenze zwischen Gut und Böse nicht nur quer durch alle Staaten verläuft, sondern sich auch im Denken und Handeln einzelner Menschen findet. Wie recht hatte Arthur Schnitzler, als er meinte *„Die Seele ist ein weites Land"*.

Wer sich um historische Objektivität bemüht, wird sehr bald erkennen müssen, wie verwirrend sich die Welt von „damals" dem heutigen Betrachter präsentiert. Auch die Geschichte der „ST. LOUIS" enthält zahlreiche echte oder scheinbare Widersprüche: So zum Beispiel, wenn der Chef der deutschen Spionage die Wehrmacht mit wertvollem Agentenmaterial versorgt und gleichzeitig mit bewundernswerter Courage den Verfolgten des nationalsozialistischen Regimes Hilfe gewährt. Wir werden von einem SS-Mann des Totenkopfverbandes hören, der sich schützend vor Juden stellt. Oder auch von Häftlingen in einem Konzentrationslager, die, statt einander zu helfen, gegen einige ihrer Leidensgenossen auftreten, weil diese einer anderen Nation angehören. So wird das Drama der „ST. LOUIS" zu einem Spiegelbild des Zeitgeistes vor und während des Zweiten Weltkrieges.

* * *

Am Abend des 13. Mai 1939 verläßt die MS „ST. LOUIS", einer der größten Luxusdampfer Deutschlands, den Hamburger Hafen, um Havanna auf Kuba anzusteuern. An Bord befinden sich 899 Passagiere (38 weitere werden bei der Zwischenlandung in Cherbourg zusteigen) und 373 Mann Besatzung. Kapitän des Schiffes ist Gustav Schröder.

Zunächst scheint alles im üblichen Rahmen zu verlaufen. Die Bordkapelle spielt *„Muß i denn, muß i denn..."*, die Gangway wird hochgezogen, und die Schiffssirene heult kurz auf. Unmittelbar darauf hebt die „ST. LOUIS" vom Nordquai des Kaiser Wilhelm-Hafens ab. Das gewohnte Bild trügt jedoch, denn in Wahrheit ist alles anders als sonst.

Sämtliche Passagiere sind jüdische Flüchtlinge, die, um der Verfolgung und Drangsalierung in ihrer deutschen Heimat zu entgehen, in die Vereinigten Staaten von Amerika auswandern möchten. Da die USA lediglich ein relativ kleines Jahreskontingent deutscher Einwanderer genehmigt haben – das keineswegs nur Juden berücksichtigt –, soll Kuba als „Warteland" dienen, bis die jeweilige Immigrations-Nummer aufgerufen werden wird. Jeder Passagier besitzt ein „Landepermit" der kubanischen Einwanderungsbehörde, für das 150 Dollar pro Kopf bezahlt werden mußte.

Selbstverständlich ist es kein Zufall, daß sich – abgesehen von einigen später in Cherbourg zusteigenden Personen – ausschließlich jüdische Reisende an Bord befinden. Die Hapag als Reeder hat den Auswanderern die „ST. LOUIS" für eine Sonderfahrt nach Kuba zur Verfügung gestellt. Ein erstaunlicher Umstand, denn die Hapag („Hamburg-Amerika Linie") ist nicht irgendein Privatunternehmen, sondern eine Reederei, die sich mehrheitlich im Eigentum des nationalsozialistischen Deutschland befindet.

Dementsprechend bizarr ist die Situation. Den jüdischen Auswanderern – gestern noch weitgehend entrechtet, verfolgt und gedemütigt – wird jetzt das vollendete Service einer aufmerksamen deutschen Mannschaft zuteil, und sie dürfen den Luxus des Ozeandampfers genießen. Einige Passagiere wurden direkt aus einem Konzentrationslager auf die „ST. LOUIS" gebracht; sie vor allem vermögen den plötzlichen und unvermuteten Wandel nicht zu fassen.

Kurz vor dem Ziel werden alle Hoffnungen zerstört, die Träume wandeln sich in eine *via combusta* (verbrannte Straße). Unter diesem Begriff verstehen einige Astrologen einen bestimmten Abschnitt des Horoskops, der alle Planeten, die diese „Straße" durchziehen, „erniedrigt". Gute Aspekte bringen in Wahrheit Unheil, Hoffnungen erweisen sich als trügerisch, und hinter scheinbarem Glück lauert das Elend. Hier soll nicht der Astrologie das Wort geredet werden, es genügt die Feststellung, daß ihre Definition der „verbrannten Straße" in beängstigendem Ausmaß auf die Geschichte der „ST. LOUIS" zutrifft.

Nur wenige Dokumentationen schildern den Ablauf der Geschehnisse. Nach dem Zweiten Weltkrieg geriet der Fall „ST. LOUIS" zunächst in Vergessenheit, hauptsächlich deshalb, weil außerhalb des Kreises der Betroffenen so gut wie niemand über die Ereignisse Informationen besaß. Solange die Nationalsozialisten an der Macht gewesen waren, durfte über den Fall „ST. LOUIS" in Deutschland nicht geschrieben werden. Im übrigen hatten die hungernden Menschen in den vom Krieg zerstörten Ländern andere Sorgen, als geschichtliche Abläufe zu enträtseln, die mehr als sechs Jahre zurücklagen. Außerdem gab es ein nur sehr eingeschränktes Interesse, die damaligen Geschehnisse aufzuarbeiten. Die Vereinigten Staaten von Amerika haben genauso wie Kuba bei der Sonderfahrt der „ST. LOUIS" eine ziemlich klägliche Rolle gespielt. Deutschland wiederum saß in den Nachkriegsjahren auf der Anklagebank und vermied es – aus welchen

Gründen auch immer –, aufzuzeigen, daß Pauschalurteile über die Haltung der deutschen Bevölkerung während der nationalsozialistischen Ära ungerecht waren. So schien es für keinen dieser direkt betroffenen drei Staaten nach dem Zweiten Weltkrieg opportun, der „ST. LOUIS" besondere Beachtung zu schenken.

Erst 1949 berichtete Kapitän Gustav Schröder sehr knapp und sachlich über die seinerzeitigen Vorkommnisse an Bord. Obwohl sein Büchlein lediglich 36 Seiten umfaßt, bietet es unverzichtbare Informationen. Doch auch jetzt war man in Deutschland nicht bereit, die Chance zu ergreifen und der Welt zu zeigen, was im Dritten Reich Zivilcourage und selbstlose Einsatzbereitschaft beherzter Menschen zu erreichen vermochten. Die breite Öffentlichkeit nahm Schröders Buch so gut wie überhaupt nicht zur Kenntnis.

1961 – seit der Abfahrt der „ST. LOUIS" aus Hamburg waren inzwischen mehr als zwei Jahrzehnte vergangen – griff der Journalist und Schriftsteller Hans Herlin das Thema auf. Sein Buch „Kein gelobtes Land" basiert auf den angeblichen Aussagen überlebender Passagiere und Männer der Besatzung. Herlin war ein überaus erfolgreicher deutscher Romanautor, aber kein Historiker. Dennoch betrachtete er es als seine Aufgabe, eine geschichtliche Dokumentation zu erstellen. In einem vom 21. Mai 1989 datierten Brief[1] schrieb er wörtlich: „*Mein Buch... ist sicher die beste Dokumentation, was geschah, und könnte heute nicht mehr geschrieben werden.*" Herlins etwas überhebliche Selbsteinschätzung trifft in keiner Weise zu. Sein Bericht ist eine Mischung aus journalistischer Reportage und romanhaften Einlagen. Einige von ihm beschriebene Szenen und Ereignisse entsprechen der Wirklichkeit, andere wieder sind glattweg erfunden. Auch mit den Namen seiner Zeitzeugen geht er ziemlich willkürlich um. Manche werden richtig wiedergegeben, andere verfälscht. Manchmal scheint Herlin seine eigenen Eingriffe vergessen zu haben und verwendet abwechselnd den richtigen und falschen Namen seines Interviewpartners. Man könnte vielleicht einwenden, derartige Ungereimtheiten seien ohne Bedeutung. Wer jedoch beabsichtigt, eine glaubhafte historische Dokumentation vorzulegen, kann es sich nicht leisten, derartige Verfälschungen vorzunehmen, da er sich sonst dem Verdacht aussetzt, er habe auch andere Ereignisse willkürlich verändert. Da Hans Herlin 1994 gestorben ist, war es nicht mehr möglich, ihn selbst um eine Erklärung zu ersuchen.

Trotz der hier erwähnten Vorbehalte sollte man Herlins Beitrag nicht ignorieren. Bei aller Kritik darf nicht vergessen werden, daß er

– sieht man von dem kurzen Bericht Kapitän Gustav Schröders ab – der erste war, der das „ST. LOUIS"-Drama der Öffentlichkeit in Erinnerung brachte und vor dem Vergessen bewahrte. Dieses unbestreitbare Verdienst ist allerdings mit dem Nachteil verbunden, daß über die damaligen Vorgänge und Hintergründe ein völlig falsches Bild entstand, das bis zum heutigen Tage prägend geblieben ist. Aus diesem Grund befaßt sich die vorliegende Dokumentation so eingehend mit den Darstellungen Herlins. Es gilt nicht nur, die Diskrepanz zwischen kolportierter Geschichte und tatsächlichem Ablauf aufzudecken, sondern auch die Ursachen der Verfälschung zu erforschen. Nicht zuletzt aber sind die Berichte über die Sonderfahrt der „ST. LOUIS" so spärlich, daß es angezeigt scheint, alle vorhandenen Quellen zu berücksichtigen, auch dann, wenn sie nur bedingt verläßlich sind – vorausgesetzt, daß es gelingt, die für eine historische Dokumentation notwendige Trennung von Wahrheit, Phantasie und Ausschmückung vorzunehmen. In einigen Fällen war dies möglich, wobei Vergleiche mit anderen Quellen, Befragung von Überlebenden und logische Kombinationen als Hilfsmittel herangezogen wurden. Nicht immer jedoch vermochte ich zu einem zuverlässigen Urteil zu kommen. Die Berichte, die sich auf Hans Herlins Buch stützen, werden daher entsprechend kommentiert und mit einer Quellenangabe versehen.

Nach weiteren dreizehn Jahren veröffentlichen Gordon Thomas und Max Morgan-Witts ihre Gemeinschaftsarbeit „Voyage of the Damned" („Reise der Verdammten"). Wie Herlin stützen sie sich auf die Angaben von Zeitzeugen. Obwohl Gordon Thomas' Bericht zweifellos eher der Wirklichkeit entspricht als Herlins „Kein gelobtes Land", weist auch er Mängel auf. Die Quellenangaben sind äußerst spärlich und fehlen bei einigen Szenen zur Gänze, wodurch die Möglichkeit der Überprüfung stark eingeschränkt wird. Manche Aussagen basieren auf falschen Rückschlüssen, etwa dann, wenn Gordon Thomas – wie wir noch sehen werden – die Meinung vertritt, die Sonderfahrt der „ST. LOUIS" nach Kuba habe als Deckmantel für die deutsche Spionage gedient. Anders als bei dem inzwischen verstorbenen Hans Herlin vermochte ich von Gordon Thomas dankenswerterweise einige aufschlußreiche Antworten auf meine Fragen zu erhalten.

Bemerkenswert an den Büchern der drei erwähnten Autoren – Gustav Schröder, Hans Herlin und Gordon Thomas – ist jedenfalls die Tatsache, daß sie nicht immer deckungsgleich sind. Einige dramatische Ereignisse werden erstaunlicherweise nicht von allen Autoren erwähnt. Im übrigen scheint die Wiedergabe der Geschehnisse, ganz allgemein betrachtet, unter dem so oft beobachteten Phänomen zu leiden, daß die gebotene Objektivität – aus welchen Gründen immer – mit dem Zeitabstand abnimmt. Die gegenwärtige Tendenz einer geschichtsverfälschenden Schwarzweißmalerei erschwert nicht nur die Arbeit des Historikers, sie birgt auch – gerade bei Schilderungen aus der Ära des Nationalsozialismus – Gefahren in sich. Wenn die heranwachsenden Generationen entdecken, daß Gute auch böse und Böse auch gut sein konnten, dann wird das Mißtrauen geweckt und die Wahrheit in Zweifel gezogen. Manchmal geht unsere Geschichtsschreibung recht oberflächlich mit den Begriffen „Täter" und „Opfer" um. So wird – um ein völlig anders gelagertes Beispiel zu nennen – polnischen Schulkindern zwar den Tatsachen entsprechend gelehrt, daß ihre Heimat am 1. September 1939 von Deutschland überfallen wurde, während man in der Regel den „Olsa-Vorfall", der sich elf Monate zuvor zugetragen hatte, verschweigt. Nach der Annektion der vorwiegend deutschsprachigen Gebiete in der Tschechoslowakei durch das Dritte Reich wird nämlich auch die Eroberungslust der Polen geweckt. Ultimativ fordert Warschau die Räumung und Übereignung der an der Olsa gelegenen Kreisbezirke Teschen und Freistadt an die polnische Heeresverwaltung. Der Tschechoslowakei bleibt nichts anderes übrig, als nachzugeben. Somit handelt Polen gegenüber der Tschechoslowakei nicht anders als Deutschland. „Wer mit dem Teufel ißt, braucht eine lange Zunge", sagt eine alte Volksweisheit.

Auch bei der Behandlung des Dramas der „ST. LOUIS" werden wir mit Beispielen tendenziöser Berichterstattung konfrontiert. Die Tragödie, die über die mehr als 900 Passagiere hereinbricht, ist erschütternd genug; ihre Darstellung bedarf wahrlich keiner absichtlichen Verfälschung. Dies gilt leider auch für den 1994 gedrehten „Dokumentarfilm", der diese Bezeichnung nicht verdient. In ihm erzählen „Augenzeugen" voll Empörung Geschichten, die sich nachweisbar nie ereignet haben.

Noch krasser wird die Diskrepanz zwischen Darstellung und historischer Wirklichkeit in dem Spielfilm, der in Anlehnung an Gordon Thomas' Buch entsteht und ebenfalls den Titel „Voyage of the Damned" erhält. Obwohl sich hervorragende Schauspieler zur Verfügung stellen und eine breite Öffentlichkeit erstmalig mit der Geschichte der „ST. LOUIS" konfrontiert wird, richtet der Film mehr Schaden als Nutzen an. Wie so oft bei historischen Filmen, sind die Konzessionen an den Geschmack des Publikums derartig groß, daß der Zuschauer ein völlig falsches Geschichtsbild erhält. Eine absichtliche Verfremdung mag man bei Ereignissen, die im Mittelalter spielen, noch hinnehmen können, im Fall der „ST. LOUIS" jedoch ist es bedauerlich, da sich die Brisanz des Dramas allein schon aus den tatsächlichen Abläufen ergibt und keiner phantasievollen Einlagen bedarf.

Glücklicherweise gibt es ein Dokument, auf das die hier vorgebrachten Vorbehalte nicht zutreffen: Das Tagebuch von Erich Dublon, einer der Passagiere auf der „ST. LOUIS". Mit ihm zusammen befanden sich sein Bruder Willy und dessen Familie – Ehefrau Erna und zwei kleine Töchter, Lore und Evi – an Bord. Die Dublons stammten aus Erfurt. Wie die meisten Mitreisenden, wollten auch sie in die Vereinigten Staaten emigrieren und zuvor, bis zum Aufrufen ihrer Einwanderungsnummer, einen Zwischenaufenthalt auf Kuba nehmen. Von Beginn der Reise an notierte Erich Tag für Tag die Ereignisse, um später seinen in Deutschland zurückgebliebenen Verwandten über den Verlauf der Emigration zu berichten. Seine Schilderungen unterscheiden sich daher entscheidend von nahezu allen anderen, erst nachträglich entstandenen Darstellungen.

Was an Bord der „ST. LOUIS" auf ihrer 33 Tage währenden Sonderfahrt geschah, wissen wir – sieht man von Erich Dublons Tagebuch ab – ausschließlich von Passagieren und Besatzungsmitgliedern, die später als Augenzeugen berichteten. Nun lehrt die Erfahrung, daß derartige Erzählungen des öfteren unverläßlich sind; jeder Polizeibeamte wird dies bestätigen. Diese Erkenntnis bewahrheitet sich vor allem dann, wenn Ereignisse wiedergegeben werden sollen, die den Zeugen selbst auf das tiefste berühren. Genau dies trifft auf die Passagiere der „ST. LOUIS" zu. So ist es nicht verwunderlich, wenn das Trauma der damaligen Verfolgung Rückwirkungen auf das Gedächtnis zeitigt. Bei den zahlreichen direkten Befragungen, die von mir selbst durchgeführt wurden, habe ich oft den Eindruck erhalten, daß das seinerzeit Erlebte bleibende Narben hinterlassen hat. Einige Überlebende weigerten sich sogar, über die Fahrt nach Kuba zu sprechen. Während es bei meinen persönlichen Interviews noch möglich war, die Glaubwürdigkeit des jeweiligen Berichtes einigermaßen abzuschätzen, fällt diese Hilfe vollständig weg, wenn Darstellungen aus zweiter Hand als Unterlage dienen müssen.

Noch einen Kommentar zu dem wiederholt vorkommenden Begriff „Sonderfahrt": Einer meiner kritischen Lektoren meinte, „Sonderfahrt" klinge nach Bus und Bahn oder erinnere gar an die „Sonderbehandlung" – eine Bezeichnung, die von den Nationalsozialisten insbesondere bei der Erschießung von Juden in den besetzten Teilen der Sowjetunion gebraucht worden war. Ich bin dennoch bei diesem Begriff geblieben. Er erscheint mir zutreffend, und ich habe keinen besseren gefunden. Gewiß war, rein juristisch betrachtet, die Fahrt der „ST. LOUIS" nach Havanna eine ganz gewöhnliche Charterung. In Wirklichkeit jedoch handelte es sich um eine einzigartige Aktion, die in jeder Beziehung den Wortteil „Sonder" verdient.

* * *

In diesem Buch wird der Versuch unternommen, das „ST. LOUIS"-Drama möglichst sachlich zu schildern, Widersprüche zwischen den bisherigen Berichterstattern aufzuzeigen und wenn möglich zu beseitigen. Darüber hinaus habe ich mich bemüht, die Hintergründe aufzudecken und vor allem die Frage zu klären, welche Motive die Nationalsozialisten bewogen haben, die eigenartige Sonderfahrt der „ST. LOUIS" zu genehmigen. Ebenso wurde die Haltung Kubas und die der Vereinigten Staaten eingehend untersucht. Ferner galt es, Ereignisse, die mit der „ST. LOUIS" zusammenhängen und in die Zeit des Zweiten Weltkrieges hineinreichen, ebenfalls zu verfolgen. Aus diesem Grund wurden beispielsweise das gespensterhafte niederländische Lager Westerbork und das weitere Schicksal Kapitän Schröders in die vorliegende Dokumentation einbezogen. Die Geschichte der „ST. LOUIS" ist nämlich nicht nur ein erschütterndes Drama, sondern auch ein wichtiger Mosaikstein für das Verständnis der damaligen Zeit. In Wirklichkeit war alles viel komplizierter und verworrener, als man es heute gemeinhin darzustellen pflegt. Die Front zwischen Courage und Feigheit, Rechtschaffenheit und Verbrechen und vor allem zwischen Hilfsbereitschaft und Gleichgültigkeit gegenüber menschlichen Schicksalen verlief quer durch alle Bevölkerungsschichten und – auch wenn man es oft nicht mehr wahrhaben möchte – quer durch alle Nationen.

Letztlich wurde die Fahrt der „ST. LOUIS" zu einer Reise ohne Ziel mit einem Ende, das niemand gewollt hatte. Als dann ein Passagier an den Kapitän die Frage „*Wohin fahren Sie uns?*" richtete, wußte dieser keine Antwort zu geben. Vor ihm lag das Nichts und für viele der Auswanderer der Tod.

* * *

Zum Abschluß noch eine persönliche Bemerkung: Bei meinen Recherchen wurde ich immer wieder mit Nachdruck gefragt, was mich bewogen habe, dieses Thema zu behandeln; eine Frage, die ich nie wirklich verstand, da – so meinte ich – im Grunde genommen die Motivation des Autors für den Leser ohne besonderes Interesse sei. Offensichtlich habe ich mich jedoch geirrt.

Als ich vor vielen Jahren den Film „Voyage of the Damned" sah, wurde ich das erste Mal mit dem „ST. LOUIS"-Drama konfrontiert, allerdings nicht sehr nachhaltig. Der Film war aufregend und reißerisch. Wer sich jedoch, so wie ich, für Zeitgeschichte interessiert, mußte bald erkennen, daß es so – wie dargestellt – nicht gewesen sein konnte. In späteren Jahren wurde ich durch einige Anmerkungen in Büchern und Zeitschriften wieder an das Drama der „ST. LOUIS" erinnert. 1989 brachten einige Medien – unter anderem auch die „Neue Zürcher Zeitung" – anläßlich der 50jährigen Wiederkehr der Sonderfahrt einige Artikel.

Dann führte der Zufall Regie: Während einer Kreuzfahrt im Mittelmeer unterhielt ich mich mit einem Passagier. Wir sprachen über mancherlei, und er begann, mir aus seinem Leben zu erzählen. Dabei erfuhr ich, daß er einst als Offizier unter Kapitän Gustav Schröder auf der „ST. LOUIS" gedient hatte.

Durch seinen Bericht wurde meine Neugier geweckt. Ich veröffentlichte in einer englischen Zeitung einen Aufruf an Überlebende beziehungsweise an Nachkommen jener Passagiere, die am 13. Mai 1939 Deutschland mit der „ST. LOUIS" verlassen hatten, und bat sie, mit mir Verbindung aufzunehmen. Das Echo war unerwartet groß. Einige Zeitzeugen, die sich gemeldet hatten, erklärten sich sogar bereit, zu mir zu kommen, um von den damaligen Ereignissen zu berichten. Die Gründe, die mich letztlich bewogen, die Recherchen aufzunehmen, sind vielfältig. Die vorliegende Dokumentation wird meine Beweggründe mit Sicherheit verständlich machen.

Georg J. E. Mautner Markhof

I.
Gäste?

GÄSTE?

Die Geschichte der „ST. LOUIS" läßt sich nicht isoliert von den Ereignissen der Zwischenkriegszeit betrachten. Fünfzehn Jahre nach Ende des Ersten Weltkrieges und sechs Jahre bevor die „ST. LOUIS" in Hamburg zu ihrer spektakulären Fahrt nach Kuba die Anker lichten wird, befindet sich die westliche Welt – vor allem das besiegte Deutschland – in einer bedrohlichen Phase. Wirtschaftskrisen und die Angst vor einer kommunistischen Weltrevolution sind zu beherrschenden politischen Themata geworden. Beide Faktoren stehen in engem Zusammenhang. Je stärker sich die Krisen bemerkbar machen, desto mehr wächst die Furcht des Bürgertums vor einer „Diktatur des Proletariats".

Zahlreiche Agitatoren nützen das kommunistische Feindbild für ihre politischen Ziele aus. Einer drohenden kommunistischen Diktatur, so verkünden sie, könne nur durch „starke" Regierungen begegnet werden. So entstehen nach und nach autoritäre Bewegungen und Regime: Mussolinis Faschisten, Hitlers NSDAP, Dollfuß' autoritäres Regime in Österreich, Salazars Regime in Portugal, Piłsudskis Diktatur in Polen und später Francos Machtergreifung nach seinem Sieg im Spanischen Bürgerkrieg, um nur einige Beispiele zu nennen. Zweifellos ist Adolf Hitler die herausragendste Persönlichkeit unter diesen autoritären Staatsmännern. Ihm traut man, wie keinem anderen, die Fähigkeit zu, dem Bolschewismus Paroli bieten zu können. Das ist auch einer der Gründe, weshalb er zu Beginn der dreißiger Jahre, selbst außerhalb Deutschlands, auf so viele Sympathisanten zählen kann.

Einige Zeitumstände treiben hunderttausende Wähler in Hitlers Arme. Die junge Demokratie der Weimarer Republik funktioniert mehr schlecht als recht. Die Inflation der zwanziger Jahre und der Börsenkrach vom Oktober 1929 führen zu einer Verarmung des Mittelstandes. Die Arbeitslosigkeit ist gewaltig. Verzweifelte, hungernde und um ihre Existenz beraubte Bürger sehen ihre letzte Hoffnung in der nationalsozialistischen Arbeiterpartei, die ihnen Arbeit und Brot verspricht. Vehement wendet sich Adolf Hitler auch gegen den Friedensvertrag von Versailles – der in Deutschland nur als „Diktat" bezeichnet wird – und gegen die maßlos überzogenen Reparationszahlungen an die Sieger. Nur Hitler, so meinen viele, werde es gelingen, das Elend zu meistern und die Würde Deutschlands in der Welt wiederherzustellen.

Von Oscar Wilde stammt der Aphorismus *„In der Wahl seiner Feinde kann der Mensch nicht vorsichtig genug sein"*, ein Bonmot, das Hitler nie beherzigen wird. Sein Verbündeter im Kampf gegen den

Bolschewismus wäre in erster Linie die römisch-katholische Kirche, eine Chance, die er – im Gegensatz zu Mussolini und Franco – zu keiner Zeit wahrnimmt. Neben der Kirche böten sich die deutschen Juden – so paradox das heute auch klingen mag – als hervorragende Partner für die Gestaltung eines selbstbewußten und national gesinnten Reiches an. Der in Deutschland zweifellos vorhandene Antisemitismus ist zu Beginn der dreißiger Jahre gemäßigter als in den meisten anderen Ländern. Nahezu nirgends in der Welt sonst haben sich die Juden so stark assimiliert wie in Deutschland. Die meisten von ihnen sind glühende Patrioten und standen bereits im Ersten Weltkrieg durchwegs ihren Mann, als es galt, das Vaterland zu verteidigen. Erst der militante Antisemitismus der Nationalsozialisten macht aus dem potentiellen Weggefährten einen Todfeind. So werden hervorragende Künstler, Wissenschafter von Weltruf, Industrielle und Bankiers mit internationalen Verbindungen, fleißige und tüchtige Handwerker nicht als Freunde gewonnen, sondern als Gegner verfolgt. Auch in dieser Beziehung verhalten sich andere autoritäre Regime wesentlich klüger als Hitler. Weder Mussolini noch Franco und schon gar nicht das autoritär regierte Österreich bekennen sich zu einer Diskriminierung von Juden. National gesinnte Rechtsparteien sind keineswegs eo ipso antisemitisch. So sieht beispielsweise die nationalsozialistische Bewegung der Niederlande (Nationaalsocialistischen Beweging, NSB) in den ersten Jahren ihres Bestehens keine Veranlassung, Juden aus ihren Reihen auszuschließen. Erst später – auf massiven Druck Berlins – wandelt sie sich zu einer antisemitischen Partei.

Auch die Tatsache, daß jüdische Bürger in Deutschland in den freien Berufen überproportional vertreten sind, widerlegt die Meinung, bereits vor der Machtübernahme durch die Nationalsozialisten seien sie einem extremen Antisemitismus ausgesetzt gewesen. So sind im Jahre 1933 in Berlin 42% aller Ärzte und 48% der Rechtsanwälte Juden.[1] Sie genießen offensichtlich das Vertrauen des überwiegenden Teiles der Bevölkerung, denn niemand ist gezwungen, einen jüdischen Rechtsanwalt aufzusuchen oder sich von einem „nichtarischen" Arzt behandeln zu lassen.

Als am 30. Januar 1933 der deutsche Reichspräsident Paul von Hindenburg Adolf Hitler zum Reichskanzler ernennt, werden die meisten deutschen Juden mit Schrecken erfüllt. Der von den Nationalsozialisten bisher praktizierte Antisemitismus werde nun, so fürchten sie, eine gesetzliche Deckung erhalten und in offenen staatlichen Terror übergehen.

Doch nicht alle denken so. Keinesfalls könne es sich Hitler leisten, meinen viele, auch als Reichskanzler seine Agitationen fortzusetzen. Schließlich bestünden zwischen einem revolutionären Parteiführer und einem Chef der deutschen Regierung beträchtliche Unterschiede. Hitler habe jetzt sein Ziel erreicht. Im übrigen sei auch Hindenburg ein Garant für Ausgleich und Mäßigung.

Zunächst scheinen beide – Pessimisten wie Optimisten – recht zu behalten. Einerseits wird unmittelbar nach der Machtergreifung der Antisemitismus gesetzlich verankert: Für öffentliche Beamte, Anwälte, Handelsrichter, Schöffen, Mitwirkende an Theatern, Lehrer, Professoren – die Liste ist unvollständig – gilt bereits wenige Wochen nach der Machtergreifung die sogenannte „Arierklausel". Obwohl diese Bestimmungen für die Betroffenen existenzvernichtend sind, fällt die Diskriminierung – der ins Gewicht fallenden Ausnahmen wegen – milder als befürchtet aus. Von der „Arierklausel" befreit werden nämlich alle bereits vor dem 1. August 1914 Beschäftigten, Frontkämpfer, Väter und Söhne von Gefallenen, schwer ersetzbare Beamte im öffentlichen Dienst und – zunächst überraschend – alle Angehörigen des Heeres und der Marine. Letzteres ist auf ein Machtwort Hindenburgs zurückzuführen, der von Hitler gefordert hat, *„die Wehrmacht in Ruhe zu lassen ".* Was aber den Optimisten besonderen Auftrieb gibt, ist das ausdrückliche Verbot der neuen Regierung, „nichtarische" Firmen im Wirtschaftsleben und im Handelsverkehr zu benachteiligen. Im Januar 1934 wird in einem vom Reichsarbeitsminister unterzeichneten Rundschreiben wörtlich festgehalten, daß es *„auf wirtschaftlichem Gebiet keine Ausnahmegesetze für Nichtarier"* gäbe. Der Reichsstand des Handels geht sogar noch einen Schritt weiter und betont, der Nationalsozialismus betrachte die Juden als Gastvolk, dem es gestattet sei, in Deutschland Handelsgeschäfte zu betreiben. Als ein Kolonialwarenhändler in Marktredwitz seinen Kunden mitteilt, einer seiner Konkurrenten sei „echt jüdisch", erhält er einen erbosten Brief vom Präsidenten des Werberates der deutschen Wirtschaft: *„...Ich untersage Ihnen die Werbung mit diesem Hinweis... Ein Hinweis auf die Rassenzugehörigkeit in der Wirtschaftswerbung ist unangebracht. "* So scheint es, als hätten die Optimisten mit ihren Voraussagen wenigstens zum Teil recht behalten.

Die Annahme, das nationalsozialistische Deutschland werde den jüdischen Bevölkerungsteil zwar als eine Art „Staatsbürger zweiter Klasse" behandeln, ansonsten jedoch keine Übergriffe dulden, verführt die meisten deutschen Juden, in ihrer Heimat zu bleiben. Lediglich 93.000 „Nichtarier" entschließen sich vom Feber 1933 bis April 1936 – diese Zeitspanne umfaßt immerhin volle drei Jahre unter dem Regime Hitlers –, auszuwandern.[2] Etwa ein Drittel wählt Palästina als Fluchtland, 22.000 emigrieren in eines der europäischen Länder, und nur 9.500 übersiedeln in die Vereinigten Staaten von Amerika. Der Rest verteilt sich über die ganze Welt. 1935 leben immer noch rund 1,5 Millionen „Nichtarier" in Deutschland, wobei die Nationalsozialisten bekanntlich den Begriff „Jude" nicht als Zugehörigkeit zu einer Religionsgemeinschaft, sondern als Rasse definieren. Als „Volljuden" mit mosaischem Glauben sind 500.000 Deutsche registriert, während zusätzlich 300.000 ebenfalls als „Volljuden" gelten, obwohl sie nicht der mosaischen Religionsgemeinschaft angehören. Weitere 750.000 sind jüdische „Mischlinge", somit Bürger mit mindestens einem jüdischen Großelternteil.

Nicht nur das Jahr 1933, auch die Folgejahre bringen wirtschaftliche und politische Turbulenzen in einem solchen Ausmaß, daß es selbst gut Informierten schwerfällt, die Zeitströmungen richtig zu erkennen und zu deuten. Am 5. März 1933 – fünf Wochen nach Hitlers Machtergreifung – erringt die NSDAP bei der Wahl zum Reichstag 43,9% der Stimmen. Zusammen mit der Kampffront Schwarz-Weiß-Rot, die auf 8% kommt, erreicht die Rechte die absolute Mehrheit. Am 28. März wird das Ermächtigungsgesetz beschlossen, das Hitler und seinen Mannen nahezu diktatorische Vollmachten einräumt. In vielen Staaten Europas – selbst in England – bilden sich faschistische und nationalsozialistische Organisationen. Diese Rechtsparteien kämpfen zum Teil auch gegeneinander, und so ist es eine arge Geschichtsfälschung, wenn heutzutage Faschismus mit Nationalsozialismus gleichgesetzt wird. Zum Teil stehen die beiden Lager einander sogar als erbitterte Feinde gegenüber. Insbesondere in Österreich: Am 19. Juni 1933 verbietet der christlichsoziale Bundeskanzler Dr. Engelbert Dollfuß die NSDAP. Auch von Mussolini ist bekannt, daß er in den ersten Jahren des italienischen Faschismus Hitler mit Skepsis und sogar mit Verachtung gegenübersteht.

Die politische Situation ist kompliziert und verwirrend. Im Sommer 1933 wird ein Konkordat zwischen dem Vatikan und Deutschland abgeschlossen. Sechs Wochen später verkündet Adolf Hitler: *„Wir wollen nichts als den Frieden."* Viele glauben ihm oder wollen zumindest seine Versprechen wahrhaben. Die Arbeitslosigkeit in Deutschland verringert sich im Laufe eines einzigen Jahres von 6,013 Millionen Arbeitsuchenden auf 4,059 Millionen; ein spektakulärer Erfolg, der den Nationalsozialisten hunderttausende Sympathisanten aus der Arbeiterschaft zutreibt. Am 27. November wird die später äußerst populäre Organisation „Kraft durch Freude" (KdF) gegründet, die den deutschen Arbeitnehmern vor allem verbilligte Urlaubsreisen ermöglichen soll.

Zu Beginn des Jahres 1934 erfolgt eine Abwertung des Dollars auf 2,48 Reichsmark; ein Prestigegewinn für die deutsche Wirtschaft. Im Feber des gleichen Jahres kommt es in Österreich zu bürgerkriegsähnlichen Zuständen, als ein Aufstand des radikalen Flügels der Sozialdemokraten durch das Bundesheer und bürgerliche Wehrverbände niedergeschlagen wird. Die Schweiz beobachtet die Entwicklung in Europa mit großer Sorge und fürchtet, die überall auftauchenden nationalsozialistischen und faschistischen Gruppen könnten auch in der Eidgenossenschaft Unruhe hervorrufen. Um den immer mächtiger werdenden deutschen Nachbar nicht zu reizen, erhält die Schweizer Presse am 26. März 1934 einen Maulkorb. Ihr wird verboten, ausländische Staatsmänner oder Staatseinrichtungen zu beschimpfen; eine Maßnahme, die vor allem ungestüme Kritik am Dritten Reich verhindern soll.

Am 30. Juni 1934 werden Ernst Röhm und andere SA-Führer in einer nächtlichen Aktion verhaftet und erschossen. Mit diesen politischen Morden entmachtet Hitler den revolutionären Flügel in seiner eigenen Partei. Gleichzeitig werden etliche politische Führer der Konservativen, wie Edgar Julius Jung und der ehemalige Reichskanzler Kurt von Schleicher, von der SS ermordet. Mit dieser Aktion läßt das Dritte Reich die Maske des Rechtsstaates endgültig fallen.

Am 25. Juli versuchen illegale SS-Männer in Wien einen Putsch. Sie besetzen das Rundfunkgebäude und dringen ins Bundeskanzleramt ein. Dollfuß wird ermordet. Auch in mehreren Bundesländern kommt es zu Aufständen. Mussolini läßt zum Schutz Österreichs vor Hitler-Deutschland auf dem Brenner Truppen aufmarschieren. Erst am 30. Juli gelingt es der Regierung unter Kurt Schuschnigg, alle Putschisten zur Aufgabe zu zwingen. Acht ihrer Anführer werden hingerichtet.

Am 2. August 1934 stirbt Reichspräsident von Hindenburg, das letzte, wenn auch äußerst schwache Schutzschild für die Juden in Deutschland. In einer Volksabstimmung, die wohl kaum diesen Namen verdient, wählen über 95% der Deutschen Adolf Hitler zum Reichspräsidenten. Von diesem Tag an ist er „Führer und Reichskanzler" in einer Person. Seine Machtbefugnisse unterliegen keiner Einschränkung mehr.

Zu Beginn des Jahres 1935 entscheiden sich die Wähler im Saargebiet für die Rückkehr ins Deutsche Reich. Noch im Frühjahr wird die allgemeine Wehrpflicht in Deutschland eingeführt. Das widerspricht zwar den Versailler Verträgen von 1919, aber niemand kümmert sich darum. Kurze Zeit später wird ein deutsch-englisches Flottenabkommen abgeschlossen – zum Schrecken aller Verfolgten in Deutschland, hatten sie doch vergeblich gehofft, Großbritannien werde den Diktator in der Mitte Europas zur Raison bringen. Im September 1935 werden die „Nürnberger Rassengesetze" beschlossen. Von jetzt an unterscheidet man auch offiziell zwischen Ariern, Juden und Mischlingen.

Zu den politischen Wirren kommen jetzt noch kriegerische Abenteuer. Die Italiener marschieren in Abessinien ein; eine Aggression, deren Auswirkungen zu diesem Zeitpunkt noch gar nicht vorhersehbar sind. Da nämlich der Völkerbund Sanktionen gegen Italien verhängt, treibt er Mussolini geradezu in die Arme Hitlers. 1936 rücken deutsche Truppen in die laut Versailler Vertrag entmilitarisierte Rheinland-Zone ein. Die Welt läßt es geschehen, und die Proteste halten sich in Grenzen. Dieses Husarenstück stärkt Hitlers Macht und Ansehen ganz ungemein. In Spanien beginnt ein Bürgerkrieg, hervorgerufen durch den Aufstand der Armee unter General Franco gegen die legal gewählte „Volksfront"-Regierung. Diese wird durch die Sowjetunion, Franco durch Hitler und Mussolini unterstützt. Internationale Brigaden kämpfen gegeneinander. Erst 1939 geht der blutige Bürgerkrieg zu Ende. Rund eine Million Spanier fallen ihm zum Opfer.

Durch die Olympischen Spiele in Berlin erhalten die Juden Deutschlands im Sommer 1936 noch eine letzte Atempause. Antisemitische Aufschriften werden entfernt, und das nationalsozialistische Deutschland hält sich für einige Wochen mit Ausfällen gegen Juden zurück. Zum Erstaunen unzähliger Besucher marschieren die bulgarischen, italienischen, österreichischen und auch französischen Olympiateilnehmer mit dem Hitler-Gruß vor der Loge des Führers in das Sportstadion ein.

Nur Papst Pius XI. läßt sich nicht täuschen. Mit großer Sorge beobachtet er das immer schlechter werdende Verhältnis zwischen katholischer Kirche und Nationalsozialismus. In seiner Enzyklika „Mit brennender Sorge" kritisiert er die Kirchenpolitik des Dritten Reiches und ordnet an, daß diese von allen Kanzeln Deutschlands verlesen wird.

Es überrascht, daß in den ersten drei Jahren nach der Machtergreifung nur etwa zehn Prozent der deutschen Juden ausgewandert sind. Dieses Phänomen ist auf mehrere Ursachen zurückzuführen: Zunächst gibt die relativ gemäßigte – gemessen an der später im Krieg einsetzenden Vernichtungsmaschinerie – Diskriminierung Grund zur Hoffnung, Menschlichkeit und Vernunft würden sich letztlich doch durchsetzen; dies um so mehr, als die amtliche Bezeichnung der Juden als „Gastvolk" nicht widerrufen wird. Zudem ist jede Auswanderung mit fühlbaren finanziellen Opfern belastet. Die sogenannte „Reichsfluchtsteuer" beträgt 25% vom Vermögen, mit einem Freibetrag von 200.000 Reichsmark, der ab 1934 auf 50.000 Reichsmark herabgesetzt wird. Die immer wieder gehörte Behauptung, diese Fluchtsteuer sei eine speziell gegen Juden gerichtete Maßnahme, ist allerdings falsch; sie wurde nämlich bereits vor Hitlers Machtergreifung eingeführt und trifft seither alle auswandernden Deutschen – Juden allerdings in besonderem Ausmaß. Das klingt recht „neutral", ist es aber nicht. In ihrem Buch „Vier Jahreszeiten" schildern Sepp Ebelseder und Michael Seufert einen typischen Fall: Als sich der Hamburger Kaufmann Rudolph Levison 1938 zu emigrieren entschließt, muß er rund 32.000 Mark an Reichsfluchtsteuer zahlen. Unter Einrechnung des Freibetrages errechnet sich daher ein Vermögen von rund 178.000 Mark. Dabei muß jedoch berücksichtigt werden, daß das Vermögen nicht nur aus liquiden Mitteln – also Bargeld und Konten – besteht, sondern auch aus Wohnung, Hausrat und dergleichen. Zusätzlich muß Levison eine „Judenvermögensabgabe" von 22.000 Mark abliefern. Da er die Absicht hegt, 160 Dollar in bar in sein Exil mitzunehmen, verdonnert ihn die deutsche Golddiskonto-Bank zu einer Abschlagszahlung von 15.500 Mark. Die Schiffspassage nach Amerika kostet 6.500 Mark. Schließlich entdeckt der Zoll, daß Levison sein Umzugsgut um 450 Mark und 14 Pfennig zu niedrig bewertet hat und schickt ihm eine Strafverfügung über 19.000 Mark. Dieserart gelingt es den nationalsozialistischen Stellen, die auswandernden Juden regelrecht zu enteignen.[3]

Schließlich gibt es einen emotionellen Grund, der Hunderttausende deutsche Juden zögern läßt, ihre Heimat zu verlassen. Die meisten von ihnen fühlen sich ihrem Vaterland verbunden und scheuen sich, ein neues, nicht übersehbares Leben in einem fernen, unbekannten Land zu beginnen. Man darf nicht vergessen, daß in den dreißiger Jahren, im Gegensatz zu heute, nur sehr wenige Menschen eine Fremdsprache beherrschen. Die Vorstellung, in ein fremdes Land ziehen zu müssen, unfähig, die dort lebenden Menschen zu verstehen und folglich auch keine Arbeit annehmen zu können, ist grauenhaft. Vor allem aber vermögen viele nicht zu begreifen, was es mit der „Judenfrage" auf sich hat. Victor Klemperer, ein deutscher Professor – obwohl evangelisch, gilt er nach den Nürnberger Gesetzen als Jude – überlebt den Nationalsozialismus in Deutschland mit sehr viel Glück und dank seiner „arischen" Frau. Sein Tagebuch, das er während all der Jahre der Drangsalierung schreibt, wird so zu einer Fundgrube für Historiker. Klemperers Eintragung am 10. Januar 1939 lautet: *„Es gibt keine deutsche oder westeuropäische Judenfrage. Wer sie anerkennt, übernimmt oder bestätigt nur die falsche These der NSDAP und stellt sich in ihren Dienst. Bis 1933 und mindestens ein volles Jahrhundert hindurch sind die deutschen Juden durchaus Deutsche gewesen und sonst gar nichts. Beweis: die Abertausenden von ‚Halb-, Viertel-‘ etc. Juden und ‚Judenstämmlinge‘, Beweis für gänzlich reibungsloses Leben und Mitarbeiten in allen Bezirken deutschen Lebens. Der immer vorhandene Antisemitismus ist gar kein Gegenbeweis. Denn die Fremdheit zwischen Juden und ‚Ariern‘, die Reibung zwischen ihnen war nicht halb so groß wie etwa zwischen Protestanten und Katholiken, oder zwischen Arbeitgebern und -nehmern, oder zwischen Ostpreußen etwa und Südbayern, oder Rheinländern und Berlinern. Die deutschen Juden waren ein Teil des deutschen Volkes, wie die französischen Juden ein Teil des französischen Volkes waren etc. Sie füllten ihren Platz innerhalb des deutschen Lebens aus, dem Ganzen keineswegs zu Last. Ihr Platz war zum allerkleinsten Teil der des Arbeiters und nun gar Landarbeiters. Sie waren und bleiben (auch wenn sie es jetzt nicht mehr bleiben wollen) Deutsche, in der Mehrzahl deutsche Intellektuelle und Gebildete.* "[4]

Mit einer wohlüberlegten Salamitaktik isolieren die Nationalsozialisten – erst langsam, dann immer heftiger – den jüdischen Bevölkerungsteil. Viele Verfügungen sind zunächst – einzeln betrachtet – gerade noch erträglich, doch nehmen im Laufe der Jahre die existenzvernichtenden Gesetze an Häufigkeit und Schärfe zu. So werden alle steuerwirksamen Kinderermäßigungen für Juden gestrichen, ebenso entfällt das Recht auf Schulgeldreduktion. „Nichtarische" Straßennamen müssen geändert werden. Ehepaare, die in einer Mischehe leben, dürfen keine Flaggen hissen. Das Tragen von Trachten – vor allem Lederhose und Dirndl – ist ausschließlich „Ariern" vorbehalten. Die Liste derartiger Schikanen und Demütigungen ist endlos. Einige Gesetze werden ausschließlich aus Bosheit erlassen und dienen nicht einmal dem nationalsozialistischen Rassenwahn. So etwa das Verbot für Juden, Haustiere zu besitzen. Mit dem Tod Hindenburgs beginnt der Antisemitismus sich sukzessive auch in der Wehrmacht auszuwirken. Ab Mai 1937 werden Juden (in Friedenszeiten) der Ersatzreserve II zugewiesen. „Mischlinge" bleiben zwar wehrpflichtig, dürfen aber keine Vorgesetzten sein.

Am 12. März 1938 rücken deutsche Truppen in Österreich ein. Durch den „Anschluß" steigt die Zahl der in Deutschland lebenden Juden, trotz der seit 1933 erfolgten Auswanderungen, neuerlich an. Ihre Zahl ist jetzt größer als vor der Machtergreifung Hitlers.

Ungarns Reichsverweser Miklós Horthy kommt zu einem Staatsbesuch nach Deutschland. Im Münchner Abkommen – abgeschlossen zwischen England, Frankreich, Italien und Deutschland – erhält Adolf Hitler die Erlaubnis der europäischen Großmächte, die von Deutschen besiedelten Randgebiete ins Großdeutsche Reich einzugliedern. Die Tschechoslowakei bleibt bei dieser Zusammenkunft ausgesperrt und wird weder um ihre Zustimmung noch um ihre Meinung befragt.

Salamitaktiken und Nadelstiche gegen deutsche Juden gehen 1938 in brutale Verfolgungen über. Jetzt müssen auch die unverbesserlichsten Optimisten erkennen, daß es für sie nur eine Rettung gibt: die Flucht aus Deutschland. Am 5. Oktober erhalten alle Pässe deutscher Juden ein großes rotes „J". Diese erste Form des Judensterns erfolgt schändlicherweise auf Wunsch der Schweiz, die verhindern möchte, daß die immer zahlreicher werdenden jüdischen Flüchtlinge die Eidgenossenschaft überschwemmen. Der Antisemitismus – wenn auch nicht in militanter Form wie im nationalsozialistischen Deutschland – ist in der Eidgenossenschaft tief verwurzelt. Bereits im Jahre 1916 wurden Dossiers von jüdischen Einwanderungskandidaten mit handschriftlichen Vermerken versehen, um für Juden den Erwerb der schweizerischen Staatsbürgerschaft zu erschweren. Diese Praxis wird auch in den Jahren 1936 bis 1940 angewandt. Der beste Schutz gegenüber „jüdischer Überfremdung" wäre – in den Augen der Schweizer –, für deutsche Staatsbürger eine Visumpflicht einzuführen. Dieses Ansinnen stößt jedoch auf energischen Widerstand der Nationalsozialisten, die einen möglichst freien Zugang zur Schweiz haben möchten. Nach langen Verhandlungen einigt man sich, daß die deutschen Behörden alle Pässe ihrer jüdischen Staatsbürger mit einem roten „J" markieren. Ab 29. September 1938 verpflichten sich die Deutschen gegenüber der Schweiz, *„alle Pässe von staatsangehörigen Juden...*

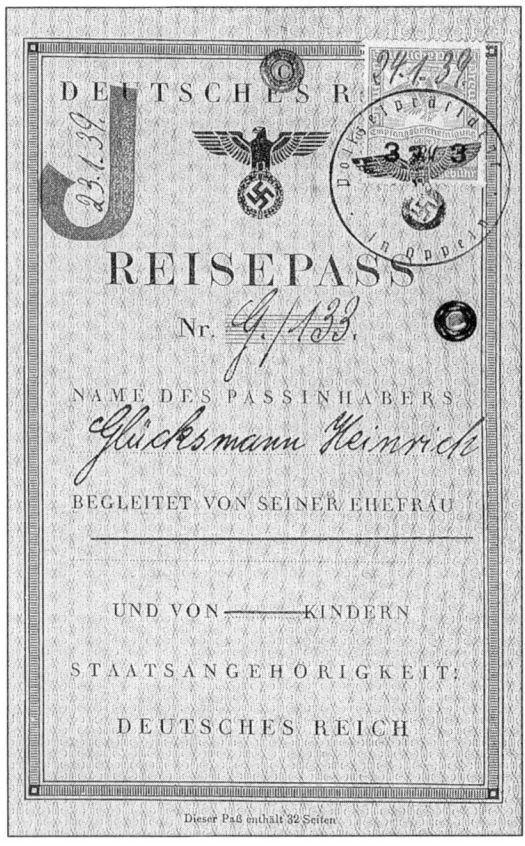

Im September 1938
verpflichtete sich das
nationalsozialistische
Deutschland gegenüber der
Schweiz, alle Pässe von
deutschen Juden zu kenn-
zeichnen. Dieserart wollten
die Eidgenossen eine
Massenflucht der Juden in
die Schweiz verhindern.
Das rote „J" auf der ersten
Seite des Passes irritierte
die kubanischen Behörden,
die zunächst eine
Fälschung vermuteten.

so rasch als möglich mit einem ‚Merkmal', das den Inhaber als Jude kennzeichnet, zu versehen, wobei sich die Parteien auf das ‚J' einigen".

Eine 1999 eingesetzte unabhängige Expertenkommission, die sich mit dem Schicksal der Flüchtlinge zur Zeit des Nationalsozialismus beschäftigt, kommt zu folgendem Ergebnis: *„Selbst wenn die Dokumente keine eindeutige Antwort auf die Frage geben, wer von beiden – die Deutschen oder die Schweizer – zuerst die Kennzeichnung der Pässe deutscher Juden durch den ‚J'-Stempel vorgeschlagen hat, so geben sie doch klar darüber Aufschluß, daß die Initiative und die Dynamik, die zur diskriminierenden Kennzeichnung führten, von der Schweiz ausging."* [5] Offiziell versichert Bern, die Schweiz sei durchaus bereit, Asyl zu gewähren, fügt aber gleichzeitig hinzu, daß ein Jude nicht als politischer Flüchtling gelte. So einfach läßt sich Politik betreiben!

Die meisten anderen Staaten handeln nicht menschlicher, Polen nicht ausgenommen. Da relativ viele polnische Juden in Deutschland leben, werden diese im Oktober 1938 in ihre Heimat abgeschoben. Polen jedoch verweigert seinen eigenen Landsleuten lange Zeit die Einreise, so daß diese tagelang unter unmenschlichen Bedingungen im Niemandsland dahinvegetieren müssen.

Juden, die bisher das Land nicht verlassen haben, geraten in die Falle. Sie werden gezwungen, ihr Vermögen im In- und Ausland bekanntzugeben. Der Reichsbund der Haus- und Grundbesitzer fordert freie Kündbarkeit jüdischer Mieter; ein überflüssiges Begehren, da in der Praxis der Mieterschutz für „Nichtarier" contra legem längst gefallen ist. Monat für Monat wächst die Zahl der Berufsgruppen, die für ihre Mitglieder den „Arierparagraphen" verlangen. Juden dürfen schließlich – die Bestimmungen werden innerhalb des Deutschen Reiches regional unterschiedlich erlassen – einige Bezirke nicht betreten oder erhalten ein zeitlich festgelegtes Ausgehverbot. Der Besitz von Gold, Silber und Edelsteinen wird verboten. Die meisten nach der Machtergreifung dekretierten „Ausnahmen" sind längst – per staatlicher Verfügung oder auch stillschweigend – gestrichen worden. Die Bezeichnung „Gastvolk" klingt jetzt nur noch wie Hohn.

Am 9. November 1938 – in der sogenannten „Reichskristallnacht" – erreicht der Terror einen vorläufigen Höhepunkt, als Legationssekretär E. vom Rath in Paris von einem polnischen Juden erschossen wird. In ganz Deutschland kommt es zu „spontanen" antijüdischen Aktionen. Die meisten Synagogen werden niedergebrannt, jüdische Geschäfte zerstört und ihre Besitzer malträtiert. Mit diesem Ereignis beginnt die eigentliche Vorgeschichte des späteren „ST. LOUIS"-Dramas. Die Ausschreitungen vor Augen und instinktiv fühlend, daß sie nun auch physisch bedroht werden, erkennen nahezu alle Juden Deutschlands, daß ihnen kein anderer Ausweg bleibt, als ihre Heimat zu verlassen. Das ist genau das, was die nationalsozialistischen Machthaber erreichen wollten.

Jetzt allerdings stellt sich dieser Absicht ein nahezu unüberwindliches Hindernis entgegen: Die meisten Staaten lehnen es rundweg ab, jüdische Flüchtlinge aufzunehmen, erst recht, wenn die Emigranten über keine ausreichenden finanziellen Mittel verfügen. Dabei befinden sich noch immer rund 700.000 Juden im Sinne der Nürnberger Gesetze in Deutschland, wobei der Anteil der jüdischen Bevölkerung in einigen Großstädten überdurchschnittlich groß ist. So gelten im Jahre 1938 14% der Wiener und 7,4% der Bürger von Frankfurt am

Main als Juden. Ihr Anteil in den Städten Berlin, Breslau und Würzburg liegt zwischen 2% und 4%.

Mit den sehr exakt organisierten „spontanen" Ausschreitungen in der „Reichskristallnacht" überschreitet die deutsche Regierung – was ihr sehr bald bewußt wird – eine Toleranzgrenze nach innen und außen. Ein Großteil der Bevölkerung reagiert mit Abscheu und Entsetzen auf dieses Progrom, unter ihnen auch viele, die den Juden eher ablehnend gegenüberstehen. Offener Widerstand jedoch unterbleibt, die Angst vor Repressalien ist stärker als der Mut zum Protest. Zu den wenigen Couragierten, die es dennoch wagen, gehört Hjalmar Schacht, Reichsbankpräsident und Reichswirtschaftsminister. Im Dezember 1938, während einer Weihnachtsfeier in der deutschen Reichsbank, wendet sich Schacht an die Bürolehrlinge und meint: *„Ich hoffe nur, daß keiner von Euch Büroburschen dabei* (gemeint sind die Ausschreitungen während der „Reichskristallnacht") *gewesen ist, denn für einen solchen wäre kein Platz in der Reichsbank."*[6] Wenige Wochen später, am 20. Januar 1939, fällt Schacht in Ungnade und wird entlassen.

Nahezu einstimmig verurteilt die unabhängige Auslandspresse den Novemberterror in Deutschland. Jetzt jedenfalls wird in der ganzen Welt bekannt, welches Schicksal den deutschen Juden droht. Dennoch reagieren die ausländischen Regierungsstellen mit erstaunlichen Zurückhaltung. Der britische Ministerpräsident Chamberlain beauftragt den britischen Geschäftsträger in Berlin, der deutschen Regierung einen „scharfen Protest" zu überbringen. Dieser bezieht sich jedoch nicht auf die gepeinigten Juden, sondern wendet sich gegen Zeitungsartikel, in denen britische Abgeordnete und Minister mit dem Mord an vom Rath in Zusammenhang gebracht wurden. Als in diesem Zusammenhang ein Unterhausabgeordneter an den Premierminister die Frage richtet, ob innerhalb des Britischen Reiches für verfolgte Juden Platz geschaffen werden könne, erhält er – symptomatisch für fast alle Staaten der Welt – die nichtssagende Antwort: *„Diese Angelegenheit betrifft nicht die britische Regierung allein, sie wird aber jede Möglichkeit der Hilfe erwägen."*

Auch der Botschafter der Vereinigten Staaten in Berlin übermittelt der Reichsregierung eine „scharfe Protestnote", darüber hinaus wird er umgehend „zur Berichterstattung über die Vorgänge in Deutschland" nach Washington zurückberufen. Doch wieder geht es nicht um Übergriffe gegen deutsche Juden. Der Protest richtet sich ausschließlich gegen die Beschädigung amerikanischen Eigentums während der

Synagogenbrände und die Demolierungen jüdischer Wohnungen und Geschäftslokale.

Ungeachtet der offiziellen Zurückhaltung des Auslandes erkennt man in Deutschland die Notwendigkeit, der weltweiten Anprangerung entgegenzuwirken, nicht aus moralischen Gründen, sondern um Störungen der für das Land so wichtigen internationalen Handelsbeziehungen zu vermeiden. Am 11. November 1938 stellt sich Reichsminister Dr. Joseph Goebbels der Auslandspresse in Berlin. Energisch verwahrt er sich gegen die *„maßlosen Entstellungen und Übertreibungen in einem gewissen Teil der übelwollenden Auslandspresse"*. Er kündigt weitere Maßnahmen gegen die Juden an, um diese aus dem offenen wirtschaftlichen Leben zu entfernen, damit es nicht wieder Zusammenstöße gebe. Keinesfalls jedoch, so fährt Goebbels fort, sei beabsichtigt, die deutschen Juden kulturell zu vernichten. Die Regierung wolle lediglich eine reinliche Scheidung zwischen Deutschen und Juden. Deutschlands vordringlichster Wunsch sei es, daß die Juden außer Landes gehen. Sie dürften sogar einen gewissen Prozentsatz ihres Vermögens mitnehmen, *„selbstverständlich nur im Rahmen des deutschen Devisenvorrates"*.

Goebbels Erklärung, Deutschland wünsche die Auswanderung aller Juden, ist zu diesem Zeitpunkt ernst gemeint und reflektiert die offizielle Haltung des nationalsozialistischen Regimes. Wie so oft jedoch, mangelt es auch in diesem Fall an Koordination. Insbesondere die „Reichskristallnacht" wird zu einem Musterbeispiel für Desorganisation. Die „spontane und freiwillige" Volkserhebung wurde von Goebbels und Himmler inszeniert, der Ablauf jedoch gestaltet sich anders als geplant. Als Hitler von den Geschehnissen erfährt, reagiert er verärgert.[7] Einige Historiker haben daraus den Rückschluß gezogen, der Straßenterror sei ohne sein Wissen in Szene gesetzt worden; eine Annahme, die kaum zutreffen dürfte. Es ist unvorstellbar, daß Himmler und Goebbels es gewagt hätten, eine derart weitgreifende und aufsehenerregende Aktion ohne ausdrückliche Zustimmung des „Führers" zu organisieren.[8] Andererseits ist anzunehmen, daß die zügellosen Ausschreitungen weit über jenes Maß hinausgegangen sind, das Hitler noch toleriert hätte. Dies nicht etwa aus Menschlichkeit, vielmehr ist ihm zu diesem Zeitpunkt sehr wohl bewußt, daß eine Auseinandersetzung mit dem organisierten Weltjudentum und dessen Einfluß auf die USA nicht im Interesse Deutschlands liegen kann. Auch Hermann Göring tobt; freilich aus einem ganz anderen Grund: Die sinnlosen Zerstörungen, welche die nationalsozialistischen Rabauken anrichten, erbittern ihn. Er beklagt die vernichteten Werte, die den Nationalsozialisten von Nutzen hätten sein können. So ist es verständlich, wenn der extrem flexible Goebbels bereits einen Tag nach der „Reichskristallnacht" die von ihm selbst Verhetzten zurückpfeifen muß: *„Es ergeht nunmehr an die gesamte Bevölkerung die strenge Aufforderung, von allen weiteren Demonstrationen und Aktionen gegen das Judentum, gleichgültig welcher Art, sofort abzusehen. Die endgültige Antwort auf das jüdische Attentat in Paris wird auf dem Wege der Gesetzgebung erstellt werden."*

Die ebenso chaotische wie unkoordinierte Regelung der Judenfrage in Deutschland bringt das nationalsozialistische Regime in einen Zwiespalt. Der Versuch, anderen Staaten den Antisemitismus im Deutschen Reich begreifbar zu machen und gleichzeitig just diese Staaten zur Aufnahme der „minderwertigen Rasse" und der „Parasiten" – Ausdrücke, die auch gegenüber dem Ausland fallen – zu bewegen, führt zwangsläufig zu einem unlösbaren propagandistischen Widerspruch, der letztlich auch zu einem wesentlichen Faktor des „ST. LOUIS"-Dramas werden wird.

An peinlichen Pannen mangelt es wahrlich nicht. So wurden beispielsweise nach der „Reichskristallnacht" zahlreichen Juden die Pässe abgenommen, was einige Auslandsjournalisten veranlaßt, Goebbels zu fragen, wie ein Jude ohne Paß das Land verlassen könne. Seine Antwort ist kurz und bündig: Man werde ihnen die konfiszierten Pässe zurückgeben (diese Zusage wird eingehalten, aber nur unter der Voraussetzung, daß gültige Ausreisedokumente vorgelegt werden können).

Von jetzt an werden die antisemitischen Maßnahmen einem einzigen Ziel untergeordnet: Drangsalierung, Demütigung und Existenzvernichtung sollen die deutschen Juden zur „freiwilligen" Auswanderung bewegen. Tausende werden in Konzentrationslager eingesperrt, viele von ihnen finden den Tod. Die Rechnung der Nationalsozialisten scheint aufzugehen: Ende 1938 ist der überwiegende Großteil der Juden bereit, das mörderische „Gastland" zu verlassen. Doch nahezu niemand scheint jetzt bereit zu sein, die Verfolgten aufzunehmen.

Juden, die, aus welchen Gründen auch immer, bisher gezögert haben, in einem sicheren Land Zuflucht zu finden, befinden sich jetzt in einer fast aussichtslosen Situation. Deutschlands Macht wächst von Tag zu Tag, und der nationalsozialistische Gedanke festigt sich in vielen europäischen Staaten. Deutsche Truppen marschieren in die

Rest-Tschechoslowakei ein. Am 23. März 1939 fällt das Memelland an Deutschland zurück, und im April desselben Jahres annektiert Italien Albanien.

In Deutschland gibt es bereits sechs große Konzentrationslager: Mauthausen, Dachau, Flossenburg, Buchenwald, Sachsenhausen und Ravensbrück. Hunderten ihrer jüdischen Häftlinge wird jetzt die Chance – eine der letzten – geboten, durch die „Sonderfahrt" der „ST. LOUIS" Leben und Freiheit zu retten.

II.
Der Sonne entgegen

RÄTSELHAFTER CHARTER

Als am 13. Mai 1939 die MS „ST. LOUIS" – mit über 900 jüdischen Flüchtlingen an Bord – den Hamburger Hafen mit Kurs auf Havanna verläßt, ist dies der Beginn einer Reise voll der Rätsel und Widersprüche. Allem voran: Von wem stammt die wahrlich ausgefallene Idee, ausgerechnet einen der größten und luxuriösesten deutschen Ozeandampfer drangsalierten Juden als Auswanderungsschiff zur Verfügung zu stellen? Welche Absicht verbirgt sich hinter einer derartigen Aktion?

Gordon Thomas recherchierte bereits in den siebziger Jahren folgenden Ablauf: Reichsmarschall Hermann Göring und Propagandaminister Joseph Goebbels treffen einander im April 1939 im Hotel „Adlon" in Berlin, um die geplante Aktion zu besprechen. Als Gastgeber fungiert der Marineoffizier Wilhelm Canaris, Chef des Amtes Ausland-Abwehr im Oberkommando der Wehrmacht. Hinter dieser etwas verwirrenden Bezeichnung verbirgt sich die Spionageabteilung der deutschen Streitkräfte. Einziger Gesprächspunkt ist der Charter der „ST. LOUIS". Der Pragmatiker Göring begrüßt das Vorhaben. Für ihn ergibt jeder Jude, der auswandert, einen Juden weniger in Deutsch-

Die Rolle, die Propagandaminister Joseph Goebbels im „ST. LOUIS"-Drama spielte, ist verwirrend und widersprüchlich. Seine Bemühungen, die Sonderfahrt propagandistisch auszuwerten, endeten in einem Fiasko.

land. Goebbels wittert sofort die Chance, die Fahrt der „ST. LOUIS" als willkommene Demonstration nach innen und nach außen zu gestalten. Für die Deutschen werde man die Operation als „Hausreinigung" darstellen, und das Ausland habe endlich zu akzeptieren, daß Juden völlig unbelästigt und sogar noch im Luxus das Reich verlassen dürften. Die empörte Reaktion der Weltöffentlichkeit auf die „Reichskristallnacht" und die lästigen Fragen der Auslandsjournalisten bei der Pressekonferenz am 11. November 1938 erhielten dieserart eine propagandistische Antwort.

Thomas' Darstellung, für die er leider keine Quellen angibt, klingt recht plausibel, obwohl wesentliche Fragen offenbleiben. Interessant und zunächst unerklärlich bleibt die Anwesenheit des Abwehrchefs Canaris, der sogar die Rolle des Gastgebers übernimmt. Der Admiral ist für das weite Gebiet der Spionage und nicht für die Auswanderung jüdischer Flüchtlinge zuständig.

* * *

Wilhelm Canaris zählt zu den geheimnisvollsten Persönlichkeiten des Dritten Reiches. 1887 in Deutschland geboren, tritt er mit 18 Jahren, unmittelbar nach seinem Abitur, in die kaiserliche Marine ein. Während des Ersten Weltkriegs nimmt er an zahlreichen Seegefechten teil. Im Dezember 1914 wird ein ganzer deutscher Flottenverband, dem auch der Kreuzer „DRESDEN" angehört – auf dem Canaris seinen Dienst verrichtet –, von britischen Geschwadern angegriffen und versenkt. Lediglich der „DRESDEN" gelingt die Flucht. Monatelang vermag sich der Kreuzer vor den Augen des Feindes zu verbergen. Im März 1915 nimmt die „DRESDEN" in chilenischen Hoheitsgewässern Zuflucht und geht vor Anker. Die Briten scheren sich keinen Deut um die Neutralität Chiles, greifen das Schiff an und beschädigen es so schwer, daß sich der Kapitän des Kreuzers entschließen muß, die Selbstversenkung zu befehlen. Alle Besatzungsmitglieder werden in Chile interniert.

Mit falschen Papieren gelingt Canaris die abenteuerliche Flucht aus der Internierung. Er gibt sich als chilenischer Witwer aus, der sich auf dem Weg nach Holland befindet, um dort eine Erbschaft anzutreten.[1] Diese Täuschung ist nur möglich, weil er die spanische Sprache perfekt beherrscht. Er vermag die britische Blockade zu durchbrechen und über Spanien nach Deutschland zurückzukehren.

Wilhelm Canaris, seit 1. Januar 1935 Chef der Deutschen Abwehr, zählte zu den geheimnisvollsten Persönlichkeiten des Dritten Reiches. Er diente dem Regime, gleichzeitig bekämpfte er es jedoch. Canaris konstruierte einen Spionagefall, um den deutschen Juden, die mit der „ST. LOUIS" auswandern wollten, zu helfen.

Zwei Jahre nach Ende des Krieges wird Canaris in der Marinestation Ostsee als Admiralsstabsoffizier eingesetzt und erhält 1922 die Charge eines Ersten Offiziers auf dem kleinen Kreuzer „BERLIN". Einer der ihm unterstellten Seekadetten ist Reinhard Heydrich, der später einmal einer der gefürchtetsten Männer Deutschlands werden wird.

Am 1. Januar 1935, exakt an seinem 48. Geburtstag, wird Canaris zum Chef der Deutschen Abwehr ernannt. Von diesem Tag an steht er, wie kaum ein anderer Machthaber des Dritten Reiches, zwischen zwei Fronten. Anfangs hegt er noch einige Sympathien für die nationalsozialistische Bewegung, je intensiver er jedoch in das Schreckensregime Einblick erhält, desto entschiedener wendet er sich ab. So gerät er in einen furchtbaren Konflikt. Auf der einen Seite ist er als Patriot bemüht, der Deutschen Wehrmacht mit seinem Spionagedienst pflichtgemäß zu helfen, während er gleichzeitig mit unglaublicher Zivilcourage gegen den Terror der Nationalsozialisten auftritt. So ergibt sich zwangsläufig eine unerbittliche Gegnerschaft zu Himmler und vor allem zu Heydrich. Letzterer ist inzwischen durch ein Marinegericht unehrenhaft aus dieser Eliteorganisation ausgeschlossen worden, eine Schmach, die er nie überwinden wird. Die Gründe des Ausschlusses sind recht verworren und werden folglich auch unterschiedlich dargestellt. Angeblich ging es um eine Verlobung, die er im beidseitigen Einverständnis löst; in anderen Berichten wird behauptet, er habe ein Mädchen geschwängert und sich nicht als Kindesvater bekannt. Wie auch immer: Der völlig aus seiner Bahn geworfene und seiner gesellschaftlichen Ehre entkleidete Heydrich schließt sich Himmlers SS an. 1934 zum Leiter der preußischen Geheimen Staatspolizei und fünf Jahre später zum Chef des Reichssicherheitshauptamtes ernannt, wird er einer der mächtigsten und gefürchtetsten Männer Deutschlands. Das Bizarre an Heydrichs Charakter ist der Umstand, daß dieser Mann, 1941 mit dem „Gesamtplan für die Endlösung der Judenfrage" beauftragte wurde, andererseits ein ausgezeichneter Geigenspieler ist und zu den erfolgreichsten Fechtern Deutschlands zählt.

Heydrichs Gegnerschaft zu Canaris hat mehrere Ursachen: Allem voran wird es von der SS als störend empfunden, daß sie das wichtige Gebiet der Spionage einem Mann überlassen muß, der in ihren Augen als politisch unzuverlässig gilt. Dazu kommt, daß Heydrich aus persönlich verständlichen Gründen der Marine und damit auch dem 1940 zum Admiral beförderten Canaris mit innerer Ablehnung gegenübersteht. Daß sich dieser in einer solchen Situation überhaupt als Abwehrchef halten kann, ist nur dem Umstand zu verdanken, daß ihn Hitler – die Situation im Dritten Reich weist nun einmal verwirrende Strömungen und Beziehungen auf – protegiert, weil er dessen Spionagedienste und Abwehr zu schätzen weiß.

Wie sehr Admiral Canaris bemüht ist, das Spionagegeschäft nicht in allzu schmutzige Bereiche abgleiten zu lassen, vermag ein Vorfall zu dokumentieren. Empört über die Übergriffe der SS nach 1939 im besetzten Polen und alarmiert durch die Entführung zweier Secret-Service-Offiziere aus dem neutralen Holland durch den Sicherheitsdienst verbietet er *„mit großer Schärfe seinen Offizieren jegliche völkerrechtliche Unkorrektheit. Wer sich derartige Übergriffe zu Schulden kommen lasse oder diese Gestapomethoden billige, für den sei kein Platz in seiner Abwehr".*[2] Auch auf die Ausschreitungen in der „Reichskristallnacht" reagiert er mit öffentlicher Empörung.

Canaris hilft den Verfolgten, soweit es in seiner Macht steht. So entsendet er beispielsweise Juden als Agenten ins Ausland, um ihnen dieserart die Flucht zu ermöglichen. Der Staatssekretär im Auswärtigen Amt, Ernst Weizsäcker, wird später über ihn sagen: *„Die Abwehr hat sich um viele Menschen verdient gemacht, die sonst der Gestapo verfallen wären."*

Die Hilfe, die Canaris zahlreichen Juden zukommen läßt, führt aber manchmal auch zu tragikomischen Folgen. So ermöglicht er beispielsweise Paul Borchardt, einem hochdekorierten deutschen Flieger im Ersten Weltkrieg, der als Jude im Konzentrationslager Dachau schwerstens mißhandelt wird, die Ausreise nach England und später nach Amerika. Mit Reisepapieren versorgt, gelingt es Borchardt, Deutschland zu verlassen. Die Alliierten jedoch sind mißtrauisch und wittern hinter dieser Befreiung aus einem Konzentrationslager einen geschickten Schachzug der Spionage. Borchardt wird verhaftet und vor Gericht gestellt. Um den Sachverhalt zu klären, will man von ihm wissen, wer ihm zur Flucht verholfen habe und wie diese Aktion abgelaufen sei. Der Angeklagte weigert sich jedoch, die Namen seiner Helfer zu nennen. Gäbe er sie preis, lieferte er diese Männer Himmlers SS aus. So schweigt er und riskiert damit sein Leben. Borchardt hat noch Glück im Unglück. Er wird als deutscher Spion „lediglich" zu zwanzig Jahren Gefängnis verurteilt. Erst nach dem Krieg gelingt es einem ehemaligen Abwehroffizier, das Mißverständnis aufzuklären und Borchardt zu rehabilitieren.[3]

* * *

Welche Rolle kommt somit Admiral Canaris in der Konferenz mit Goebbels und Göring im April 1939 im Hotel „Adlon" zu? Die Auswanderung der Juden fällt nicht in sein Ressort, mehr noch, es ist ihm sogar untersagt, sich in diese Angelegenheit einzumischen. So betrachtet, bleibt ein einziger Grund für seine Anwesenheit: Die Sonderfahrt der „ST. LOUIS" muß irgendwie mit einer Spionageaktion in Verbindung stehen. In der Tat berichtet Thomas über die Absicht der Abwehr,[4] Mikrofilme aus Havanna nach Deutschland zu bringen, auf denen Agenten amerikanische Anlagen auf Kuba festgehalten hatten. Diesem Bericht zufolge erhält ein deutsches Besatzungsmitglied von der „ST. LOUIS" den Auftrag, die Mikrofilme aus Kuba an Bord zu schmuggeln und der Abwehr zur Verfügung zu stellen. Somit wäre auch Canaris' Gastgeberrolle im Hotel „Adlon" geklärt.

Wäre! In Wahrheit wird gar nichts geklärt, denn es ist undenkbar, daß der Schmuggel irgendwelcher Mikrofilme Canaris veranlaßt hätte, mit Goebbels und Göring zu konferieren. Schon allein der Umstand, daß sich der Admiral persönlich – noch ist der Zweite Weltkrieg nicht ausgebrochen – ausgerechnet für amerikanische Anlagen auf Kuba interessiert, ist zumindest erstaunlich. Aber selbst wenn dem so sein sollte, ist es völlig abwegig, anzunehmen, daß sich der oberste Chef der Abwehr um eine derartige Lappalie bemüht und es sogar für notwendig erachtet, diese Angelegenheit mit Goebbels und Göring zu besprechen. Canaris hält, ganz im Gegenteil, alle seine Aktionen, soweit dies nur irgend möglich ist, vor der Partei und deren Repräsentanten geheim. Immer wieder erklärt er, er habe ausschließlich der Deutschen Wehrmacht zu dienen. Nicht zuletzt – auch das fällt ins Gewicht – ist das Schmuggeln von Mikroaufnahmen in Friedenszeiten eine so geringfügige Angelegenheit, daß es dafür des Einsatzes der „ST. LOUIS" nicht bedarf. Derartiges gehört zum täglichen Handwerk der Abwehr.

Wahrscheinlich spielt sich etwas ganz anderes ab: Admiral Canaris ist zweifellos über die Absicht informiert, die „ST. LOUIS" mit etwa 930 jüdischen Flüchtlingen nach Kuba ausfahren zu lassen. Als Gegner des Nationalsozialismus und als Helfer vieler Flüchtlinge wird er dieses Vorhaben begrüßen.

Nun darf man wohl annehmen, daß die Machthaber im Dritten Reich nicht korporativ der ausgefallenen Idee – gleichgültig, welche Motive ihr zugrunde liegen – , verfolgte Juden mit einem Luxusschiff aus Deutschland hinauszutransportieren, zustimmen werden. Befürworter und Gegner dieser Aktion stehen vermutlich einander gegenüber. Um die Befürworter zu stärken – so die Annahme –, greift Canaris ein. Er verabredet mit Goebbels und Göring ein Mittagessen im Hotel „Adlon" und teilt seinen Gästen mit, er habe von ihrem Plan gehört, den er im Interesse der Abwehr wärmstens unterstütze. Gerade ein Schiff mit Hunderten von Emigranten sei bestens geeignet, dringend notwendiges Spionagematerial in Havanna abzuholen. Weder Goebbels noch Göring besitzen irgendwelche Kenntnisse über das schwierige Handwerk der Spionage, und so können sie auch nicht beurteilen, ob die amerikanischen Anlagen auf Kuba wichtig sind oder nicht und wie der Transport der geheimen Mikrofilme zu gestalten sei. Canaris, der auch von seinen Gegnern anerkannte Fachmann, kann seinen Gesprächspartnern einreden, was er will. Das heißt: Canaris konstruiert einen Spionageauftrag, um jene Gruppe zu unterstützen, die für die Auswanderung der Flüchtlinge nach Kuba eintritt.

Unter diesen Voraussetzungen ist anzunehmen, daß Gordon Thomas' Spionagebericht mit der Realität übereinstimmt. Lediglich seine Schlußfolgerung *„that the „ST. LOUIS' was used as a cover for an in-*

telligence operation against the United States [5] (daß die „ST. LOUIS" als Deckmantel für eine Spionageaktion gegen die Vereinigten Staaten verwendet wurde) ist falsch. In Wahrheit ist es genau umgekehrt: Canaris benützt die Sonderfahrt der „ST. LOUIS" nicht für irgendwelche Agententätigkeiten, vielmehr konstruiert er eine Spionageoperation, um die Machthaber des Dritten Reiches in ihrer Absicht zu stärken, das Schiff auswanderungswilligen Juden zur Verfügung zu stellen. Ursache und Wirkung werden somit vertauscht.

Wie immer auch die Motive der deutschen Machthaber lauten mögen, so bleibt zunächst die entscheidende Tatsache, daß die Sonderfahrt der „ST. LOUIS" genehmigt wird. Allerdings mit einer außergewöhnlichen Bestimmung, die noch zu heftigen Irritationen führen wird: Alle Passagiere müssen eine Kaution hinterlegen, die im Falle einer unvorhergesehenen Rückführung nach Deutschland zugunsten der Hapag verfiele.

Wie ein Lauffeuer verbreitet sich die gute Nachricht – noch nie wurde den Juden Deutschlands angeboten, das Land mit einem Luxusdampfer zu verlassen – unter den Verfolgten. Claus-Gottfried Holthusen, Direktor der Hapag – sie ist der Schiffseigner –, setzt sich unverzüglich mit Morris Troper, dem europäischen Leiter des Joint Distribution Committee – im allgemeinen wird es kurz als „Joint" bezeichnet –, in Verbindung und übermittelt ihm die freudige Neuigkeit. Der „Joint" wurde 1914 gegründet und hat sich zum Ziel gesetzt, den Juden in aller Welt zu helfen. Nach der Machtergreifung Hitlers ist er bemüht, den deutschen Juden das wirtschaftliche Überleben zu ermöglichen und später, als die Situation immer unerträglicher wurde, ihre Emigration zu unterstützen. Troper, der sich in seinem Zentralbüro in Paris befindet, reagiert jedoch zurückhaltend. Die Vorstellung, daß nahezu tausend deutsche Juden in Havanna an Land gehen werden, behagt ihm nicht. Aus bitterer Erfahrung weiß er nur allzugut um die Vorbehalte, die in fast allen Staaten der Welt gegenüber jüdischen Flüchtlingen bestehen. Wie wird Kuba auf so eine gewaltige Zahl von Emigranten reagieren? Noch dazu, da sich auch andere, kleinere Dampfer mit Auswanderern auf dem Weg nach Havanna befinden. Die „ST. LOUIS" mit über 900 Passagieren an Bord könnte das Faß zum Überlaufen bringen.

Etwa zehn Tage vor der geplanten Abreise scheinen sich Tropers Befürchtungen zu bewahrheiten. Aus Kuba trifft eine Meldung ein, die alle Pläne über den Haufen zu werfen droht: Staatspräsident Laredo Bru habe die bereits erteilten Landepermits für ungültig erklärt.

Dieser Widerruf wird der Hapag und den zuständigen deutschen Stellen offiziell übermittelt. Eine Benachrichtigung der zukünftigen Passagiere unterbleibt.

Die Hapag reagiert sofort, ist aber kaum beunruhigt. Derartige Querschüsse aus Kuba sind keine Seltenheit und entpuppen sich meist als Folge des Kompetenzwirrwarrs in einem chaotischen Regierungssystem. Dennoch beauftragt sie ihren Schiffsagenten in Havanna, der Angelegenheit nachzugehen. Am 10. Mai 1939 – somit sechs Tage nach dem Widerruf der Permits und drei Tage vor der geplanten Abfahrt – trifft die beruhigende Nachricht aus Kuba ein: Es sei evident, daß alle Passagiere auf Kuba das Schiff verlassen dürften.

Die Nachfrage nach freien Schiffsplätzen ist im Frühjahr 1939 um ein Vielfaches größer als das Angebot. Nach welchen Gesichtspunkten die Auswahl erfolgt, bleibt undurchsichtig. Einer der „Auserwählten" ist Heinrich Glücksmann.[6] 1909 im damaligen Oberschlesien als deutscher Staatsbürger jüdischen Glaubens geboren, gehört er zu den bekanntesten Sportlern Deutschlands. Selbst noch im Jahre 1937, vier Jahre nach Hitlers Machtergreifung, gewinnt er für das Deutsche Reich zahlreiche Medaillen. Trotz der bereits in Kraft getretenen „Judengesetze" findet er eine Stelle als Buchhalter in einer Zigarrenfabrik. Unmittelbar nach der „Reichskristallnacht" am 9. November 1938 wird Heinrich Glücksmann, ebenso wie sein Bruder Max, von den Nationalsozialisten verhaftet und in das Konzentrationslager Buchenwald gesperrt. Sein „arischer" Chef läßt es sich nicht nehmen, den eingekerkerten Buchhalter dort zu besuchen, um ihm seine Hilfe anzubieten. Im Mai des Jahres 1939 werde die „ST. LOUIS", ein Luxusdampfer der Hapag, mit mehreren Hundert Juden an Bord von Hamburg nach Havanna fahren. Er sei bereit, die Reisekosten zu übernehmen und die Landeerlaubnis für Kuba zu bezahlen. Alles andere sei nur eine Frage der Zeit. Glücksmann müsse lediglich auf Kuba warten, bis die Nordamerikaner seine „Einwanderungsnummer" aufrufen. Ein, wie es scheint, einmaliger Glücksfall für einen jungen Mann, der sich in tödlicher Gefahr befindet.

Ein ähnliches Schicksal wie Glücksmanns widerfährt noch anderen in Konzentrationslagern eingesperrten Juden. Wie viele es sind, läßt sich nicht mehr feststellen, genannt wird eine Größenordnung von 300. Diese Zahl scheint sehr hoch gegriffen zu sein, liegt aber im Bereich des Möglichen. Gesichert hingegen ist, daß zahlreiche Enthaftungen nur unter der Bedingung erfolgen, daß der betreffende Häftling Deutschland unverzüglich verlassen werde.

Auch Moritz Fröhlich zählt zu den Privilegierten, die eine Ausreiseerlaubnis für die „ST. LOUIS" erhalten. Mit diesem Erwerb beginnt eine seltsame, fast mystische Geschichte. Fröhlich ist Kaufmann und lebt in Berlin. Nach den deutschen Rassengesetzen gilt er als Jude, obwohl ihn innerlich nichts mit dem Glauben seiner Vorfahren verbindet und er sich selbst als Atheist bezeichnet. Im Gegensatz zu Glücksmann gehört er zu jenen Juden, die die ersten Jahre des Nationalsozialismus relativ gut überstehen, sieht man von einigen Schikanen und Demütigungen ab. 1938 – immerhin fünf Jahre nach Hitlers Machtergreifung – gehen seine Geschäfte so gut, daß er sich leisten kann, in eine schönere und größere Wohnung umzuziehen. Ein interessantes und höchst aufschlußreiches Detail, das anschaulich begründet, weshalb der Großteil der deutschen Juden, ungeachtet aller Drangsalierungen, zögert, das Land zu verlassen. Die Tatsache, daß der jüdische Kaufmann Fröhlich bis in das Jahr 1938 seinen Geschäften nachgehen kann und sogar materiell in die Lage versetzt wird, eine größere Wohnung zu mieten, scheint jenen recht zu geben, die meinen, früher oder später werde der Nationalsozialismus seine „Kinderkrankheiten" überwinden. Eine Selbsttäuschung mit bitteren Folgen.

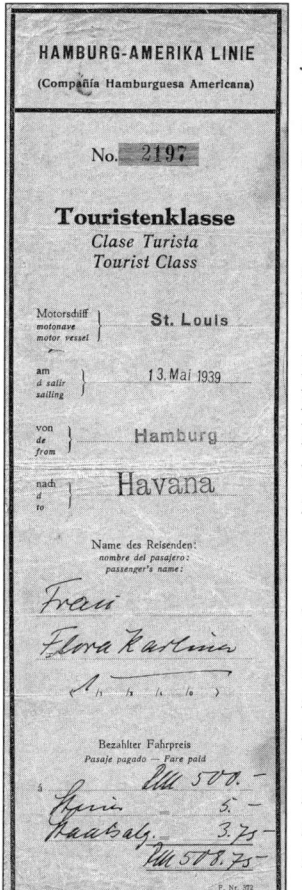

Nach der „Reichskristallnacht" muß Fröhlich erkennen, daß es für ihn in Wahrheit keine Zukunft in Deutschland geben kann. Die Ausschreitungen im November 1938 werden zum Trauma, obwohl er selbst nicht zu den Opfern zählt. Nach Überwindung

Jüdische Emigranten mußten einen qualvollen bürokratischen Spießrutenlauf absolvieren, um das begehrte Ticket in die Freiheit zu erhalten. Mysteriöse Vorahnungen über das Schicksal der MS „ST. LOUIS" veranlaßten den Berliner Kaufmann Moritz Fröhlich, den Berechtigungsschein für die Fahrkarte zu fälschen. Sein sechster Sinn rettete ihn vor einer Katastrophe.

großer bürokratischer Schwierigkeiten gelingt es ihm, für seine Familie – Fröhlich ist verheiratet und hat einen Sohn – eine „Reiseerlaub-
nis" für die „ST. LOUIS" zu erhalten. Aufgrund dieses Dokumentes
werden ihm die zuvor eingezogenen Pässe ausgehändigt. Erst jetzt
beginnt die eigentliche Prozedur: Beschaffung der Visa, Bezahlung
der Reichsfluchtsteuer, Regelung des zurückbleibenden Besitzes,
Abgaben für die Ausfuhr des Hausrates und die Überwindung Dut-
zender anderer schikanöser Vorschriften. Am Ende der langen Liste
steht der Erwerb der Schiffstickets.

872 jüdische Passagiere der „ST. LOUIS" kommen aus allen Teilen Deutschlands. Die anderen sind Polen, Ungarn, Tschechoslo-
waken und Staatenlose. 258 Familien können mit ihren engsten
Angehörigen gemeinsam ausreisen.[7]

Die Prozedur der Abreise gestaltet sich, als Folge der von der
Hamburg Amerika-Linie erlassenen bürokratischen Anordnungen, für
die Passagiere zu einem Spießrutenlauf. Es ist nicht etwa so, daß die
Fahrgäste am 13. Mai im Hafen eintreffen und mit ihren Tickets an
Bord gehen können. Aus unerfindlichen Gründen müssen sie sich bereits längere Zeit vor der Abfahrt in Hamburg registrieren lassen.
Besonders Familien, deren Namen mit den Buchstaben A bis G beginnen, stehen vor einer qualvollen Aufgabe. Sie haben sich bereits
am 10. Mai im Hamburger Reisebüro der Hapag zu melden. Diese
Verfügung trifft die Passagiere gleich doppelt. Aufgrund der Konfis-
kationen und Zwangsabgaben sowie im Hinblick auf die immensen
Kosten, welche die Reisevorbereitungen verschlungen haben, verfügen viele nicht mehr über die finanziellen Mittel, um ein, zwei oder
gar drei Nächte in Hamburg zu logieren. Im Rundschreiben der
Hapag wird auch ausdrücklich erwähnt: *„Eine Vergütung für den Aufenthalt in Hamburg für Hotelkosten und so weiter kann leider nicht
erfolgen."*

Das noch viel größere Problem ergibt sich jedoch aus den in ganz
Deutschland gegen Juden gesetzten Maßnahmen, die im Frühjahr des
Jahres 1939 bereits ein erschreckendes Ausmaß angenommen haben.
Es gibt Reise- und Ortsbeschränkungen sowie ständige Kontrollen.
Viele Hotels sind nicht bereit, Juden aufzunehmen. Zahlreiche Son-
dergenehmigungen müssen beschafft werden; ein Spießrutenlaufen
durch die nationalsozialistische Bürokratie! Doch selbst für die Besitzer aller notwendigen Dokumente besteht noch immer die Gefahr,
daß sie in der Nacht von Polizei oder Gestapo aus den Betten geholt
und verhaftet werden. Die Folge ist, daß einige Passagiere gar nicht

den Mut finden, in Hamburg ein Hotel zu suchen, sondern zwischen Registrierung und tatsächlicher Abfahrt wie Landstreicher umherirren; noch dazu mit all ihrer Habe. Passagiere der 1. Klasse sind berechtigt, zehn Koffer mitzunehmen, alle anderen dürfen sieben Koffer an Bord bringen. Das klingt sehr großzügig, ist aber für Menschen, die ihre Heimat für immer verlassen, ein Tropfen auf den heißen Stein. Die Vorstellung jedoch, mit sieben bis zehn Koffern in Hamburg ein Quartier zu suchen oder gar mehrmals auf der Straße zu „übernachten“, wird zum Horror.

Nur ganz wenige Hoteliers sind bereit, das Risiko auf sich zu nehmen, Juden zu beherbergen. Zu diesen Ausnahmen gehört das Hamburger Luxushotel „Vier Jahreszeiten“; geradezu ein Musterbeispiel für die schwierige Trennung zwischen Gut und Böse. Der Besitzer dieses weltberühmten Hotels ist Fritz Haerlin, seit 1933 Angehöriger des SS-Totenkopfordens. Obwohl SS-Mann und mit hohen nationalsozialistischen Führern befreundet, weigert er sich, trotz ständiger offizieller Vorbehalte, jüdische Angestellte zu entlassen oder jüdische Gäste abzuweisen. Haerlin begrüßt sein Personal mit „Guten Tag“ und nicht mit „Heil Hitler!“. Als er Juden nicht mehr in seinem Restaurant bewirten darf, läßt er ihnen das Essen aufs Zimmer servieren, weil – so seine Begründung – im Verbot nur öffentliche Gaststätten, nicht aber Zimmerservice erwähnt wird. In der jetzigen Situation freilich vermag das „Vier Jahreszeiten“ nur wenigen Verfolgten Schutz zu bieten. Kaum ein jüdischer Emigrant sieht sich 1939 in der Lage, die Preise eines Luxushotels zu bezahlen.

Für einige jedoch verläuft die Auswanderungs- und Einschiffungsprozedur in Hamburg völlig problemlos. So vermerkt Erich Dublon in seinem Tagebuch: *„Letzter Tag in Hamburg, um 1 Uhr stehen wir bereits zur letzten Prüfung der Papiere, Revision von Handgepäck und Pässen, Devisenkontrolle, alles in den Räumen der Hapag (im Hamburger Stadtteil Veddel) bestens organisiert, schnell und verbindlich vor sich gehend. Vor der Halle stehen schon die Autobusse bereit und es geht in halbstündiger Fahrt zum Hafen...“* Diese Schilderung ist einfach und klar; sie läßt den Rückschluß zu, daß zumindest die Abfertigung weitgehend im üblichen Rahmen verläuft. Hans Herlin jedoch vermittelt seinen Lesern einen ganz anderen Ablauf und zitiert die Aussage eines Klarinettisten der Bordkapelle: *„Eine lange Schlange von Männern, Frauen und Kindern schob sich an den drei Tischen der Paß-, Devisen-, und Zollkontrolle vorbei. Die Beamten hatten ihre Tische im Freien auf der Pier aufgebaut. Niemand dräng-*

te. Alles ging fast lautlos zu. Es wurde kaum gesprochen. Nur die Schritte auf den Holzplanken waren zu hören und das schwappende Geräusch des Wassers zwischen der Kaimauer und der aufragenden Metallhaut des Schiffes; hin und wieder ein schriller Schrei der Möven, die noch abwartend auf den dunklen, vom Wasser vollgesogenen Poldern saßen. Das An-Bord-Gehen dauerte den ganzen Nachmittag. Die Passagiere öffneten ihr Handgepäck und zeigten den Inhalt vor. Sie reichten den Beamten ihre Pässe über den Tisch und verfolgten ängstlich, was damit geschah. Sie passierten die Kontrollen mit gesenkten Köpfen, und selbst vor der Gangway zögerten sie noch und starrten scheu auf das große Schiff, als erwarteten sie bis zum letzten Augenblick, daß etwas geschehen würde... Ich sah (ein) Mädchen vor dem Tisch der Zollkontrolle stehen, in einem dunklen, hochgeschlossenen Samtkleid. Sie war vielleicht achtzehn, hatte tiefschwarzes, zerzaustes Haar, das aussah, als hätte sie es selber geschnitten. Sie hatte große dunkle Augen, die mutigsten Augen, die ich je gesehen hatte. Ihre Mutter, eine Frau mit in der Mitte gescheiteltem Haar und einem dichten Knoten, und zwei kleine Geschwister standen hinter ihr. Sie hatten nicht viel Gepäck. Der Beamte war mit dem Durchsuchen der Koffer schnell fertig. Sie waren schon auf dem Weg zur Gangway, als plötzlich zwei Männer neben dem Mädchen standen und es wortlos abführten. Das Unheimliche war die Unauffälligkeit, mit der das geschah. Die beiden trugen keine Uniform. Ich sah, wie sie mit dem Mädchen in einem Lagerschuppen verschwanden. Und ich sah die Mutter, wie sie dastand, die Pässe in der Hand, neben ihr die beiden Kinder, die nicht begriffen, was hier geschah... Sie brachten (das Mädchen) so unauffällig zurück, wie sie sie geholt hatten. Das Mädchen war noch bleicher und ihre Augen noch größer. Sie sah mich einen Augenblick an. Und ich hörte, wie die Mutter fragte: ‚Großer Gott, was war denn...?' ‚Leibesvisitation', sagte sie. ‚Laß nur, es hat alles sein Gutes. So werden wir wenigstens nie Heimweh haben.' "

Der Verdacht liegt nahe, daß die angebliche Aussage des Klarinettisten schlichtweg erfunden ist. Schon allein die Tatsache, daß die Kontrollen nicht, wie er berichtet, unter freiem Himmel am Pier stattfanden, sondern in der Hapag-Halle in Hamburg-Veddel, läßt die Vermutung aufkommen, daß die ganze Geschichte lediglich der Dramatisierung dienen soll. Zudem ist es nahezu undenkbar, daß die in Zivil auftretenden Polizisten eine Leibesvisitation bei einer Frau vornehmen, da dies zur damaligen Zeit – selbst und gerade auch gegenüber „Staatsfeinden" – strikt verboten war.[8]

Eine der skurrilsten Anreisen zur „ST. LOUIS" wird von einem gewissen Dr. Fritz Spanier organisiert, dem in den kommenden Jahren vom Schicksal noch eine seltsame, undurchschaubare Rolle zugedacht sein wird. Es ist keine Übertreibung, ihn als einen der geheimnisvollsten Passagiere der „ST. LOUIS" zu bezeichnen. Dr. Spanier war vor der Machtergreifung ein angesehener, hervorragend verdienender Arzt. Er ist verheiratet und hat zwei Töchter. Obwohl Jude, bleibt er relativ lange unbehelligt, bis auch ihn die einschneidenden Maßnahmen der Nationalsozialisten mit voller Wucht treffen. Schließlich darf er nur noch Patienten behandeln, die im Dritten Reich als Juden gelten. Um sein stark geschrumpftes Einkommen etwas aufzubessern, gibt er Nachhilfeunterricht an Medizinstudenten. Einer dieser Studenten gehört der SS an, was Fritz Spanier zunächst nicht weiß. Als er in der „Kristallnacht" mit Mühe dem Terror entgehen kann und fürchten muß, in ein Konzentrationslager überführt zu werden, erklärt sich der Student spontan bereit, Dr. Spanier und seine Familie nach Hamburg zu bringen. Dank diesem Schutz – der SS-Mann hat seine Uniform angezogen – gelingt es tatsächlich, die Reise nach Hamburg und den dortigen Aufenthalt unbeschadet zu überstehen.

Dr. Fritz Spanier verzichtet auch auf seiner Flucht nicht auf den Luxus früherer Zeiten. Er erwirbt vier Karten für die 1. Klasse. Diese Kosten, die erzwungenen Rückfahrtbilletts, die Landeerlaubnis auf Kuba und schließlich die von ihm eingeholte Sonderbewilligung, alle seine ärztlichen Instrumente mitnehmen zu dürfen, kosten ihn 8.000 Mark, damals eine horrende Summe für einen verfolgten Juden.

Das erschütterndste Schicksal widerfährt zwei kleinen Mädchen im Alter von fünf und sieben Jahren. Sie heißen Evelyne und Renatta Aber. Ihr Vater, Dr. Max Aber, ebenfalls Arzt, vermochte rechtzeitig, Deutschland zu verlassen und nach Amerika auszuwandern. Zurück waren seine „arische" Frau und die beiden Kinder geblieben. Erstere hatte sich in der Zwischenzeit in jemand anderen verliebt und dachte gar nicht daran, ihrem Mann nachzureisen. Sie erklärt sich lediglich bereit, die Kinder alleine auf der „ST. LOUIS" nach Havanna fahren zu lassen, wo sie der Vater abholen werde. Diese Haltung der Mutter ist erschreckend und unverantwortlich. Wie vermag man, ein fünf- und ein siebenjähriges Mädchen alleine auf eine derart riskante Reise zu schicken? Zum Glück erklären sich einige wildfremde Passagiere spontan bereit, die beiden Kinder unter ihre Fittiche zu nehmen.

Für manche der Auswanderer ergibt sich ein besonders tragischer Zwiespalt. Sie gehören nicht der jüdischen Religionsgemeinschaft an, sondern wurden katholisch, evangelisch oder auch religionslos erzogen. Da aber für die Nationalsozialisten der Begriff „Jude" primär eine Rassenbezeichnung ist, werden sie wie Angehörige des mosaischen Glaubens behandelt. Während die Religionsjuden noch Schutz und Trost in ihrer Religion finden können, eine festgefügte Gemeinschaft bilden und zu einem großen Teil in den alten Traditionen Geborgenheit finden, sind diese Konvertierten völlig entwurzelt. Von den Deutschen werden sie als Juden behandelt und von den Juden nicht als ihresgleichen anerkannt.

In ihrem Benehmen unterscheiden sich die Emigranten keineswegs von den üblichen Passagieren. Einige treten scheu und zurückhaltend auf. Es ist ihre erste Reise mit einem großen Schiff, und sie haben keine Ahnung, wie sie sich zu verhalten haben. Andere wieder kommen aufgetakelt an Bord, als handle es sich um den Besuch einer Modeschau. Es gibt Nette und weniger Nette, gut Erzogene und Rüpel. Die besondere Situation jedoch, in der sich alle befinden, hinterläßt unübersehbar tiefe Spuren.

Noch trauen die meisten nicht dem Glück, ihrem bösen Schicksal auf einem Luxusschiff entfliehen zu können. Egal, wie sie sich nach außen hin auch geben mögen, sie sind dennoch ängstlich und unsicher. Besonders kraß empfinden die aus dem Konzentrationslager Entlassenen den plötzlichen Wechsel. Für sie klingt die Erlaubnis, je nach Kabinenklasse sieben bis zehn Koffer mitnehmen zu dürfen, wie blanker Hohn. Manche kommen mit einer kleinen Tasche oder einem Bündel; ihre Kleidung ist verschmutzt und unansehnlich. Als Matrosen ihnen entgegeneilen, um beim Tragen der Gepäckstücke behilflich zu sein oder sie über die Gangway zu führen, schrecken sie zurück. Noch vor kurzem wurden sie beschimpft, geschlagen, getreten und bespuckt, und jetzt sollen uniformierte deutsche Matrosen just ihnen, den Ausgestoßenen, als Helfer zur Seite stehen?

Nahezu alle Auswanderer, auch die der „ST. LOUIS", sind zutiefst in Deutschland verwurzelt. Die Bilder, die sie mitnehmen, zeugen davon: sie zeigen Aufnahmen als Soldat im Ersten Weltkrieg, Begegnungen mit Kaiser Wilhelm, Dokumente über erhaltene Auszeichnungen, Urkunden über für Deutschland erzielte sportliche Erfolge, Fotos ihrer Häuser und zurückgelassenen Freunde. Dem Land, das sie verjagt, gehört ihre Liebe. Erst viel später wird diese Liebe in Haß umschlagen.

Von der Kommandobrücke herab beobachtet Gustav Schröder, Kapitän der „ST. LOUIS", die eintreffenden Passagiere mit großer

Das – leider schlechte – Bild zeigt Gustav Schröder als Schiffsjungen des Schulschiffes „GROSSHER-ZOGIN ELISABETH". Er war damals lediglich 1,46 Meter groß und wog lächerliche 33 Kilogramm. Schröder blieb zeit seines Lebens ein kleingewachsenes „Leichtgewicht". In seinem schmächtigen Körper verbarg sich jedoch eine faszinierende Persönlichkeit.

Sorge. Direktor Holthusen hat ihm in aller Offenheit die Bedenken Tropers – des europäischen Leiters des „Joints" – mitgeteilt und darauf hingewiesen, daß sich die englische „ONDURA" mit 154 Juden an Bord und das französische Schiff „FLANDRE" mit 104 meist aus Österreich stammenden Flüchtlingen ebenfalls auf dem Weg nach Havanna befänden. Es sei daher dringend notwendig, mit voller Kraft zu fahren, um noch vor den anderen Schiffen Havanna zu erreichen. Diesem makabren Wettlauf zwischen jüdischen Flüchtlingen wohnt zwar ein gewisser Beigeschmack inne, aber die Hapag fühlt sich verständlicherweise primär ihren eigenen Passagieren gegenüber verpflichtet.

Kapitän Gustav Schröder wird in den nun folgenden Wochen eine zentrale Rolle spielen. Von seiner Entscheidung wird vieles abhängen, nicht zuletzt das künftige Schicksal jedes einzelnen Passagiers.

* * *

Es ist notwendig, die Geschichte dieses Mannes zu kennen. Rückblickend gesehen, erscheint es wie eine seltsame Fügung, daß ausgerechnet ihm das Kommando über die Sonderfahrt der „ST. LOUIS" anvertraut wird.

Als Schröder erfährt, welche Aufgabe ihm übertragen werden soll, steht er im 54. Lebensjahr. In Hadersleben geboren, ist er zunächst Preuße; „zunächst" deshalb, weil seine Heimatstadt zwei Jahre nach dem Ersten Weltkrieg – nach einer von den Siegermächten erzwungenen Volksabstimmung – dem Königreich Dänemark einverleibt worden ist.

Von Kindheit an träumt Schröder, zur See zu gehen. Sein Vater, ein Gymnasialprofessor, setzt diesem Wunsch keinen Widerstand entgegen. Er erlaubt sogar, daß der Knabe nach Erlangen der mittleren Reife – also noch vor dem Abitur – die Schule verläßt, um auf einem Schulschiff eingeschrieben zu werden. Just zu dieser Zeit nimmt das Schulschiff „GROSSHERZOGIN ELISABETH" hundert Schiffsjungen, unter ihnen auch Gustav Schröder, auf. Als er sich pünktlich zum Dienst meldet, können seine Kameraden und die anwesenden Vorgesetzten ihre Verblüffung nicht verbergen. Der neue Schiffsjunge aus Hadersleben ist genau 1,46 m groß und wiegt – sage und schreibe – 33 Kilogramm. Ein derartig schmächtiger und kleingewachsener Schüler an Bord eines Dreimasters ist wahrlich eine Sensation.

Während des folgenden Jahres erfüllt Schröder seine Pflicht als Schiffsjunge zur vollen Zufriedenheit seiner Vorgesetzten. Die „GROSSHERZOGIN ELISABETH" fährt um die halbe Welt, und so lernt Gustav vor allem Südamerika und Westindien kennen. Trotz des schweren Dienstes nimmt er etwas zu, wiegt aber immer noch lächerliche 36 Kilogramm. Gewachsen ist er jedoch kaum, und so sieht er mit 17 Jahren wie ein zwölfjähriger Knabe aus. Obwohl ihm alle Vorgesetzten die besten Zeugnisse ausstellen, muß er seiner Statur wegen bei jeder neuen Anmusterung die Skepsis, die ihm entgegenschlägt, von neuem überwinden. Der Dienst auf Segelschiffen ist unglaublich hart, und verständlicherweise wird immer wieder bezweifelt, daß ein derart kleingewachsenes Leichtgewicht wie Gustav Schröder die Anforderungen erfüllen könne. Dennoch gelingt es ihm im November 1908, das Steuermannspatent zu erhalten. Nach weiteren Fahrten und einem Lehrgang auf der Hamburger Navigationsschule erwirbt er 1912 – Schröder ist jetzt 27 Jahre alt – das Kapitänspatent. Diese Leistung bleibt lediglich ein Teilerfolg. *„Als sich Schröder der Kriegsmarine zur Ableistung seiner Dienstpflicht stellt, wird ihm beschieden, daß er für den Dienst in der Kriegsmarine zu leicht und zu zart sei..."*[9]
Schröder stellt sich bei der Hapag vor und wird als Dritter Offizier eingestellt. Mit Frachtschiffen der Reederei fährt er nach Mexiko, in die Karibik und nach Südostasien. Als der Erste Weltkrieg ausbricht, befindet sich Schröders Schiff gerade in Kalkutta. Es wird beschlagnahmt und die Besatzung interniert. Fünf volle Jahre lang muß der Kapitän in einem Lager verbringen. Während dieser ziemlich trostlosen Zeit beweist Schröder, welch faszinierende Persönlichkeit in seinem schmächtigen Körper steckt. Er weiß genau um die physischen

und psychischen Gefahren, die die Männer während einer so langen Internierung bedrohen. Er gründet einen Turnverein und einen Chor, für den er die Musiknoten selbst schreibt. Er unterrichtet Sprachen, Navigation und Astronomie. Irgendwie gelingt es ihm, ein kleines Fernrohr zu erhalten, mit dessen Hilfe er eine primitive „Sternwarte" erbaut. Als gegen Ende des Krieges die Spanische Grippe die Welt heimsucht – an ihr sterben mehr Menschen, als im ganzen Weltkrieg gefallen sind –, betätigt er sich als Krankenpfleger. *„Während im Lager Hunderte mit dem Tode ringen, erlebt er ein seltsames körperliches Wohlbefinden, das einzugestehen er sich damals schämte."*[10]

Erst 1920 kann Schröder in seine Heimat, die nicht mehr zu Deutschland gehört, zurückkehren. Er übersiedelt aus dem jetzt dänisch gewordenen Hadersleben nach Hamburg, wo er ein junges Mädchen, Elsa Färber, kennenlernt und heiratet.

Im besiegten Deutschland einen Posten bei der Handelsmarine zu finden, ist schwierig. Schließlich wird er als Ladungsoffizier auf dem Dampfer „FRANKFURT" eingestellt. Seine Aufgabe ist es, Mehl von London nach Leningrad zu transportieren. Gustav Schröders Begeisterung hält sich jedoch in Grenzen. Ihn stört die Disziplinlosigkeit von Mannschaft und Offizieren, eine Folge der politischen Wirren in der Nachkriegszeit. Vor allem aber leidet er unter der feindlichen Stimmung, die in nahezu allen ausländischen Häfen deutschen Seeleuten entgegenschlägt.

Dieses triste Bild scheint sich zu wenden, als 1933 die Nationalsozialisten die Macht in Deutschland ergreifen. Auf den Schiffen herrscht jetzt wieder Disziplin, und auch das Selbstbewußtsein der Mannschaft wird gestärkt. Als die „Kraft durch Freude"-Organisation (KdF) ins Leben gerufen wird, erhalten tausende Männer und Frauen der „Deutschen Arbeitsfront" Gelegenheit, zu extrem verbilligten Preisen Vergnügungsfahrten auf großen deutschen Schiffen zu unternehmen.

Liest man die Berichte von und über Gustav Schröder, so scheint sich der Kapitän in diesen Jahren in einem Zwiespalt zu befinden. Er ist deutscher Patriot und glücklich, daß deutschen Schiffen wieder Respekt entgegengebracht wird. Dennoch steht er dem Nationalsozialismus eher ablehnend gegenüber. Die KdF-Organisation jedoch fasziniert ihn. Bei jeder dieser Fahrten – es sind etwa fünfzig, die er als erster Offizier oder Kapitän mitmacht – kann er sich von der Freude seiner Passagiere überzeugen, denen ohne diese Aktion wahrscheinlich niemals Gelegenheit geboten worden wäre, luxuriöse Fahrten auf

einem deutschen Dampfer zu unternehmen. Mit all seinen Kräften
bemüht er sich, seinen Gästen die Reise so angenehm wie möglich zu
gestalten, und er wird später auch in eigenen Schriften darüber berichten. Dieses Detail ist besonders wichtig, denn es wird für Schröder nach dem Zweiten Weltkrieg verhängnisvolle Auswirkungen zeitigen.

Alle Schiffe der Hapag haben sogenannte „Stammkapitäne", die
in der Regel in der Winterzeit, wenn die Seefahrt am ungemütlichsten
ist, auf Urlaub gehen. Es versteht sich daher von selbst, daß die
Ersatzkapitäne ihr Handwerk bestens beherrschen müssen, so sie ihr
Schiff in der schwierigen Jahreszeit durch Stürme und rauhe See na-
vigieren. Im Feber 1939 wird Gustav Schröder dieserart als
Reservekapitän auf die „ST. LOUIS" berufen; zweimal fährt er das
Schiff nach New York. Die Urlaubsvertretung läuft just in der Zeit ab,
da das Dritte Reich die Sonderfahrt der „ST. LOUIS" nach Havanna
bewilligt. Hapag entschließt sich – eine ganz ungewöhnliche Entscheidung –, das Kommando über die „ST. LOUIS" nicht an den
Stammkapitän zurückzugeben, sondern Schröder auf diesem Posten
zu belassen. Die Reederei handelt wohlüberlegt. Direktor Holthusen
weiß nur zu genau, daß für diese Reise weit mehr als seemännisches
Können verlangt wird. Von allen Kapitänen der Hapag, die zu diesem
Zeitpunkt zur Verfügung stehen, ist Schröder zweifellos der geeig-
netste Mann. Er besitzt eiserne Nerven, eine ungeheure Tatkraft und
läßt sich auch nicht – wie er bereits in der Internierung bewiesen hat –
durch schwierige Situationen entmutigen. Schröder strahlt eine faszinierende Autorität aus, und sein Charakter ist vorbildlich. Er ist ein
weltoffener und gebildeter Mann, der sechs Sprachen beherrscht und
später sogar Horaz ins Spanische übertragen wird.[11]

* * *

Erst wenige Tage vor der Abreise der „ST. LOUIS" informiert Direktor Holthusen Schröder über Aufgabe und Ziel der Reise. Nahezu tausend Flüchtlinge, die man als „Ausländer" zu behandeln habe, seien
zu erwarten. Auf die Frage Schröders, welche Flüchtlinge gemeint
seien, präzisiert Holthusen: „Jüdische Flüchtlinge, einfach Menschen,
die das Land verlassen wollen." Da sich noch andere Schiffe auf dem
Kurs nach Kuba befänden, sei es notwendig, vor ihnen in Havanna
einzutreffen.

Kapitän Gustav Schröder war die zentrale Persönlichkeit im „ST. LOUIS"-Drama. Um die ihm anvertrauten Passagiere zu retten, entschloß er sich zu Aktionen, die für ihn persönlich enorme Risken ergaben. Seinen Mut und seine Fähigkeiten stellte er gleich doppelt unter Beweis: Er trat nicht nur für die jüdischen Auswanderer ein, er wurde auch als Held gefeiert, nachdem er die MS „ST. LOUIS" während des Krieges in einer Nacht-und-Nebel-Aktion von Murmansk nach Hamburg zurückgebracht hatte.

In der damaligen Zeit gibt es für Ausländer an Bord ein eigenes Reglement. Sie müssen an diversen Feierlichkeiten – etwa Geburtstag des Führers, „Marsch zur Feldherrnhalle" und andere Gedenktage – nicht teilnehmen, und es wird von ihnen auch nicht erwartet, ihr Glas auf Adolf Hitler oder Deutschland zu erheben.

Wir wissen nicht, mit welchen Empfindungen Gustav Schröder auf Holthusens Order reagiert. Er nimmt den Auftrag schweigend entgegen. Seine erste Maßnahme ist es, die Besatzung zu informieren. Bei dieser Zusammenkunft spricht Schröder ebenfalls nur von Ausländern und nicht von Juden. Dennoch weiß jeder der Angesprochenen, was er unter diesem Begriff zu verstehen hat. Schröder erteilt den strikten Befehl, die Passagiere mit der üblichen Gastfreundschaft und Aufmerksamkeit zu behandeln. Einige Offiziere und Mitglieder der Mannschaft sind bekannte Nationalsozialisten, unter ihnen vor allem der „Ortsgruppenleiter" Otto Schiendick, der den Dienst als Steward der 2. Klasse zu versehen hat. Er nimmt die Position eines nationalsozialistischen Vertrauensmannes ein. Schröder erklärt ausdrücklich, es stehe jedem frei, auf die Fahrt zu verzichten, falls er den geforderten Dienst mit seiner Weltanschauung nicht vereinen könne. Es gibt keinen Hinweis, daß auch nur ein Mann der Besatzung dieses Angebot angenommen hätte.

Auch die allgegenwärtige Partei schaltet sich ein. Die geplante Fahrt nach Kuba erfüllt sie mit Unbehagen, widerspricht sie doch der nationalsozialistischen Ideologie. Eine derartige „Zumutung" hat es seit Hitlers Machtergreifung vor mehr als sechs Jahren nicht mehr gegeben. In der Schule und in der Hitler-Jugend, aber auch während des Arbeitsdienstes und der Ausbildung in der Wehrmacht war den Seeleuten der „ST. LOUIS" eingeimpft worden, Juden seien das Unglück Deutschlands. Zeitungsartikel, Radiosendungen und Propagandareden hatten diese Indoktrinierung unterstützt. Jetzt jedoch sollen sie jene Männer und Frauen, denen man noch vor einem halben Jahr ihre Gotteshäuser angezündet hatte, die verfolgt, gedemütigt und verspottet worden waren, bedienen: Essen servieren, Betten machen, Liegestühle aufstellen und stets zu Diensten sein. Der überwiegende Großteil der Besatzung besitzt mit Sicherheit keine Erfahrung im Umgang mit Juden, da diese systematisch von der übrigen Bevölkerung abgesondert werden. Folglich könnten die Seeleute während der Sonderfahrt zur simplen Erkenntnis gelangen, daß sich Juden von anderen Menschen nicht unterscheiden und alle Diffamierungen auf Lügen beruhen.

So sieht sich die Partei genötigt, Verhaltensregeln anzuordnen. Selbstverständlich sei es nicht gestattet, von Juden Trinkgeld anzunehmen. Nachdrücklich wird die Besatzung gewarnt, „Rassenschande" zu betreiben – ein erstaunliches Detail, da jeder intime Verkehr zwischen Juden und „Ariern" seit Jahren ohnehin mit strengsten Strafen geahndet wird. Die Angst der Nationalsozialisten, die Seeleute der „ST. LOUIS" könnten während der Sonderfahrt ihre „Erziehung" vergessen, ist aufschlußreich und widerlegt so manches Pauschalurteil über die damalige Zeit.

Die „ST. LOUIS" mit ihren 16.732 BRT – vor zehn Jahren war sie vom Stapel gelaufen – zählt 1939 zu den größten Ozeandampfern Deutschlands. Sie bietet Platz für 973 Reisende. Der Charter ist somit nicht völlig ausgebucht, obwohl die Nachfrage auswanderungswilliger Juden nach freien Schiffsplätzen nicht annähernd gedeckt werden kann. Offensichtlich gab es in einigen Fällen bürokratische und politische Schwierigkeiten, die zu einem Storno geführt haben. Seltsamerweise wurde die Mannschaft sogar aufgestockt. Welche Ursache die Vergrößerung der Besatzung um mehr als zehn Prozent bewirkt hat, läßt sich nicht mehr feststellen.

FATA MORGANA

Am Abend des 13. Mai 1939 lichtet die „ST. LOUIS" ihre Anker. Auf dem Kai spielt eine Kapelle *„Muß i denn, muß i denn..."* Das ist der übliche Abschiedsgruß bei jeder Reise in die ferne Welt. Diesmal jedoch wirkt alles gespensterhaft: Der Kai ist leer, niemand winkt den flüchtenden Juden nach. Die Worte *„Muß i denn..."* haben jetzt eine eigene Bedeutung: Sie müssen wirklich.

Gespensterhaft auch die Stimmung an Bord. Erleichterung, Angst, Staunen, Hoffnung, Verzweiflung und beginnendes Heimweh bestimmen gleichzeitig das Denken und Fühlen der Passagiere. Wird es im letzten Augenblick noch ein böses Erwachen geben? Als sich das Schiff einige Meter vom Land entfernt hat, überfällt die Flüchtlinge eine große Erleichterung. Endlich sind sie – so empfinden sie es – ihren Verfolgern entkommen. Sie verdrängen, daß auf der „ST. LOUIS" immer noch die Gesetze und Bestimmungen des Dritten Reiches gelten. Die Hakenkreuzflagge am Heck bleibt eine unübersehbare Mahnung.

Seltsamerweise befinden sich weder Moritz Fröhlich – jener Berliner Kaufmann, der nach der „Reichskristallnacht" die Erlaubnis erhalten hatte, mit der „ST. LOUIS" auszureisen – noch seine Familie an Bord. Was war geschehen?

Durch Zufall erfährt Fröhlich, daß etwa 14 Tage vor der „ST. LOUIS", genau am 27. April 1939, ein anderer Hapag-Dampfer, die „IBERIA", ebenfalls von Hamburg nach Kuba fahren wird. Eine innere Stimme, verbunden mit einem eigenartigen Gefühl, läßt in ihm den Entschluß reifen, statt mit der „ST. LOUIS" mit der „IBERIA" zu reisen. Mit dem Verstand allein ist diese Sinnesänderung kaum zu erfassen. Moritz Fröhlich hat fünf Jahre gezögert, Deutschland zu verlassen, und jetzt sollte es, so möchte man meinen, auf gewonnene 14 Tage nicht ankommen. Darüber hinaus jedoch gibt es eine unüberwindliche bürokratische Schranke. Fröhlich müßte die bereits erstandenen Dokumente für die „ST. LOUIS" zurückgeben und den aufgrund dieser Papiere ausgestellten Paß retournieren. Dann erst kann er ein neues Ansuchen stellen und, falls dieses genehmigt wird, zum zweitenmal um die Aushändigung eines Passes bitten. Für diese Prozedur ist die Zeit viel zu kurz; ganz abgesehen davon, daß ob dieser Mehrarbeit verärgerte Bürokraten unter Umständen für die Fahrt mit der „IBERIA" keine Genehmigung erteilen würden. So entschließt sich Fröhlich zu einer „kriminellen Handlung". Lange betrachtet er den „Berechtigungsschein" für ein Ticket der „ST. LOUIS". Die politischen Stellen händigen – für den Fall, daß die Prozedur für den

Antragsteller überstanden ist – keine Fahrkarten aus, sondern lediglich ein Dokument, mit dem der Auswanderer dann das gewünschte Ticket erhalten kann. Der sogenannte „Berechtigungsschein" gilt jeweils nur für ein bestimmtes Schiff; im Fall Fröhlichs somit für die „ST. LOUIS". Mit einem feinen Messer und einer Lupe radiert Moritz Fröhlich das handschriftliche Wort „ST. LOUIS" aus und ersetzt es in stundenlanger Arbeit durch das Wort „IBERIA". Wird diese Fälschung entdeckt, so ist ihm zumindest die Einweisung in ein Konzentrationslager sicher. Fröhlich hat Glück, oder, besser gesagt, seine Fälschung entpuppt sich als Meisterwerk. Keiner der kontrollierenden Beamten entdeckt den Schwindel. Anstandslos erhalten er und seine Familie die Tickets für die „IBERIA".

Die Passagiere der „ST. LOUIS" werden zu ihrer Verblüffung an Bord mit einem vorbildlichen Service verwöhnt. Sie, die in Deutschland kein Schwimmbad und kein Kino mehr besuchen durften – derartige Annehmlichkeiten sind generell „für Juden verboten" –, werden jetzt eingeladen, den großzügigen Schiffspool zu benutzen, und sie dürfen täglich einen neuen Film genießen. Bei jeder Mahlzeit steht ihnen eine verlockende Essenauswahl zur Verfügung. Jedes leere Glas wird nachgeschenkt. Fällt eine Serviette zu Boden, bringt der Steward

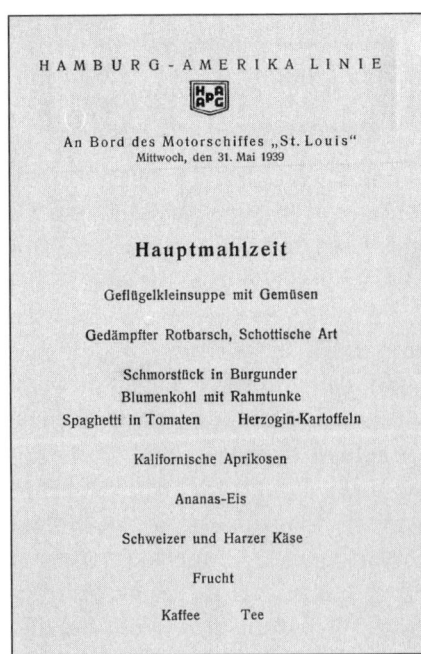

Hunderte der „ST. LOUIS"-Passagiere waren bereits in deutschen Konzentrationslagern inhaftiert gewesen. Mit Fassungslosigkeit begegneten sie nach den Verfolgungen der vergangenen Monate dem vorbildlichen Service deutscher Seemänner, die sich bemühten, den Flüchtlingen das Leben so angenehm wie nur möglich zu gestalten. Besondere Freude riefen die reichhaltigen und vorzüglich zubereiteten Mahlzeiten hervor.

eine neue. Wer sich nicht auskennt – die meisten Gäste haben noch nie in ihrem Leben ein derart luxuriöses Schiff betreten –, erhält freundlich Auskunft und Ratschläge. Es ist ein Sprung von der Hölle ins Paradies. Dennoch wagt niemand, einem Steward zu läuten.

Auch Erich Dublon ist überwältigt. *„Es dauert geraume Zeit"*, vertraut er seinem Tagebuch an, *„ehe man seine Kabine auf dem kürzesten Weg findet, die Ausdehnung des Schiffes ist erstaunlich... Über das, was es zu Essen gibt, möchte ich mich nicht verbreiten. Es übertrifft an Güte und Auswahl alle Erwartungen. Es ist wirklich so, daß man auf Schiffen wie in den allerfeinsten Hotels speist."* Bei soviel Normalität kehrt bei den meisten Passagieren das durch die Drangsalierungen in Deutschland zerstörte Selbstvertrauen zurück: Ob es möglich sei, koscheres Essen zu erhalten? Kein einziger Passagier hätte in den letzten Jahren gewagt, eine derartige Frage an eine offizielle Stelle – und als eine solche vermag man die Mannschaft der „ST. LOUIS" zu bezeichnen – zu richten. Der für die Mahlzeiten zuständige Steward bedauert, dies sei nicht vorgesehen, aber man werde die Gänge so zusammenstellen, daß die von der Religion geforderten Speisentrennungen eingehalten werden könnten. Aber auch einige Aggressionen brechen jetzt, da man die Heimat verlassen hat, durch. Das ist leichtsinnig, verständlich und ungerecht zugleich. Alle Reisenden befinden sich noch immer unter der Befehlsgewalt des Dritten Reiches. Zudem verdienen es die deutschen Besatzungsmitglieder nicht, die sich in vorbildlicher Weise bemühen, den Flüchtlingen den Aufenthalt auf dem Schiff so angenehm wie möglich zu gestalten, schroff angefahren zu werden. Sie jedenfalls sind die denkbar ungeeignetste Stelle, um den aufgestauten Frust anzubringen. Und dennoch sind diese Entgleisungen – zum Glück handelt es sich nur um wenige – begreifbar. Die Diskriminierungen der letzten Monate und Jahre und das Leben in ständiger Angst haben die Nerven vieler deutscher Juden zerrüttet.

Den Berichten von Gordon Thomas ist zu entnehmen, daß es einige wenige fanatische Nationalsozialisten unter den Mitgliedern der Besatzung gibt. So ist es nicht auszuschließen, daß es dann und wann auch zu einer verletzenden Bemerkung kommt. Aber derartige Vorfälle sind die Ausnahme. Im allgemeinen verhalten sich Stewards, Matrosen, Schiffsoffiziere und vor allem der Kapitän selbst musterhaft und betont freundlich gegenüber den Passagieren. Die dem Autor vorliegenden Briefe und Interviewunterlagen bestätigen das diszipliniert und anerkennenswerte Verhalten der deutschen Mannschaft.

Eine heute in Amerika lebende Dame, die sich 1939 als junges Mädchen auf der „ST. LOUIS" befand, erzählt: *„Ich war jung, ich war hübsch, und alle waren nett zu mir."*

Nicht alles verläuft nach Wunsch. So stellt sich kurz nach der Abfahrt aus Hamburg heraus, daß einige Gepäckstücke in Deutschland zurückgeblieben sind. Ein böses Mißgeschick für Menschen, die ohnehin auf einen großen Teil ihres Besitzes verzichten mußten. Die Betroffenen sind Realisten genug, um zu ahnen, daß kaum Hoffnung auf eine Nachsendung besteht.

Jede Auswanderung wird von Wehmut begleitet, erst recht bei einem Abschied für immer. Die ersten Anzeichen bitteren Heimwehs machen sich bemerkbar. „Heimat" ist nicht nur das jetzt nationalsozialistische Deutschland, es sind auch Haus, Garten, Freunde, vertraute Straßen und Orte. Man wird sie vermutlich nie mehr wiedersehen, und die Zukunft verhüllt sich in einem undurchdringlichen Nebel. Kaum einer der Passagiere besitzt noch Geld; sie müssen wieder von vorne beginnen. Eine Anforderung, die für die Jungen noch erträglich sein mag, nicht aber für jene, deren Leben sich bereits der zweiten Hälfte zuneigt. Wie wird es auf Kuba sein? Welche Behandlung erwartet die Flüchtlinge in diesem „Warteraum"? Wie lange wird der Aufenthalt dauern? Wie wird die Unterbringung sein – in Lagern, in Freiheit oder hinter Stacheldraht?

Dann aber – nach und nach – setzt sich der Zauber der Schiffsreise durch. Das aufmerksame Service und die vielseitigen Angebote – vom Schwimmbad über das Kino bis zu den Bordspielen – verfehlen ihre Wirkung nicht. Nicht zuletzt ist es das prachtvolle Wetter, das die allgemeine Stimmung hebt. Ängste und Sorgen werden verdrängt. *„Selbst kummervolle Eindrücke des Lebens an Land verblassen schnell auf See und werden zu Träumen. Ein gastliches Schiff mitten auf dem weiten Ozean und noch dazu in einer Gegend, in der ruhiges und ausgeglichenes Wetter herrscht, ist eine andere Welt. Zuversicht und Hoffnung bleiben..."* [1] wird später der Kapitän berichten. Daß es sich bei all diesen Träumen nur um eine Fata Morgana handelt, ahnt zu diesem Zeitpunkt kein einziger der Passagiere.

Wie sollten sie auch? Da ihnen der Widerruf der Landeerlaubnisse durch den kubanischen Präsidenten nie mitgeteilt wurde, können sie nicht wissen, welches Damoklesschwert über ihnen hängt. Alle Überlebenden haben später dezidiert erklärt, über den Beschluß Kubas nicht informiert worden zu sein. Dennoch scheint es bereits Gerüchte zu geben. Man munkelt von innenpolitischen Störungen und Verände-

In den ersten Tagen der „Sonderfahrt" genossen die Passagiere der
MS „ST. LOUIS" den Zauber einer Seereise. Sie konnten nicht ahnen,
daß für sie unvorhersehbare Ereignisse all ihre Hoffnungen
und Träume jäh zerstören würden.

rungen auf Kuba, wodurch – wie der Kapitän in seinen Erinnerungen festhält – eine unübersehbare Nervosität entsteht. Aber Gerüchte sind keine Gewißheiten und lassen sich durch das angenehme und traumhafte Leben an Bord sukzessive verdrängen.

Die Reise führt nicht direkt von Hamburg nach Havanna. Am 15. Mai in der Früh – somit am zweiten Tag nach der Abfahrt von Deutschland – erfolgt ein Zwischenstopp im französischen Cherbourg. 38 zusätzliche Passagiere werden aufgenommen, davon sechs Kubaner und Spanier. Alle anderen sind ebenfalls jüdische Emigranten. Dieser Umweg ist überraschend. Zwar werden die Kosten der Landung in Cherbourg durch den Fahrpreis der 38 zusteigenden Passagiere gedeckt, und es ist auch verständlich, daß Morris Troper den in Cherbourg gestrandeten jüdischen Flüchtlingen behilflich sein möchte. Schwerwiegender jedoch ist der Zeitverlust, der durch diesen Zwischenstopp entsteht. Um das Wettrennen gegen andere Flüchtlingsschiffe, die ebenfalls auf Havanna zusteuern, zu gewinnen – insbesondere gegenüber der „ORDUNA" und der „FLANDRE" –, beschließt der Kapitän, nördlich und nicht südlich der Azoren zu fahren, da er durch diese Abkürzung etwa fünf Stunden gewinnt.

Wenige Tage vor der Ankunft in Havanna erhält Kapitän Schröder von Direktor Holthusen aus Hamburg ein verschlüsseltes Telegramm.

„Die Situation in Havanna ist unübersichtlich. Gegenwärtig sogar
„ST. LOUIS" gefährdet. Tun Äußerstes, um Landung zu ermöglichen."
Das Wort „sogar" läßt den Rückschluß zu, daß zumindest bisher – un-
geachtet des Widerrufs der Permits – die Ausschiffung der „ST. LOUIS"-
Passagiere bisher nicht wirklich in Frage gestanden war.

Fünf Tage vor der geplanten Ankunft auf Kuba stirbt Moritz Weiler,
einer der jüdischen Passagiere, an *„Herzschwäche infolge Magen-*
krebs", so zumindest lautet der offiziell vom Schiffsarzt ausgestellte
Totenschein. Er war bereits als Schwerkranker an Bord gekommen.
Ganz offensichtlich hat er durch die triste Situation einer erzwungenen Auswanderung seinen Lebensmut verloren und ist vermutlich
früher gestorben, als es vom Schicksal für ihn vorgesehen war. Die
Witwe möchte die Leiche einbalsamieren lassen, um sie in Havanna
begraben zu können. Das dafür notwendige Geld wird durch Spenden
einiger Passagiere aufgebracht. Von der Kommandobrücke kommt
die Anweisung, alle Feiern und musikalischen Darbietungen einzustellen, solange sich die Leiche an Bord befindet. Letztlich jedoch
entscheidet sich der Kapitän für ein Seebegräbnis. Er fürchtet – und
mit ihm viele Passagiere –, die kubanischen Behörden könnten einem
Schiff mit einer Leiche an Bord Schwierigkeiten bereiten. Sogar
Dublon vermerkt in seinem Tagebuch, die kubanische Regierung habe
die Landung des Schiffes mit einem Toten verboten. Da kaum anzunehmen ist, daß Dublon über authentische Informationen verfügt,
dürfte diese Eintragung lediglich eines der zahlreichen Bordgerüchte
wiedergeben. Wie die Behörde in Havanna zu dieser Frage wirklich
steht, bleibt ungeklärt und ist auch ohne Bedeutung, denn die drohende Gefahr liegt ganz woanders.

Um 10 Uhr nachts findet das Seebegräbnis statt. *„Das Schiff ver-*
langsamt die Fahrt, der Kapitän spricht ein paar Worte, Matrosen
stehen bereit und lassen den Sarg, beschwert, vom Deck herunter ins
Meer gleiten. Nur 10 Passagiere dürfen anwesend sein und sprechen
das Totengebet."[2] Nach der Zeremonie übergibt der Kapitän der Witwe
eine Seekarte, auf der die Stelle der Versenkung eingezeichnet wurde.

In einem Dokumentarfilm, der Jahrzehnte später gedreht werden
wird, erzählt ein Überlebender, das Seebegräbnis sei schrecklich gewesen, weil man den toten Juden – den Vorschriften entsprechend –
in eine Hakenkreuzflagge gewickelt habe. Dieser Augenzeuge berichtet aus unverständlichen Gründen nicht die Wahrheit. Trügt ihn
die Erinnerung? Schröder befiehlt nämlich, ganz im Gegenteil, auf
die Hakenkreuzfahne zu verzichten und an ihrer Stelle eine Hapag-

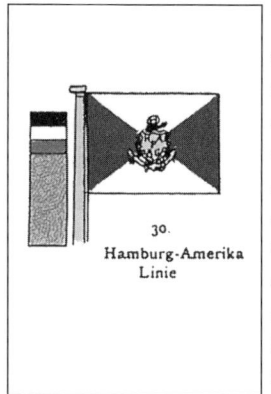

30.
Hamburg-Amerika
Linie

Weder die Hamburg-Amerika Linie noch andere deutsche Schiffahrtsgesellschaften führten 1939 in ihrer Reedereiflagge ein Hakenkreuz. Ein wichtiges Detail: Als ein jüdischer Passagier starb und eine Seebestattung erhielt, wurde der Leichnam von einer Flagge überdeckt. Ein „Augenzeuge" berichtete Jahrzehnte später in einem Dokumentarfilm, er habe mit Entsetzen gesehen, wie ein toter Jude unter einer Hakenkreuzfahne liegen mußte. In Wahrheit jedoch hatte Kapitän Schröder angeordnet, zusammengenähte Flaggen der Hamburg-Amerika Linie zu verwenden.

Flagge zu verwenden. Wenigstens in diesem Punkt stimmen die Darstellungen von Gordon Thomas und Hans Herlin überein. Moritz Weilers Leiche wird in eine Persenning (wasserdichtes Gewebe für Segel) eingenäht und mit einer Hapag-Flagge, auf der sich weder ein Hakenkreuz noch ein anderes nationalsozialistisches Emblem befinden, bedeckt. Die zitierte falsche Aussage des Augenzeugen erfolgte vor laufender Kamera des „Dokumentar-Teams". Dabei ist zu erkennen, daß noch mehrere andere Überlebende anwesend sind. Niemand jedoch fällt dem Erzähler ins Wort und korrigiert seinen Bericht.

Unmittelbar nach dem nächtlichen Seebegräbnis stürzt sich ein baltischer Küchenjunge – genau an jener Stelle der Reling, wo Weilers Leiche dem Meer übergeben wurde – ins Wasser. Die Sirene heult auf, der Kapitän läßt das Schiff wenden, Boote werden ausgesetzt und das gesamte Gebiet mit Scheinwerfern abgeleuchtet. Vergebens! Wohl findet man die mit einem Wasserlicht versehene Rettungsboje, aber der junge Mann ist inzwischen ertrunken. Sein Bruder, der ebenfalls in der Küche arbeitet, muß eingeschlossen werden, da auch er sich anschickt, über Bord zu springen.

Dieser Vorfall ist nicht nur eine menschliche Tragödie, er gefährdet auch Schröders Bemühungen, vor den anderen Flüchtlingsschiffen Havanna zu erreichen. Die Suche nach dem Balten kostet zwei Stunden.

Ob der Selbstmord in irgendeinem Zusammenhang mit dem Schicksal der jüdischen Passagiere steht, bleibt fraglich. Möglicherweise fühlte sich der baltische Küchenjunge ebenso heimatlos wie die Emigranten auf der „ST. LOUIS" und wollte deshalb seinem Leben ein Ende bereiten. Weilers Begräbnis wäre dann das auslösende Moment gewesen. Wie auch immer: Derartige Geschehnisse hinterlassen tiefe Spuren im Gemüt der ohnehin schon nervlich strapazierten Passagiere.

Je mehr sich die „ST. LOUIS" Havanna nähert, desto eifriger kaufen die Passagiere ein; bald sind die Bordläden nahezu leergefegt. Das mag im ersten Moment erstaunlich klingen, denn jeder Passagier darf nur zehn Mark mit sich führen. Es gibt jedoch ein sogenanntes Bordgeld, das für Getränke und den Kauf von Andenken in einem der vielen kleinen Geschäfte ausgegeben werden darf. Dank dieses Bordgeldes verläuft das Leben auf der „ST. LOUIS" auch diesbezüglich einigermaßen normal.

Passagiere – vor allem jene, die direkt aus den Konzentrationslagern an Bord gebracht worden sind – versuchen, mit diesem Sondergeld das Notwendigste einzukaufen, wobei auch die Besatzung nicht zögert, Uhren, Wäsche und Kleidung an die Flüchtlinge abzutreten, können sie doch später – nach Deutschland zurückgekehrt – das Bordgeld in reguläre Reichsmark umtauschen. Zu ihrem Glück erfährt die Partei nichts von derartigen Praktiken.

Am 25. Mai, somit genau zwölf Tage nach der Abfahrt der „ST. LOUIS" aus Hamburg, wird ein Maskenball veranstaltet. Ein derartiges Fest ist bei Vergnügungsreisen üblich, auf einem Flüchtlingsschiff jedoch eher erstaunlich. In diesem Fall ist es ein Zeichen der Lebensfreude und der Hoffnung, und es beweist, daß die traumhafte Seereise seelische Wunden zu überdecken vermochte. Der Abschied von der „ST. LOUIS" – in zwei Tagen wird man Havanna erreichen – wird von Wehmut und Freude begleitet. Einerseits wissen die Passagiere, daß sie zumindest in den nächsten Jahren auf eine so liebevolle Betreuung, wie sie ihnen auf der „ST. LOUIS" zuteil wurde, wohl oder übel verzichten werden müssen. Andererseits jedoch bedeutet der Gang an Land den endgültigen Schritt in die Freiheit. Keine Hakenkreuzflagge am Heck wird daran erinnern, daß sich alle Flüchtlinge nach wie vor unter der Herrschaft der Nationalsozialisten befinden.

Der Maskenball fällt – ein seltsamer Zufall – mit *Schawuot* zusammen, einem hohen Feiertag der Juden. *Schawuot* bedeutet den Abschluß des *Passah*-Festes. Üblicherweise wird es mit einem Meer von Blumen gefeiert.

Die dankbarsten Passagiere sind die Kinder. Sie machen sich keine Sorgen um die Zukunft und genießen den Augenblick. Die „ST. LOUIS" bringt ihnen ihre Welt zurück, die ihnen durch den Terror des Dritten Reiches vorenthalten worden war. Sie durften weder Spielplätze auf-

suchen noch in Parkanlagen umhertollen; ihnen war es verwehrt, öffentliche Schwimmbäder zu benützen, und viele von ihnen hatten noch nie in ihrem Leben einen Film gesehen, weil Filmtheater in Deutschland von Juden nicht betreten werden durften. So haben sie das Spielen verlernt. Jetzt, da ein gnädiges Schicksal ihnen für wenige Tage die Freiheit zurückgibt, fällt auch ihnen die plötzliche Umstellung schwer. Sie müssen ihre eigenen Spiele erfinden. Manchmal ist das Ergebnis erschütternd makaber. So berichtet der Kapitän:
„Die einzigen, die in all den schweren Tagen unbekümmert blieben, waren die Kinder der Passagiere. Sie... nahmen ihr Schicksal höchstens spielerisch wichtig, indem sie ein Spiel mit dem Namen erfanden: ‚Juden haben keinen Zutritt'. An einer aus Stühlen hergestellten Barriere standen zwei Jungens mit strenger Amtsmiene und verhörten die Einlaß begehrenden Kameraden. Ein kleiner Berliner, der an der Reihe war, wurde barsch gefragt: ‚Bist du ein Jude?' Als er dies kleinlaut bejahte, wiesen sie ihn streng zurück: ‚Juden haben keinen Zutritt!' – ‚Ach', bat der Berliner Junge, ‚lassen Se mir man durch, ick bin doch blos'n janz kleener!' ..."[3]

Der Aufwand, der an Bord der „ST. LOUIS" zur Unterhaltung der Kinder unternommen wird, ist wahrlich beeindruckend. Ein großes

Gerald Granston erlebte mit sechs Jahren als eines von mehr als 200 Kindern auf der MS „ST. LOUIS" die Irrfahrt. Zu seinem Glück fand er Zuflucht in Großbritannien und entging so dem Terror des Nationalsozialismus. Das linke Bild zeigt Gerald Granston heute, mit 68 Jahren. Dieser Zeitzeuge stellte dem Autor wertvolle Unterlagen und Dokumente zur Verfügung.

Kinderfest, an dem 240 kleine Passagiere teilnehmen, wird organisiert. Es gibt Schokolade, Eis und Kuchen. Alle Kinder erhalten bunte Mützen und – zum Schrecken einiger Mitreisender – auch Spiel-Musikinstrumente. Befände sich das Schiff auf einer normalen Kreuzfahrt, wäre die Fülle des Gebotenen bereits erstaunlich. Die Tatsache jedoch, daß jüdische Kinder an Bord eines deutschen Luxusschiffes verwöhnt und unterhalten werden, während ihre zurückgebliebenen Angehörigen in Deutschland jede nur denkbare Erniedrigung erleiden müssen, ist unbegreiflich. Sie widerlegt ebenfalls die immer wieder kolportierte Meinung, die Sonderfahrt der „ST. LOUIS“ sei lediglich ein von Joseph Goebbels inszeniertes Scheinmanöver gewesen. Hätte tatsächlich von Beginn der Reise an die Absicht bestanden, die Flüchtlinge wieder nach Deutschland zurückzubringen, dann wäre der enorme Aufwand – aus nationalsozialistischer Logik und Sicht – völlig sinnlos gewesen.

GEWITTERWOLKEN ÜBER HAVANNA

Während die Passagiere auf der „ST. LOUIS" trotz aller Sorgen, schmerzlichen Erinnerungen und Ängsten vor der Zukunft eine bezaubernde Seereise genießen, braut sich in Havanna ein böses Gewitter zusammen. Noch immer besteht die Sperre der Landepermits, und noch immer hofft die Hapag in Hamburg – auf „gewöhnlich gut unterrichtete Kreise" vertrauend –, es werde sich noch, wie schon so oft zuvor, alles regeln lassen.

Kapitän Schröder entschließt sich, die „ST. LOUIS" in der Bucht vor Havanna zu ankern und erst später, nach den üblichen Paß- und Zollkontrollen, am Pier anzulegen. Über die Situation auf Kuba besitzt er zu dieser Zeit keine verläßlichen Informationen. Der Hapag ergeht es nicht besser. Die Ereignisse überstürzen sich. Zur Erinnerung: Bereits vor der Abfahrt der „ST. LOUIS" aus Hamburg war es zu einem Widerruf der Landepermits durch Staatspräsident Federico Laredo Bru gekommen. Nachdem Louis Clasing, Agent der Hapag in Havanna, diese Angelegenheit an Ort und Stelle untersucht hatte,

Kurz vor der Zielankunft in Havanna berichteten Dutzende Passagiere ihren Angehörigen in Deutschland vom vermeintlich glücklichen Ende ihrer Reise. Zu dieser Zeit ahnten sie nicht, daß ihnen das Betreten kubanischen Bodens auf Befehl des Staatspräsidenten verweigert werden würde.

konnte er die beruhigende Nachricht nach Deutschland senden, es sei alles in Ordnung. Später erhielt der Kapitän ein Telegramm von Direktor Holthusen, das von einer „unübersichtlichen Situation" in Havanna berichtete. Dann jedoch – die Verwirrung ist kaum zu überbieten – trifft ein Kabel von Louis Clasing ein, die Landepermits für die Passagiere der „ST. LOUIS" seien für rechtsgültig erklärt worden. Sie müsse allerdings, so wird in dem Telegramm weiter ausgeführt, unter allen Umständen noch vor den Schiffen „ORDUNA" und „FLANDRE" auf Kuba einzutreffen. Diese vorläufig letzte Nachricht ist beruhigend und unverständlich zugleich. Wenn man jetzt in Kuba bereit ist, speziell die Ausschiffung der 931 Flüchtlinge zu gestatten, so müßte es doch irrelevant sein, ob die „ST. LOUIS" vor oder nach anderen Schiffen eintrifft. Offensichtlich weiß niemand, was wirklich gespielt wird.

Ausschiffungen nehmen viel Zeit in Anspruch, besonders dann, wenn hunderte durchreisende Emigranten abgefertigt werden sollen. So werden die Passagiere angewiesen, bereits am Abend zuvor die gepackten und beschrifteten Koffer vor die Türen zu stellen. Kurz nach Mitternacht klopfen die Stewards an alle Kabinen und wecken die Reisenden. Noch ist es dunkel, als das Frühstück serviert wird. Am 27. Mai, um 4 Uhr in der Früh, unmittelbar nach der Ankunft in Havanna, bringen Barkassen die Vertreter der Behörden zum Schiff. Was Kapitän Schröder nicht weiß, ist, daß zur gleichen Zeit die Polizei umfassende Absperrungen um den Hafen vorgenommen hat. Ein Arzt kommt an Bord, und Polizeibeamte kontrollieren die Pässe. Das große rote „J" – sämtliche Pässe der Juden werden im nationalsozialistischen Deutschland mit einem „J" versehen – irritiert sie. Sind diese Dokumente gefälscht? Die Beamten haben strenge Instruktionen erhalten, angeblich seien bereits tausende Juden mit gefälschten Pässen widerrechtlich in Kuba eingereist; eine Behauptung, die mit Sicherheit nicht den Tatsachen entspricht. Man muß ihnen erklären, welche Bewandtnis es mit dem roten „J" hat; erst dann werden die Pässe als gültig anerkannt. Für einen Augenblick siegen noch einmal die Hoffnung auf ein neues Leben und die Gewißheit, dem Schrecken entronnen zu sein.

Doch seltsam: Nach wie vor verbieten die Posten das Besteigen der Boote, die um das Schiff kreisen. Niemand weiß, wie es weitergehen soll. Selbst Hernandez Garcia, Kommandant der Hafenpolizei, kennt sich nicht mehr aus. Er erhält den Befehl, seine Leute abzuziehen. Sie werden durch uniformierte Beamte, die direkt Staatspräsident

Bru unterstehen, ersetzt. Plötzlich jedoch dürfen 26 Personen – unter ihnen die in Cherbourg zugestiegenen sechs Kubaner und Spanier – die „ST. LOUIS" verlassen. Nach welchen Gesichtspunkten diese Auswahl erfolgt, bleibt zunächst unergründlich. Ihre Ausschiffung wird, um bei den zurückbleibenden Passagieren kein allzugroßes Aufsehen zu erregen, erst nach Einbruch der Dunkelheit erfolgen.

Wie schwierig es ist, weit zurückliegende Ereignisse durch Aussagen von Augenzeugen zu rekonstruieren, mag in diesem Zusammenhang ein Beispiel verdeutlichen: In allen Erzählungen über die Ankunft der „ST. LOUIS" in Havanna wird berichtet, kein Passagier – ausgenommen sind lediglich die erwähnten 26 Personen – sei berechtigt gewesen, das Schiff zu verlassen, auch nicht um Verwandte oder Freunde an Land zu begrüßen. Demgegenüber lautet die Aussage des Kapitäns: *„Als wir das Schiff verabredungsgemäß vor vier Uhr morgens an der Pier von Havanna festgemacht hatten und sofort mit der Ausschiffung begannen ... erschienen ... bewaffnete Männer in Uniform, zwangen die schon an Land Befindlichen an Bord zurückzugehen und besetzten die Gangway."* [1] Offenbar war es einigen Passagieren doch gelungen, das Schiff zu verlassen. Dieser Widerspruch ist zwar ohne Bedeutung, beweist aber doch, wie unverläßlich Augenzeugenberichte sein können.

In der Zwischenzeit sind auch andere Flüchtlingsschiffe eingetroffen, allen voran die Dampfer „ORDUNA" und „FLANDRE", die, wie von der Hapag-Hamburg gewünscht, von der „ST. LOUIS" überholt werden konnten. Kuba ignoriert diese Schiffe. Wütend reagiert der Kapitän der „ORDUNA". Ununterbrochen läßt er die Sirene heulen, um die Hafenbehörden auf sich aufmerksam zu machen. Die „FLANDRE" kapituliert nach wenigen Stunden und beschließt, nach Vera Cruz weiterzufahren. Schließlich beginnt die Abfertigung der „ORDUNA". Das Gepäck aller Passagiere wird ausgeladen, doch nur einige wenige erhalten die Erlaubnis, das Schiff zu verlassen. Mehr als die Hälfte muß auf dem Schiff bleiben, so daß die Flüchtlinge an Bord nun all ihres Besitzes beraubt sind.

Am Nachmittag, kurz nach dem Mittagessen, erläßt Staatspräsident Bru die offizielle Weisung, die „ST. LOUIS" habe den Hafen unverzüglich zu verlassen. Kapitän Schröder telegraphiert nach Hamburg und ersucht die Hapag, über das Deutsche Außenamt bei der kubanischen Behörde eine Verlängerung der Aufenthaltsgenehmigung zu erlangen. Mit Erfolg. Der Befehl zum Verlassen des Hafens wird um zwei Tage verschoben. Am späten Nachmittag erhält die dienstfreie Besatzung sogar die Genehmigung zu einem kleinen Landurlaub. Der Kapitän berichtet, die Stimmung unter den Flüchtlingen auf der „ST. LOUIS" sei zu diesem Zeitpunkt noch erstaunlich gefaßt; offensichtlich hält man die Verzögerung bei der Ausschiffung für eine Schikane, die man eben über sich ergehen lassen müsse.

Gustav Schröders Beurteilung entspricht den Tatsachen. Ist es doch ein oft beobachtetes Phänomen, daß in Krisensituationen jene Gerüchte zunächst für zutreffend gehalten werden, die einen optimistischen Ausgang erwarten lassen. Die Ankunft in Havanna fällt auf Pfingsten – eine willkommene Erklärung für die Verzögerung. Welche Behörden arbeiten schon an Feiertagen? Ein freilich schwacher Trost, denn der Pfingstmontag gilt in Kuba nicht als Feiertag. Freunde und Verwandte der Passagiere, die sich mit Barkassen zum Schiff fahren lassen, überbringen ebenfalls nur gute Nachrichten und verschweigen die bedenkliche politische Entwicklung an Land. Dazu kommt – mag es auch unlogisch erscheinen – der unbewußte Wunsch, das Schiff nicht verlassen zu müssen, wohl ahnend, daß der Gang von Bord einer Vertreibung aus dem Paradies gleichkommt. Am 28. Mai 1939 – es ist der Pfingstsonntag – notiert Erich Dublon: *„Der Zahlmeister meint: ‚Hier können Sie es ja aushalten, besser als auf unserem 17.000-Tonnen-Hotel sind Sie woanders auch nicht aufgehoben!'"*

Die meisten Passagiere leiden unter der unerträglichen feuchten Hitze und werden daher – der einzige Vorteil – abgelenkt. Die ruhig im Hafen liegende „ST. LOUIS" wird zu einem Backofen. Kein Fahrtwind verschafft Linderung. Die Temperatur im Schatten liegt bei 35°. *„Nun ist die Sonne wieder untergegangen"*, schreibt Dublon, *„es gibt fast keine Dämmerung, und die Nacht fällt schnell... Nun muß ich das Schreiben unterbrechen, meine nassen Hände waschen und mir die dicken Schweißtropfen von der Stirne wischen."* Am Abend des 30. Mai – es ist der vierte Tag in Havanna – geht ein heftiges Gewitter nieder, bringt aber keine Abkühlung; die Luft wird noch drückender.

Stewards und andere Betreuer der Passagiere müssen an Bord bleiben. Einige Männer der Besatzung erhalten jedoch Landurlaub und vermögen, wie Gordon Thomas berichtet, sich bei dieser Gelegenheit Canaris' Spionageauftrag zu entledigen. Die Aktion sei unter dem Kommando des „Hoheitsträgers" Otto Schiendick gestanden und habe in der Übernahme von Mikrofilmen aus der Hand eines deutschen Agenten auf Kuba bestanden. Dieser Fall wurde bereits ausführlich behandelt. Die Schilderung dürfte den

Tatsachen entsprechen, wobei allerdings, wie wir gesehen haben, Canaris' Absicht genau das Gegenteil von dem war, was Gordon Thomas vermutete.

Den Flüchtlingen bleibt keine andere Wahl als zu warten und zu hoffen. Manche werden jetzt von Panik erfaßt, und die überreizten Nerven bewirken Verzweiflungstaten. Einer der Reisenden, Max Loewe, schneidet sich die Adern auf, springt über Bord, wird aber von einem deutschen Matrosen, der ihm nachstürzt, unter Lebensgefahr gerettet. Der Sturz ins Meer erfolgt an genau jener Deckstelle, an der das Seebegräbnis für Moritz Weiler stattgefunden hatte und der baltische Schiffsjunge in den Tod gesprungen war.

Ein kubanisches Boot bringt den Schwerverletzten zum Pier, von wo aus die Überführung in ein Spital angeordnet wird. Die Bitte des Kapitäns, die Frau des Schwerkranken an Land zu lassen, wird von den Behörden abgelehnt. Andere Selbstmordversuche an Bord folgen, doch können alle Lebensmüden rechtzeitig gerettet werden. Kapitän Schröder stellt Wachen auf Deck auf und ordnet Kontrollen an, um ähnliche Vorkommnisse, so gut es eben geht, zu verhindern. Disziplin und Ordnung geraten ins Wanken. Einige Passagiere wollen sogar mit Gewalt die kubanischen Polizisten auf dem Schiff zur Seite drängen, um auf das Fallreep zu gelangen. Sie werden ziemlich brutal an diesem Vorhaben gehindert; angeblich gibt es auch Verletzte. Jetzt bedarf es nur noch irgendeines Funkens, um ein gefährliches Chaos herbeizuführen.

Bereits vor diesen Ereignissen hat der Kapitän ein Flüchtlings-Bordkomitee gebildet, für das er sich Männer aussucht, die bei den Passagieren über entsprechendes Ansehen verfügen. Dieserart, so meint Schröder, werde es ihm besser gelingen, Ruhe und Ordnung auf dem Schiff aufrechtzuerhalten. Ursprünglich, so wird berichtet, sei es seine Absicht gewesen, Dr. Fritz Spanier (der unter dem Schutz eines SS-Mannes nach Hamburg gekommen war) mit der Leitung des Komitees zu betrauen. Dieser habe jedoch mit der Bemerkung abgelehnt, er fühle sich einer solchen Aufgabe nicht gewachsen. Eine nicht ganz verständliche Erklärung, denn Fritz Spanier wird später noch eine wichtigere Rolle, die seine überragenden Führungsqualitäten beweisen wird, zu spielen haben. So fällt jetzt die Wahl des Kapitäns auf den Rechtsanwalt Dr. Josef Joseph. Über dieses Bordkomitee gelingt es einigermaßen, auf die Passagiere beruhigend einzuwirken. Die Vertrauensleute erhalten alle Informationen, nichts wird ihnen vorenthalten, aber sie müssen das meiste für sich behalten. Die

Wahrheit über die prekäre Situation könnte leicht zu einer Panik mit unübersehbaren Folgen führen.

Die beiden allein reisenden Mädchen Renatta und Evelyne Aber (lediglich sieben und fünf Jahre alt) – ihre Mutter hatte sich geweigert, mitzufahren, und der Vater, Dr. Max Aber, befindet sich bereits auf Kuba – gehören nicht zu den Bevorzugten. Ihnen ist es verboten, das Schiff zu verlassen. Man benötigt nicht viel Phantasie, um sich vorzustellen, welche Qualen Dr. Max Aber durchmachen muß. In dieser verzweifelten Situation erwachsen in ihm gewaltige Kräfte. Er läuft von Stelle zu Stelle, bittet, fleht und schildert das trostlose Schicksal seiner allein gelassenen kleinen Kinder an Bord. Schließlich gelangt er sogar in das Büro von General Rafael Montalvo, Verteidigungsminister von Kuba. Montalvo hat mit der Angelegenheit der „ST. LOUIS" nichts zu tun. Sie fällt nicht unter sein Ressort, aber er gehört zu den wenigen Menschen, die auch im korrupten Kuba Ehre und Anstand behalten haben. Der Verteidigungsminister beauftragt Gomez Gomez, einen Hauptmann der Armee – vermutlich nimmt er die Stelle eines Adjutanten ein –, dafür zu sorgen, daß die Kinder das Schiff verlassen dürfen. Gomez Gomez begibt sich sofort zu Manuel Benitez, dem Chef der kubanischen Einwanderungsbehörde. Mit gezogenem Revolver erklärt er ihm, er sei verhaftet und werde seine Freiheit erst wieder erhalten, wenn Renatta und Evelyne an Land seien. Benitez bleibt keine andere Wahl, als vor der Waffe zu kapitulieren. Er beauftragt einen seiner Untergebenen, zusammen mit Dr. Max Aber die Kinder von der „ST. LOUIS" herunterzuholen. Tatsächlich gelingt dieser Coup. Als Gomez Gomez von der geglückten Befreiungsaktion erfährt, steckt er die Pistole wieder ein und hebt den Arrest über den Chef der Einwanderungsbehörde auf.

Eine ausführliche Beschreibung dieser dramatischen und recht abenteuerlich klingenden Szene liefert uns Gordon Thomas. Ob sich wirklich alles genau so abgespielt hat, vermögen wir heute nicht mehr zu überprüfen, doch gibt es keinen Anhaltspunkt, der Zweifel aufkommen ließe. Erstaunlich ist lediglich, daß der Kapitän in seinen Erinnerungen die „Befreiung" der beiden kleinen Mädchen mit keinem einzigen Wort erwähnt, obwohl Dr. Max Aber und Gomez Gomez bei ihm persönlich die Ausschiffung der Kinder verlangen. Andererseits jedoch hat Kapitän Schröder über die Tatsache, daß in Hamburg zwei Kleinkinder ohne jede Begleitung an Bord gebracht worden waren, ebenfalls nichts vermerkt.

Die Befreiung der Mädchen bleibt der einzige Lichtblick in der jetzt beginnenden Tragödie. Die an Land wartenden Angehörigen der anderen Passagiere besitzen keine brauchbaren Informationen, und so begreifen sie auch nicht, was an Bord vorgeht und weshalb die Abfertigung der anderen Reisenden verzögert wird. Mit Feldstechern versuchen sie, ihre Angehörigen zu entdecken. Viele lassen sich mit kleinen Booten zur „ST. LOUIS" bringen, aber auch ihnen wird das Betreten des Schiffes verboten. Sie können sich nur durch lautes Rufen verständigen. Mit Entsetzen haben sie Loewes Selbstmordversuch beobachtet und ahnen daher, wie die Stimmung an Bord sein muß.

Unter den Wartenden an Land befindet sich Moritz Fröhlich, der genau an jenem Tag, an dem die „ST. LOUIS" Hamburg verlassen hatte, in Havanna gelandet war. Sämtliche Passagiere der „IBERIA", unter ihnen viele jüdische Emigranten, durften problemlos aussteigen. Niemand hatte ihre Pässe oder Landepermits beanstandet. Sein Sohn wird später berichten: *„Angesichts dieser Ereignisse konnten meine Mutter und ich nur über die brillante Voraussicht meines Vaters staunen... seine Entschlußkraft, sein Mut, seine Voraussicht, sein schöpferisches Mißtrauen... sein Glück – jene Art von Glück, das nur denen zufällt, die es verdienen –, man nenne es, was man will: Ihm allein war es zu danken, daß wir* (vom Hafen in Havanna) *auf die ‚ST. LOUIS' sahen, statt an Bord mitzureisen."*[2]

Die langwierigen und umständlichen Kontrollen, das endlose Warten und Loewes Selbstmordversuch ängstigen verständerlicherweise die ohnehin schon nervösen Passagiere. Doch dann kommt die Erlösung: Alle Flüchtlinge erhalten Landungskarten, ein sicheres Zeichen für die Beendigung der Zoll- und Paßformalitäten, verbunden mit der Erlaubnis, das Schiff zu verlassen. Aber nach wie vor verweigern kubanische Polizisten den Passagieren, die vor dem Schiff wartenden Barkassen zu besteigen.

Ein Anwalt aus New York, Lawrence Berenson, trifft in Havanna ein, um in einem persönlichen Gespräch mit dem Staatspräsidenten die Situation zu klären. Er gilt als ein Freund Kubas und ist bereit – vom „Joint" bevollmächtigt –, „Garantiesummen" anzubieten. Kapitän Gustav Schröder seinerseits begibt sich an Land, um für seine Passagiere zu kämpfen. Wie er später berichten wird, sucht er einen Advokaten auf und klagt die kubanische Regierung. Ein absurder Schritt, aus der Verzweiflung geboren. In einem korrupten und chaotischen System besitzt ein durchreisender ausländischer Kapitän nicht die geringste Chance, den Staat auf dem Rechtsweg zu besiegen. Ganz abgesehen davon, daß es unmöglich ist, in wenigen Stunden ein Urteil – und sei es auch nur eine „einstweilige Verfügung" – zu erhalten. Aber Schröder gibt nicht auf und versucht jetzt, im Palast des Staatspräsidenten vorgelassen zu werden. Doch alle Türen bleiben ihm verschlossen. Mag sein Einsatz auch als ein sinnloser Kampf gegen Windmühlen angesehen werden, so wird dennoch offensichtlich, mit welchem Pflichtgefühl und Engagement Gustav Schröder für die ihm anvertrauten „Feinde Deutschlands" eintritt.

Über das, was sich in diesen Stunden und Tagen auf Kuba abspielt, ist zu jenem Zeitpunkt niemand informiert, und vieles bleibt auch bis zum heutigen Tag ungeklärt. Unbestritten ist, daß Manuel Benitez, Chef der kubanischen Einwanderungsbehörde, die Landepermits für die Passagiere der „ST. LOUIS" – von wenigen Ausnahmen abgesehen – ausgestellt hat. Durch ein Sondergesetz besitzt er dieses Recht; demzufolge sind auch die Visa, für die jeder Flüchtling 150 Dollar – manchmal auch etwas mehr – bezahlen mußte, legal. Was jedoch niemand in Deutschland wußte und erst recht nicht den Flüchtlingen auf der „ST. LOUIS" bekannt ist: Manuel Benitez verkaufte die begehrten Papiere nicht amtlich korrekt, sondern über eine Privatfirma, ein „Umweg", der ihm zu einem kleinen Vermögen verhilft. Der Clou bei diesem korrupten Geschäft: Nach kubanischem Recht wären derartige Bescheinigungen gebührenfrei, so daß der Betrüger rund 140.000 Dollar widerrechtlich in seine Tasche zu scheffeln vermag. Andererseits jedoch verzichtet er auf die im Gesetz ausdrücklich erwähnte Garantiesumme, mit der sichergestellt werden soll, daß die Flüchtlinge während ihres Zwischenaufenthaltes dem Staat nicht zur Last fallen. Da die einkassierte „Gebühr" geringer ist als die vorgeschriebene Garantiesumme, ergibt sich die paradoxe Situation, daß die Flüchtlinge finanziell sogar noch besser fahren, als hätten sie die Landepermits ordnungsgemäß bezahlt.

Der Staatspräsident, der von dieser Vorgangsweise erfährt, ist empört. Ob gespielt oder wirklich, wissen wir nicht, doch dürfte mit ziemlicher Sicherheit ersteres zutreffen. Die korrupten Praktiken des Chefs der Einwanderungsbehörde sind nicht neu. Benitez hat sich längst ein Vermögen ergaunert, auf Kosten der jüdischen Flüchtlinge und zum Nachteil der kubanischen Staatskasse. Wie auch immer: Der Widerruf der Landepermits ist rechtlich – nicht moralisch – einwandfrei. Ausgenommen von dieser Verfügung bleiben nur jene jüdischen Passagiere, die ein reguläres – und somit nicht von Benitez ausgestelltes – Visum besitzen und auch die geforderte Garantiesumme hinterlegt haben. Deshalb durften sie auch, zusammen mit den in Cherbourg zugestiegenen Kubanern und Spaniern, das Schiff verlassen.

Sollte sich der Fall wirklich so abgespielt haben, so bleiben dennoch einige Rätsel. Allem voran ist es unverständlich, wie Benitez glauben konnte, seine korrupten Handlungen zu verbergen. Möglicherweise rechnete er damit, daß die von ihm erhobene „Sondergebühr" unentdeckt bleiben werde, aber das Fehlen der Garantiegelder wäre spätestens wenige Stunden nach Eintreffen der „ST. LOUIS" in Havanna aufgefallen. Diese Nonchalance, mit der er den Staat betrügt, hat bei Hans Herlin und Gordon Thomas die Gewißheit erweckt, Benitez stecke mit Staatspräsident Bru unter einer Decke. In seinem Buch „Kein gelobtes Land" schreibt Hans Herlin, Benitez habe Staatspräsident Bru einen Anteil an dem korrupten Visa-Geschäft mit den Flüchtlingen zugesagt. Herlin beruft sich dabei auf einen Bericht des auf Kuba amtierenden Hapag-Agenten Louis Clasing[3] und auf einen Augenzeugenbericht Carlos Sanchez', des Inspektors der Immigrationsbehörde. Dann jedoch habe Benitez die versprochene Auszahlung verweigert; ein Wortbruch, der angeblich vom Oberbefehlshaber der Armee, Fulgencio Batista y Zaldívar, veranlaßt wurde. Batista und Bru sind nämlich Todfeinde. Batista, seit 1934 der eigentliche Machthaber auf Kuba, möchte bei den nächsten Wahlen für das Amt des Staatspräsidenten kandidieren und Bru aus dem Feld schlagen. Da man auch in Kuba für den Wahlkampf Geld benötigt, versucht Batista, seinen Konkurrenten von allen finanziellen Quellen abzuschneiden. So wendet er sich an Benitez, der zu seinen Günstlingen zählt – richtiger ausgedrückt, müßte man sagen: zu seinen Kreaturen –, und gibt ihm den strikten Auftrag, den bereits versprochenen Anteil nicht an Bru auszuzahlen.

Benitez, offensichtlich vom Wohlwollen Batistas abhängig, hat keine andere Wahl, als dem Wunsch seines Mentors nachzukommen. Als Bru anruft, um sich nach dem zugesagten Geld zu erkundigen, spielt Benitez den Ahnungslosen; „*Ihr Anteil, Herr Präsident? Was für ein Anteil?*"[4]. Als Zeuge für dieses Gespräch nennt Herlin den Inspektor der Immigrationsbehörde, Carlos Sanchez. Staatspräsident Bru überlegt nicht lange. Er legt den Hörer auf und erteilt der Immigrationsbehörde den Befehl, die jüdischen Flüchtlinge der „ST. LOUIS" nicht an Land zu lassen.

Soweit die Darstellung Herlins. Sie klingt recht glaubhaft und entspräche durchaus den damaligen Gepflogenheiten Kubas. Dennoch ist Vorsicht am Platz. Herlins Zeugen sind nicht immer verläßlich.

Zudem werden die kommenden Tage zeigen, daß alles noch viel verwirrender ist.

Bis heute herrscht die Meinung vor, Präsident Bru habe die bereits erteilten Genehmigungen nicht nur des gebrochenen Versprechens wegen, einen Anteil von Benitez zu erhalten, zurückgezogen, sondern auch deshalb, weil in der Bevölkerung Kubas gegenüber jüdischen Flüchtlingen eine feindliche Haltung bestanden habe. Der Antisemitismus sei noch durch Goebbels' Agenten geschürt worden und habe ein solches Ausmaß erreicht, daß der Präsident, um seine Wählerstimmen fürchtend, es nicht wagen wollte, nahezu tausend Juden aus Deutschland in sein Land einreisen zu lassen.

Es ist zweifelhaft, ob dieses Argument wirklich eine Rolle spielt. Natürlich gibt es auf Kuba, wie in den meisten anderen Staaten der Welt auch, einen Antisemitismus. Im großen und ganzen jedoch ist die relativ große jüdische Gemeinde in Havanna recht gut integriert. Es gibt keine Ausschreitungen und schon gar nicht irgendwelche Pogrome. Tatsache ist auch, daß bereits etwa zehntausend jüdische Flüchtlinge aus Deutschland Havanna als Zwischenaufenthalt benützt haben. Fast alle zogen es vor, das Land wieder zu verlassen. Wenn es Probleme gab, dann nicht mit den Kubanern, sondern innerhalb der jüdischen Gemeinde selbst.

Havannas alteingesessene Juden sind Sephardim, das heißt Nachkommen spanischer und portugiesischer Juden, die im 15. und 16. Jahrhundert von der Inquisition vertrieben worden waren. Sie haben ihre eigene Liturgie und besondere Rituale und sprechen auch ein von spanischen und portugiesischen Ausdrücken durchsetztes Jiddisch. Zu diesen Juden waren in den zwanziger Jahren vor allem Flüchtlinge aus polnischen Gebieten gestoßen. Ihnen gelang es, sich in die alteingesessenen sephardischen Gemeinden zu integrieren. Wer jedoch jetzt, in den dreißiger Jahren, aus Deutschland flüchtet, ist in der Regel weder ein Angehöriger der Sephardim noch beherrscht er die Sprache der Juden Havannas. Anders als ihre Glaubensbrüder aus Polen, kommen sie nicht aus ländlichen Regionen, sondern aus großen Städten. Damit soll nicht gesagt werden, daß die jüdische Gemeinde Havannas die Flüchtlinge aus dem nationalsozialistischen Deutschland ablehnt, wohl aber, daß diese als Fremdkörper empfunden werden.

Derartige Interna der kubanischen Juden sind für Laredo Bru völlig uninteressant. Folglich kann ein befürchteter Antisemitismus in der Bevölkerung nicht der wirkliche Grund sein, um 931 Flüchtlingen einen zeitlich begrenzten Aufenthalt zu verbieten, sonst hätten auch nicht Tausende andere Juden die Genehmigung dazu erhalten. Überdies besteht der Plan, die Juden auf einer vorgelagerten Insel zu internieren. So könnte jeder Kontakt zu den Einwohnern Havannas vermieden werden. Da sich jüdische Hilfsorganisationen bereit erklären, nachträglich die von Benitez „vergessene" Garantiesumme zu hinterlegen, bestünde auch keine Gefahr, daß die Durchreisenden dem kubanischen Staat zur Last fallen. Bei der zwei Wochen zuvor gelandeten „IBERIA" hatte es – wie berichtet – überhaupt keine Probleme gegeben. Alle Juden durften von Bord gehen und sich weitgehend frei im Land bewegen. Zudem hätte es eine sehr einfache Methode gegeben, die Einreise unerwünschter Flüchtlinge zu unterbinden: Einen Erlaß des Präsidenten, Juden keine Landepermits auszustellen.

Dennoch wird immer wieder fälschlich behauptet, der Staatspräsident habe sich Sorgen über die Zunahme der jüdischen Flüchtlinge auf Kuba gemacht und daher beschlossen, einen Riegel vorzuschieben. Weit eher ist anzunehmen, daß derartige, geradezu demonstrative Hinweise auf einen angeblichen Antisemitismus nur als Ablenkung dienen sollen, um die Korruption zu verschleiern. Angenommen, die Behauptung Herlins bestünde zu Recht. In diesem Fall könnte Bru unmöglich zugeben, er habe von der Korruption Benitez' gewußt, sei an dieser beteiligt worden und habe erst eingegriffen, als er die zugesagten Schmiergelder nicht erhalten habe. So gesehen, klänge die Erklärung, man habe auf die antisemitische Haltung der Kubaner Rücksicht nehmen müssen, zwar plausibel, aber sie entspricht nicht der Wahrheit.

Doch selbst unter der theoretischen Annahme, Bru sei in den von Herlin geschilderten Korruptionsfall nicht verwickelt, bliebe ein fataler Beigeschmack: Bru ist schließlich für die Handlungen seiner Beamten verantwortlich. Es kann ihm nicht gleichgültig sein, wenn der Direktor der Einwanderungsbehörde unkorrekt handelt, falsche Dokumente ausstellt und hilflose Einwanderer betrügt. Nicht ein einziger jüdischer Flüchtling vermag den Unterschied zwischen falschen und echten Permits zu erkennen. Daß Bru nicht eingreift und keinen Versuch macht, die kriminellen Handlungen von Benitez wieder gutzumachen, belastet ihn aufs schwerste und nährt verständlicherweise den Verdacht, auch er sei korrupt.

Dennoch bleiben die wahren Hintergründe der kubanischen Haltung weitgehend unergründlich und rätselhaft. Selbst Kapitän Schröder wird Jahre später erklären: *„Von verschiedenen (Seiten)... bin ich gefragt worden, wie das Ganze überhaupt möglich war, und* *wer das Landeverbot in Havanna erließ. Ich habe es nicht erfahren können und längst aufgegeben, es klarzustellen."*[5] Heute jedoch können wir annehmen, daß die Tragödie der „ST. LOUIS" auf einen Machtkampf zwischen Laredu Bru, Manuel Benitez und Armeechef Fulgenico Batista y Zaldívar zurückzuführen ist und nicht durch einen Antisemitismus der kubanischen Bevölkerung bewirkt wurde. Ob und wie dieses schmutzige Spiel abläuft und in welchem Ausmaß Geldgier und Korruption eine Rolle spielen, läßt sich nicht mehr mit Sicherheit feststellen. Nur über die Opfer gibt es keinen Zweifel.

Weder der Kapitän noch die Passagiere sind nach der Ankunft in Havanna über die chaotischen und verwirrenden Zustände auf Kuba informiert. Die Stunden verrinnen. Die von Lawrence Berenson geführten Gespräche haben bisher kein Ergebnis gebracht. Wo Geld regiert, haben Worte keine Bedeutung. Berensons nach Kuba mitgereiste Assistentin organisiert in Havanna Protestversammlungen, doch ein Erfolg stellt sich nicht ein. Tausende Telegramme treffen bei Laredo Bru und Fulgencio Batista mit der Bitte ein, die Flüchtlinge *„nicht in ein grausames, unbestimmtes Schicksal zurückzustoßen"*. Kinder und Frauen auf der „ST. LOUIS" richten eine Bittschrift an die Gattin des Präsidenten. Vergeblich. Zwar wird die Galgenfrist noch ein zweites Mal kurz verlängert, aber die geschenkten Stunden bringen keine Erleichterung. Die Uhr ist abgelaufen, sowohl für die Hapag, die den Dampfer dringend für eine Kreuzfahrt ab New York benötigt, als auch für Staatspräsident Bru, der das lästige Schiff endlich entfernt haben möchte.

Dann jedoch ereignet sich etwas Seltsames. Der Bericht darüber ist derart mysteriös und rätselhaft, daß es notwendig erscheint, ihn im vollen Wortlaut wiederzugeben. Die Mitteilung stammt aus Hans Herlins Buch „Kein gelobtes Land",[6] wobei er sich auf die angebliche Aussage eines Klarinettisten der Bordkapelle beruft: *„Der Kapitän, Berenson und die Mitglieder des Bordkomitees hatten den Saal betreten. Zuerst sprach Kapitän Schröder. Er berichtete von dem Dekret des kubanischen Präsidenten. Er hatte sich auf eine Treppenstufe gestellt, um höher zu sein als die anderen, und war trotzdem nicht größer. Dann sprach Lawrence Berenson, der Rechtsanwalt und Vertreter des Komitees aus New York. Er berichtete von den Verhandlungen mit Präsident Bru. Berenson beschwor die Passagiere mit eindringlichen Worten, Ruhe zu bewahren. Er war ein Mann, der Vertrauen einflößte und Zuversicht ausstrahlte. Und seine Zuhörer waren nur zu gern bereit, sich beruhigen zu lassen. Sie klammerten* *sich an jeden Strohhalm, sie nahmen jedes vage Versprechen als bare Münze. Aber dann bekamen sie etwas zu hören, was wie bösester Hohn und Spott klang. Es war Berenson anzusehen, daß er sich zwingen mußte, diese Infamie auszusprechen. Er sagte mit leiser, kaum verständlicher Stimme: ‚Sie wissen ja, daß dieses Schiff morgen früh auslaufen muß. Mit Ihnen. Sie dürfen nicht an Land, es sei denn‘, er unterbrach sich und wischte sich umständlich den Schweiß von der Stirn, ‚es sei denn, Sie tun, was der Präsident dieses Landes von Ihnen verlangt.‘ Es war Totenstille im Saal. Jeder spürte, daß jetzt etwas Außergewöhnliches kommen mußte. Sie starrten sich gegenseitig an, Verwirrung auf den Gesichtern. Und dann sagte Berenson: ‚Der Präsident ist nämlich bereit, alle Christen an Land zu lassen – ob mit oder ohne Landeerlaubnis! Man wird Sie nicht genau kontrollieren. Der Präsident wünscht nur, daß Sie sich ein Kreuz sichtbar an den Ärmel oder an den Rockaufschlag aufnähen und sich dadurch als Christen kennzeichnen... Das ist alles.‘ Und nach einem erleichterten Aufatmen: ‚Sie müssen schon entschuldigen, es war meine Pflicht, Sie von dieser Möglichkeit zu unterrichten. Jetzt kann jeder für sich entscheiden, was er tun und was er lassen will.‘ Es klang wie eine Verhöhnung, die letzte Verhöhnung von Menschen, die darin eine lange, bittere Erfahrung hatten. – Aber Lawrence Berenson hat jedes Wort bestätigt. Als er es tut, hat er Tränen in den Augen; der Anwalt ist nun 22 Jahre älter, aber immer noch geht es ihm sehr nahe. ‚Die Menschen in dem Saal blieben auch jetzt noch ganz still, keine empörten Zurufe wurden laut. Keine Diskussionen schlossen sich an diese Eröffnung Berensons an, die Versammlung löste sich nur ganz leise auf. Es waren immer weniger Menschen, die um mich herumstanden. In kleinen Gruppen verließen sie den Saal.‘ ‟*

Um diese Szene in ihrem ganzen Ausmaß beurteilen zu können, muß man sich in das Fühlen und Denken der damaligen Flüchtlinge hineinversetzen. Sie werden vor die Wahl gestellt, nach Deutschland zurückgebracht zu werden – das ist gleichbedeutend mit Konzentrationslager – und ihr Leben aufs Spiel zu setzen oder ihren Glauben zu verraten, um die Freiheit zu erhalten. Vor ähnlichen Entscheidungen waren zweitausend Jahre zuvor römische Christen gestanden, als sie gezwungen wurden, den Göttern des Landes zu opfern oder den Tod zu erleiden. Erinnerungen an die unheilige Inquisition werden wach, vor allem als die spanischen und portugiesischen Juden aufgefordert wurden, sich taufen zu lassen oder, all ihres Besitzes beraubt, ihre Heimat zu verlassen.

Wäre diese Geschichte in der Phantasie eines Romanciers entstanden, er hätte keinen dramatischeren Höhepunkt erfinden können. Man darf wohl annehmen, daß kein einziger der Passagiere jemals in seinem Leben Berensons Mitteilung vergessen wird. Brus angebliches Angebot, jeder jüdische Flüchtling auf der „ST. LOUIS" dürfe das Schiff – unkontrolliert und ohne die Notwendigkeit, ein gültiges Visum zu besitzen – verlassen, vorausgesetzt, er gäbe sich als Christ aus, ist einmalig und ohne Beispiel. Merkwürdigerweise jedoch – jetzt wird es mysteriös – scheint diese Episode bei den Betroffenen in Vergessenheit geraten zu sein.

Kapitän Schröder erwähnt die Mitteilung Berensons mit keinem Wort. Gordon Thomas, der Dutzende von Überlebenden befragt hat und selbst über nebensächliche Details berichtet, weiß nichts darüber. Erich Dublon – einer der verläßlichsten Zeitzeugen – auch nicht. Alle vom Autor dieses Buches befragten Passagiere erklären, sich an diesen Vorfall nicht erinnern zu können. Nachkommen von Überlebenden bestätigen, daß ihre Eltern bei ihren Erzählungen Brus unsittliches Angebot nicht erwähnt hätten. Ein gewisser Herbert Hirschfeld, der bereits bei der Ankunft der „ST. LOUIS" in Havanna im sogenannten Tiscornia-Lager mit Dutzenden anderen Juden interniert wurde, hat niemals von einem solchen Angebot – weder an die Passagiere der „ST. LOUIS" noch an die irgendeines anderen Flüchtlingsschiffes – gehört.[7] Sie bestreiten vehement den Wahrheitsgehalt des Berichtes. Daß heißt: Zwischen Herlins Darstellung einerseits und den Aussagen zahlreicher Passagiere andererseits besteht ein unüberbrückbarer Widerspruch. Erstaunlich auch, daß Herlin als Zeuge keinen Passagier, sondern ein Mitglied der Bordkapelle nennt.

So bleibt die Aussage Berensons, der angeblich 22 Jahre später *„mit Tränen in den Augen"* Herlin die geschilderte Szene bestätigt. Dennoch kann es sich so nicht abgespielt haben. Dem Buch Herlins ist dann noch zu entnehmen, daß der Klarinettist den Passagier Arthur Heymann, Mitglied des Bordkomitees, aufgefordert habe, das Angebot von Staatspräsident Bru zu akzeptieren. Wörtlich soll er Heymann gesagt haben: *„Herrgott, es kann doch nicht so schlimm sein, für ein paar Stunden so ein Kreuz am Ärmel zu tragen..."*[8]. An Bord befinden sich drei Passagiere mit Namen Heymann, ein Herr mit dem Vornamen „Arno" und zwei Damen; einen „Arthur Heymann" gibt es nicht.

Brus angebliches Angebot widerspräche zudem jeder Logik. Wie wir gesehen haben, gibt es drei Versionen über seine Motive, die von

Manuel Benitez widerrechtlich erteilten Landepermits zu widerrufen. Erste Version: Er habe sich geärgert, weil Benitez – auf Wunsch Batistas – sein Versprechen gebrochen habe, den Staatspräsidenten am Erlös der falschen Visa zu beteiligen. Wenn dem so gewesen ist, besteht jetzt für Bru kein Anlaß, auch nur einen Passagier mit einem ungültigen Visum von Bord zu lassen. Zweite Version: Bru habe Rücksicht auf den Antisemitismus auf Kuba genommen. Daraus ergäbe sich zwar die logische Schlußfolgerung, Christen, die nach kubanischem Recht nicht als Juden gelten, von Bord zu lassen, aber keineswegs macht es die Beifügung verständlich, man werde keine Kontrollen durchführen. Auf diesem Weg wäre es auch den Religionsjuden möglich, ins Land einzureisen. Dritte Version: Bru habe lediglich rechtsstaatlich gehandelt und gedacht und folglich die falschen Visa außer Kraft gesetzt. Einem derartigen Motiv widerspräche jedoch die Ankündigung, es sei gleichgültig, ob sich die als Christen ausgebenden Passagiere in Besitz eines regulären oder irregulären Visums befänden. Diese Hintertür läßt sich mit den kubanischen Gesetzen nicht in Einklang bringen. Auch Herlins Vermutung, Bru habe die Flüchtlinge lediglich verhöhnen wollen, überzeugt nicht. Auf derartige Emotionen verzichtet man zu dieser Zeit auf Kuba. Hier geht es um Geld, Macht oder Rechtsstaatlichkeit – wahrscheinlich um Geld und Macht – und ganz bestimmt nicht um irgendwelche sadistische Anwandlungen.

Der Widerspruch bleibt unüberbrückbar. Mit Sicherheit wurde Brus Angebot den jüdischen Flüchtlingen auf der „ST. LOUIS" nicht unterbreitet. Wahrscheinlich handelt es sich um eine romanhafte Einlage als Konzession an den Publikumsgeschmack. Hat es den zitierten Klarinettisten überhaupt an Bord gegeben? Falls ja, weshalb vermied es Herlin, dessen phantasievolle Aussage zu überprüfen? Wie auch immer: Vergessen wir die spektakuläre Szene, sie hat nie stattgefunden.

Als alle Versuche, Präsident Federico Laredo Bru umzustimmen, als gescheitert betrachtet werden müssen und dieser mit dem Einsatz der Kriegsflotte droht, entschließt sich Kapitän Schröder, der Gewalt zu weichen. Am 2. Juni 1939 werden die Anker gelichtet. Die entsetzten und verzweifelten Passagiere umringen den Kapitän und wollen wissen, wohin die Reise jetzt gehen werde. *„Zum ersten Mal in meinem Leben"*, schreibt Schröder in seinen Erinnerungen, *„konnte ich diese Frage nicht beantworten."*[9]
Ein Traum ist zu Ende.

Dennoch gibt es einen positiven Nebeneffekt. Auf den Weltmeeren kreuzt eine ganze Armada von Schiffen mit jüdischen Flüchtlingen aus Deutschland. Niemand beachtet sie, kaum eine Zeitung berichtet über das unglückliche Los der Vertriebenen. Englische, deutsche, französische Schiffe – einige von ihnen sind regelrechte „Seelenverkäufer" – versuchen verzweifelt, irgendwo einen Hafen zu finden, der bereit ist, die jüdischen Emigranten aufzunehmen. Oftmals vergebens, und es ist keine Seltenheit, daß sie unverrichteter Dinge nach Europa zurückkehren müssen. Zur Katastrophe werden derartige Heimfahrten, wenn die Passagiere wieder in Deutschland aussteigen müssen. Gisela Feldman, sie ist Passagier der „ST. LOUIS", konnte nicht mit ihrem Vater gemeinsam reisen. *„Mein Vater"*, berichtet sie sechzig Jahre später, *„befand sich auf dem nächsten Schiff ‚ORINOCO'. Als der Kapitän erfuhr, daß die ‚ST. LOUIS' keine Landeerlaubnis* (auf Kuba) *erhielt, kehrte er nach Deutschland zurück, ohne seine Passagiere zu informieren."*[10]

Das Schicksal der „ORINOCO" ist kein Einzelfall. In Atlantikhäfen, im Schwarzen Meer und weiß Gott wo ankern Schiffe mit jüdischen Flüchtlingen an Bord. Von Typhus, Ratten und Trinkwassermangel geplagt, vegetieren sie unter grauenhaften Umständen. Auf dem griechischen Schoner „PANAGIA CORRESTRIO" – die normale Besatzung beläuft sich auf sechs Mann – leben 180 (!) Juden unter Deck.[11] Von derartigen Vorfällen hat die Weltöffentlichkeit bisher so gut wie nichts erfahren. Das ändert sich jetzt, denn zum erstenmal wird die internationale Presse über eine dieser Tragödien informiert. Die dramatischen Vorgänge in Havanna – vor allem Loewes spektakulärer Selbstmordversuch – wecken das Interesse der Journalisten. Zudem werden die Redaktionen führender amerikanischer Zeitungen telegraphisch von einem Mitglied des Bordkomitees benachrichtigt. Erstmalig handelt es sich auch nicht um ein kleines Passagierschiff oder irgendeinen Frachter, sondern um einen bekannten luxuriösen Ozeandampfer. So entschließen sich einige Blätter, Reporter nach Havanna zu entsenden.

Die in den Zeitungen veröffentlichten Berichte sind von einer anerkennenswerten Objektivität und hervorragend recherchiert. So lautet der am 1. Juni 1939 in der „New York Times" erschienene Bericht: *„HAVANNA, 31. Mai. Kapitän Gustav Schröder des Hamburg-Amerika Dampfers ‚SAINT LOUIS' informierte die kubanische Regierung heute, daß er einen ‚kollektiven Selbstmordpakt' unter seinen 917 Passagieren, deutschen jüdischen Flüchtlingen, befürchte, die morgen* *mit ihm nach Hamburg zurückreisen sollten, nachdem Kuba ihnen die Einreise verweigert hatte. Er berichtete, daß eine ‚Meutereisituation' an Bord herrsche, die er nicht mehr unter Kontrolle habe, und deswegen eine ‚offene Meuterei' befürchte, sobald das Schiff Havannas Hafen verließe.*

Kapitän Juan Estevez Maymir, Oberberater des Präsidenten Federico Laredo Bru, verbrachte mehrere Stunden an Bord des Schiffes und untersuchte Meldungen über Drohungen von Hunderten von Flüchtlingen, die sich das Leben nehmen wollen, falls das Schiff nach Deutschland zurückkreisen sollte.

Es wurde berichtet, daß Präsident Laredo Bru heute in einer Versammlung des Kabinetts seine Entscheidung aufrecht hielt, die Flüchtlinge nicht aufzunehmen. Weiters wurde berichtet, daß das Kabinett über mehrere Kompromisse diskutiere, einschließlich des Plans, der vor ungefähr zwei Monaten von Antonio A. Sanchez de Bustamante, einem havannischen Juristen, angekündigt wurde; er schlug vor, in der Isle of Pines Land zu kaufen und dort jüdische Kolonien zu etablieren. Lawrence Berenson, ein New Yorker Jurist, der nach Havanna gereist ist, um eine Lösung zum Problem zu finden, besuchte heute den Präsidentenpalast."

Einen Tag später berichtet der Reporter Hart Phillips an die „New York Times":

„HAVANNA, 1. Juni. Präsident Federico Laredo Bru unterschrieb heute ein Dekret, das der ‚SAINT LOUIS', dem Hamburg-Amerika Dampfer, befiehlt, unverzüglich abzufahren mit 917 jüdischen Flüchtlingen aus Deutschland, die seit Samstag auf dem Schiff festgehalten werden und auf eine Einreiseerlaubnis nach Kuba warten.

Das Dekret besagt, daß im Falle einer Zuwiderhandlung der Finanzminister die Hilfe der Kriegsmarine beantragen soll, um das Schiff ‚SAINT LOUIS' mit den Passagieren an Bord außerhalb der Hoheitsgewässer Kubas zu führen. Es ist ebenfalls festgesetzt, daß jedes Mitglied der Schiffsbesatzung, das unerlaubt an Land gehen sollte, gefaßt und zum Schiff zurückgebracht wird. Das Finanzministerium wurde beauftragt, über die gesamte Angelegenheit, einschließlich der Verantwortung für die Mitnahme der Flüchtlinge nach Kuba, Nachforschungen anzustellen.

Kapitän Gustav Schröder der ‚SAINT LOUIS' hat heute Abend folgende Mitteilung auf dem schwarzen Brett des Schiffes ausgehängt: ‚Die kubanische Regierung fordert uns auf, den Hafen zu verlassen, doch sie erlaubt uns, bis morgen Früh zu bleiben. Wir sollen endgültig um 10 Uhr vormittags abreisen. Die Reederei wird mit verschiedenen Organisationen und Behörden in Kontakt bleiben, die sich bemühen werden, das Ankern außerhalb von Deutschland zu ermöglichen. Wir sollen versuchen, irgendwo in der Nähe von südamerikanischen Ländern zu bleiben.'

Mehrere kubanische und amerikanische Juristen versuchen hier, Visa für andere Inseln in der Karibik zu erhalten, in der Hoffnung, die mißliche Lage ihrer Klienten an Bord der ,SAINT LOUIS' definitiv zu klären. Lawrence Berenson vom Nationalen Koordinationskomitee, der Präsident Laredo Bru heute Morgen interviewt hat, meinte, daß, obwohl der Staatspräsident seine Sympathie mit der Situation der Flüchtlinge zum Ausdruck gebracht hat, er es ablehnt, zur Frage ihrer Ausschiffung Stellung zu nehmen. Als Louis Clasing, Vertreter der Hamburg-Amerika Linie, vom Dekret erfuhr, erklärte er, daß er bereit wäre, den Befehl bis vor Gericht anzukämpfen. Später beschloß er, laut dem Direktor der Zollbehörde, keine Aktion einzuleiten.

Am späten Nachmittag war die ,SAINT LOUIS' von Booten mit Verwandten und Freunden der Passagiere umringt. Die Polizei... verbot allen – ausgenommen den Regierungsbeamten –, sich dem Dampfer zu nähern. Riesige, an den Seiten des Schiffes befestigte Scheinwerfer beleuchteten heute Nacht die Gewässer rund um das Schiff.

Die Passagiere der ,SAINT LOUIS', viele von ihnen verzweifelt schluchzend, standen an der Reling... Die Polizei erlaubte den Passagieren und jenen in den kleinen Booten, Briefe zu wechseln. Abschiedstränen der Flüchtlinge folgten jedem abfahrenden Boot. Aus einem Gespräch mit einem Mann an der Reling, der darum bat, daß sein Name geheim bliebe, erfuhr unser Korrespondent, daß an die 250 Frauen und 200 Kinder unter den Flüchtlingen an Bord seien.

,Alle von uns haben Reisepässe mit Visa von den kubanischen Konsulaten', schrie er. ,Ich bezweifle, daß falsche Reisepässe an Bord sind.'[12] Falls man uns nach Deutschland zurückschicken sollte', beklagte er sich, ,bedeutet das: Konzentrationslager für die meisten von uns. Viele von uns haben alles verkauft, was sie besaßen, um finanzielle Mittel zu haben, und wir haben keinen Ort, wo wir hingehen könnten. Da sind vierzig Personen an Bord mit Visa für Nassau (Bahama-Inseln), die damit rechneten, hier auf ein weiteres Schiff umzusteigen, das sie dorthin bringt; doch nicht einmal sie haben die Erlaubnis, an Land zu gehen.'

Heute wurden Versuche eingeleitet, um die Erlaubnis, auf andere Schiffe im Hafen umzusteigen, für mehrere Flüchtlinge zu erhalten.

Ein kubanischer Jurist behauptete, er habe für zwei der Flüchtlinge, die bereits eine Einreisebewilligung im nächsten Monat für die Vereinigten Staaten besaßen, die notwendigen Dokumente für eine Einreise nach Nassau vom britischen Generalkonsul in Havanna erhalten. Er meinte, das kubanische Außenministerium habe diesen Flüchtlingen die Erlaubnis, an Land zu gehen, verweigert.

Es wird hier angenommen, daß die ,SAINT LOUIS' vor Kuba außerhalb der Zwölf-Meilen-Grenze liegen wird, um auf weitere Bemühungen um die Erlaubnis für ihre Passagiere, an Land zu gehen, zu warten. Dies wurde unbehindert zwischen den Passagieren des Dampfers und den Besuchern in den kleinen Booten heute Nachmittag besprochen. Die Flüchtlinge meinten, sie klammern sich an die Hoffnung, daß noch irgend etwas für sie getan werden könne, um ihre Rückfahrt nach Deutschland zu verhindern.

Kapitän Schröder ist pessimistisch bezüglich einer Rückreise mit den Passagieren, er befürchtet eine Selbstmordwelle. Es gab bereits zwei Selbstmordversuche. Es wurde berichtet, daß kühlere Köpfe unter den Flüchtlingen ein Komitee zusammengestellt hätten, um jederzeit die Wachsamkeit aufrecht zu halten, damit es nicht zu derartigen unerwünschten Vorfällen kommen kann.

Max Loewe, ein Anwalt, der sich Dienstag abend die Adern an den Handgelenken aufgeschnitten hat und von Bord gesprungen ist, befindet sich noch im Calixto Garcia Hospital in kritischem Zustand. Es wird angenommen, daß er hier bleiben wird. Es wird versucht, eine Aufenthaltserlaubnis für seine Frau und seine Kinder bis zu seiner Genesung zu erhalten.

Es wird berichtet, daß die Löhne von zwölf Diplomaten und Konsuln vom kubanischen Außenministerium eingefroren wurden, weil sie beschuldigt werden, ohne Erlaubnis Flüchtlingen der ,SAINT LOUIS' Visa erteilt zu haben.

Heute scheint sich die Meinung gegen eine Aufnahme der jüdischen Flüchtlinge in allen offiziellen Kreisen breit zu machen. Pedro Mendieta, Präsident des Immigration Committee of the House of Representatives, versicherte heute Morgen, daß er mit Präsident Laredo Bru ein Gespräch führen werde über die Einführung einer Gesetzesvorlage zur Ausweisung aller Flüchtlinge in Kuba mit der Begründung, daß ihre Reisepässe nicht in Ordnung seien."

Auffallend an diesen Zeitungsmeldungen ist die emotionelle Zurückhaltung der Reporter. Wohl werden die drohenden Konzentrationslager erwähnt, aber es fehlt jeder Hinweis, was ein derartiges

907 Refugees Quit Cuba on Liner; Ship Reported Hovering Off Coast

Rumor That United States Will Permit Entry Is Spread to Avert Suicides — Company Orders St. Louis Back to Hamburg

By R. HART PHILLIPS

Wireless to THE NEW YORK TIMES.

HAVANA, June 2.—The liner St. Louis, carrying 907 Jewish refugees from Germany whom the Cuban Government refused to permit to land, left Havana Harbor at 11:30 this morning in compliance with a decree signed by President Federico Laredo Bru.

The St. Louis cleared for Hamburg, Germany, according to the Cuban customs authorities. Her distraught passengers hope she will remain somewhere in the waters of the Western Hemisphere while friends, relatives and Jewish relief associations negotiate for their admittance to some other country.

Luis Clasing, agent here for the Hamburg-American Line, refused to discuss the possibilities of a later agreement with the Cuban immigration authorities. He said the ship had left for Hamburg.

"Of course, it might go elsewhere first," he added. "However, we have nothing definite on this."

Nestor Pou, Consul of the Dominican Republic, stated tonight that he had transmitted to Señor Clasing an offer by his government to receive the refugees before the St. Louis sailed. He said the only requirement was the deposit of a bond of $500 for each of the refugees.

Señor Pou said he had notified Lawrence Berenson of the National Coordinating Committee of New York, who is here attempting to solve the situation of the refugees, no reply from either.

So far, he said, he had received reply from either.

President Juan D. Arosamena of Panama has granted special authorization to Dr. and Mrs. Julius Lewith, passengers aboard the St. Louis, to enter his country, it was announced tonight by Dr. Ventura de Llunde, a Havana attorney.

Dr. Lewith, who was a prominent surgeon in Vienna, already has obtained quota numbers for himself and his wife for entry into the United States, according to Dr. de Llunde, and it is planned to transfer them at the first port the St. Louis enters.

The Lewiths have two sons residing in New York.

Dr. de Llunde also said an appeal had been made to the President of Panama to admit all the refugees on the St. Louis, since all have suf-

Continued on Page Four

Ausführliche Reportagen über das Schicksal der MS „ST. LOUIS" informierten die Weltöffentlichkeit über das sich anbahnende Drama. Diese Berichte veranlaßten jedoch auch die amerikanische Küstenwache, die MS „ST. LOUIS" intensiv zu beobachten und eine Landung in den Vereinigten Staaten zu verhindern.

Lager für die Inhaftierten bedeutet. Es gibt auch keine Aufrufe zu irgendwelchen Hilfsaktionen durch die Vereinigten Staaten, und niemand schlägt vor, die Flüchtlinge in Amerika aufzunehmen. Am merkwürdigsten jedoch ist der Verzicht, die Täter zu nennen. Kein Satz enthält einen Vorwurf gegen Deutschland oder zumindest gegenüber dem Nationalsozialismus, so daß der Zeitungsleser den Eindruck erhalten könnte, die Vertreibung der Juden sei eine gegebene Tatsache, die man hinzunehmen habe. Nüchtern wird über Selbstmorde und Tränen berichtet, während die grauenhafte Maschinerie im Hintergrund, die das alles bewirkt, unerwähnt bleibt.

Auch kann weder den Reportern noch den Lesern ihrer Zeitung bekannt gewesen sein, daß die Konzentrationslager im Dritten Reich bald zu Vernichtungs- und grauenhaften Arbeitslagern der Nationalsozialisten werden sollten und schon jetzt dort andere Zustände herrschten als im Westen, wo man 1939 unter „Konzentrationslager" hauptsächlich Barackenlager verstand, um umherirrende Flüchtlinge aufzunehmen. So findet sich beispielsweise in der „New York Times" vom 3. Juni 1939 – also just zu der Zeit, da die „ST. LOUIS" von Kuba abgewiesen wurde – folgende Notiz: *„Die belgische Regierung hat heute beschlossen, für etwa 3.000 jüdische Flüchtlinge, die derzeit in Konzentrationslagern in Belgien leben, zu sorgen... Die Regierung wird den Unterhalt der Flüchtlinge finanzieren, bis sie in der Lage sind, gemäß diversen Emigrationsschemata einen Arbeitsplatz zu finden."*

Verhängnisvoll an diesen Zeitungsberichten ist der Hinweis, der Kapitän werde vermutlich versuchen, in die Nähe der Vereinigten Staaten zu kommen und an der Zwölf-Meilen-Grenze anhalten. Diese Mitteilung erfolgt nicht etwa durch den Kapitän oder eine andere autorisierte Stelle. Es sind die Passagiere selbst, die diese Absicht ihren Angehörigen, die mit Booten zur „ST. LOUIS" gekommen sind, zurufen. Offensichtlich wurde diese Möglichkeit an Bord bereits besprochen und hatte sich verständlicherweise über das ganze Schiff verbreitet.

Leider erfahren so auch die Einwanderungsbehörden in den Vereinigten Staaten von der möglichen Absicht des Kapitäns. Es bedarf nicht allzugroßer Phantasie, um sich vorzustellen zu können, daß der Stopp an der Zwölf-Meilen-Grenze besonderen Aktionen dienen könnte, so etwa dem Versuch, die Passagiere illegal ins Land zu bringen. Tatsache ist jedenfalls, daß die Küstenwache alarmiert wird und den Auftrag erhält, die „ST. LOUIS" zu beschatten.

EIN TÄUSCHUNGSMANÖVER?

Die meisten Gespräche an Bord der „ST. LOUIS" drehen sich jetzt nur noch um zwei Fragen: Was wird mit uns geschehen? Und: Weshalb verweigert man uns die Einreise nach Kuba? Langsam, aber immer nachdrücklicher überfällt die verzweifelten Passagiere ein furchtbarer Verdacht: Die Nationalsozialisten hätten zu keiner Zeit ihre Auswanderung nach Übersee ernsthaft beabsichtigt. Die Rückkehr der „ST. LOUIS" nach Deutschland – mit allen Flüchtlingen an Bord – sei folglich von Anfang an geplant gewesen. Es ist dies ein Verdacht, der sich bei den meisten Überlebenden und Berichterstattern über das „ST. LOUIS"-Drama bis zum heutigen Tag gehalten hat.

Der Zwang, gleichzeitig mit dem Ticket „sicherheitshalber" eine Kaution für eine eventuelle Rückfahrt zu hinterlegen, hat von Anfang an das Mißtrauen der Passagiere geweckt. Jetzt erst jedoch erfahren die Flüchtlinge – was man ihnen bisher verschwiegen hatte –, daß der kubanische Staatspräsident Bru bereits vor der Abreise der „ST. LOUIS" aus Hamburg die Landepermits widerrufen hatte. In der gegenwärtigen Situation ist es unmöglich, diese Nachricht auch weiterhin geheimzuhalten. Zu viele Männer der Besatzung sind über den Vorfall informiert, und so ergibt es sich von selbst, daß sich einige Andeutungen in Windeseile über das ganze Schiff verbreiten.

So betrachtet, überrascht es nicht, daß die Passagiere jetzt die Überzeugung hegen, die Sonderfahrt der „ST. LOUIS" diene lediglich einer Goebbelsschen Propagandaaktion, um der Welt zu beweisen, daß kein Land bereit sei, Juden aufzunehmen. Weshalb sonst habe man den Auswanderern Brus Widerruf-Dekret verschwiegen? Weshalb sonst sei das Schiff nach Kuba gefahren, obwohl Hapag und der Kapitän über das Ausschiffungsverbot informiert worden waren? Später einmal wird noch behauptet werden, Goebbels habe sogar Agenten nach Havanna beordert, um eine antisemitische Stimmung zu inszenieren.

Die Sonderfahrt der „ST. LOUIS" ist in der Tat als Täuschungsmanöver gedacht, aber nicht gegenüber den jüdischen Passagieren – diese werden lediglich als Mittel zum Zweck benützt – , sondern gegenüber der Weltöffentlichkeit. Die Annahme, es habe von seiten der Nationalsozialisten gar nicht die Absicht bestanden, die Passagiere nach Kuba zu bringen, vielmehr hätte Berlin von Anfang an geplant, die 931 Juden an Bord wieder nach Deutschland zu verbringen, ist falsch und hält keiner Überprüfung stand.

Es ist richtig, daß bereits zehn Tage vor der Abreise der Widerruf der erteilten kubanischen Visa erfolgte, ein Umstand, der zwar den offiziellen deutschen Stellen, aber nicht den Passagieren bekanntgegeben wurde. Wie wir jedoch gesehen haben, sind derartige Querschüsse aus Havanna keine Seltenheit. Die zuständigen deutschen Stellen, vor allem aber der Schiffseigner Hapag selbst, messen daher der Mitteilung keine allzugroße Bedeutung zu. Dennoch, um sicher zu gehen, setzt sich die Reederei mit ihrem Agenten in Kuba in Verbindung und beauftragt ihn, an Ort und Stelle nachzufragen. Die Rückantwort ist eindeutig: Manuel Benitez, Direktor der kubanischen Einwanderungsbehörde, garantiere persönlich, daß es zu keinen Schwierigkeiten kommen werde. Da zu diesem Zeitpunkt niemand in Deutschland die verwirrenden Zustände auf Kuba richtig einschätzt, müßte die eindeutig positive Antwort genügen. Daß die beruhigenden Worte ausgerechnet von jenem Mann abgegeben werden, der die betrügerische Ausstellung der Landepermits durchgeführt hatte, vermag im fernen Hamburg niemand zu durchschauen. Verständlich auch, daß die Passagiere nicht informiert wurden. Die Nachricht hätte bereits vor der Abfahrt der „ST. LOUIS" eine Panik heraufbeschworen und die ohnehin schon überreizten Nerven der Passagiere zusätzlich strapaziert.

Die Verpflichtung, Rückreisebilletts zu lösen, entspringt der damaligen Situation. Zu dieser Zeit kreuzen unzählige Schiffe auf den Weltmeeren, die oft verzweifelt und vergeblich Häfen suchen, in denen sie ihre Passagiere an Land bringen können. Das Risiko, unverrichteter Dinge heimkehren zu müssen, ist beträchtlich, heißt aber noch lange nicht, daß es erwartet oder gar angestrebt wird. Zudem handelt es sich bei den Rückfahrttickets um eine Kaution, die, sollte sie nicht in Anspruch genommen werden, zurückgezahlt werden müßte. Ob dem gegebenenfalls tatsächlich so gewesen wäre, läßt sich heute freilich nicht beantworten. Einerseits ist Hapag ein seriöses Unternehmen, das gegenüber seinen Kunden stets korrekt handelt. Andererseits jedoch bleibt fraglich, ob die Machthaber in Berlin erlaubt hätten, dringend benötigte Devisen jüdischen Auswanderern nach Kuba zu überweisen.

Zu Beginn des Jahres 1939 befindet sich die Hapag in einer äußerst prekären finanziellen Situation. Die Zeiten sind unruhig, und Sensible vermögen bereits den kommenden Krieg zu erahnen. Folglich sind Seereisen kaum gefragt, und das Angebot an Vergnügungskreuzfahrten bleibt fast ohne Resonanz. Der Charter der „ST. LOUIS" kommt somit wie gerufen! Über 900 Passagiere – ein Drittel von ihnen in Kabinen der 1. Klasse untergebracht – zahlen den vollen Preis für die Überfahrt. Dieser beträgt für die „Kabinen-Klasse" (sie entspricht der 1. Klasse) 800 Mark, während für die zusammengelegten beiden unteren Kategorien (Touristen- und 3. Klasse) 600 Mark aufgebracht werden müssen. Dazu kommen das Rückreisebillett für 230 Mark und diverse Extras. Alles in allem bewegt sich der Umsatz der Sonderfahrt – die Kaution nicht mitgerechnet – in einer Größenordnung von annähernd 700.000 Mark (nach heutigem Geldwert etwa 5,25 Millionen DM oder 36,7 Millionen österreichische Schilling). Das ist eine gewaltige Summe, mit der sich einige Löcher im Budget der Hapag stopfen lassen.

Im übrigen darf nicht übersehen werden, daß die Kaution für eine eventuelle Rückfahrt auch den Passagieren zugute kommt. Einer Gesellschaft, die sich in einer peinlich schlechten finanziellen Situation befindet, ist es kaum zuzumuten, das Risiko – und mag es auch noch so gering sein – einzugehen, unverrichteter Dinge nach Deutschland zurückkehren zu müssen. So betrachtet, wäre die Reise ohne den Rückfahrtpolster wahrscheinlich unterblieben und hätte die Flüchtlinge um ihre Chance gebracht, Deutschland zu verlassen.

Aus allen uns bekannten Geschehnissen ergibt sich somit eindeutig, daß die Charter der „ST. LOUIS" als Propagandaaktion gedacht ist, um die durch die „Reichskristallnacht" erschreckte und empörte internationale Öffentlichkeit zu beruhigen. Eine derartige Maßnahme kann jedoch nur dann positive Auswirkungen zeitigen, wenn die nach Kuba verbrachten Juden später berichten werden, sie seien auf der „ST. LOUIS" wie Könige umsorgt worden. Deutsche Matrosen hätten ihre Koffer getragen, aller Luxus sei ihnen zur Verfügung gestanden, und sie hätten nur vorzügliches Essen in einer schier unglaublichen Auswahl erhalten. Ganz zu schweigen vom Maskenball, Winzerfest und allen Veranstaltungen, die für die 240 Kinder organisiert worden waren. Kehren aber die Flüchtlinge nach Deutschland zurück, ohne in irgendeinem Hafen der Welt an Land gegangen zu sein, so wird ihnen keine Gelegenheit geboten, von der exquisiten Betreuung an Bord zu berichten. In diesem Fall wäre die Sonderfahrt der „ST. LOUIS" – aus nationalsozialistischer Sicht – völlig sinnlos gewesen. Alle Bemühungen, Feste und luxuriösen Betreuungen hätten dann gleichsam unter Ausschluß der Öffentlichkeit stattgefunden.

Wäre alles wie geplant verlaufen, dann hätte Joseph Goebbels diesen Propagandacoup erfolgreich abgeschlossen. Entspricht es doch der menschlichen Natur, erfreuliche Erlebnisse im Gedächtnis zu behalten und negative zu verdrängen. In der Tat ist der Aufenthalt an Bord so angenehm, daß einige Passagiere – unter ihnen auch, wie wir gesehen haben, Erich Dublon – mit Wehmut dem Ende der Reise entgegensehen.

Erstaunlich ist freilich das Ausmaß an Luxus, das den jüdischen Auswanderern geboten wird. Zweifellos widerstrebt es den deutschen Machthabern, allen voran dem Propagandaminister Joseph Goebbels, die als „Parasiten" bezeichneten Juden von deutschen Seeleuten bedienen zu lassen. Sie hätten gewiß ein etwas weniger aufmerksames Service vorgezogen. Kapitän Gustav Schröder bietet jedoch alles auf, um seinen Passagieren eine extrem schöne und glückliche Reise zu ermöglichen. Aus welchen Gründen er so handelt, wissen wir nicht. Ist es einfach der Wunsch, Passagiere der „ST. LOUIS" mit der in aller Welt bekannten deutschen Obsorge zu verwöhnen? Ist es Mitleid mit dem harten Schicksal der Passagiere, oder will er dieserart mit feiner Klinge dem offiziellen, unmenschlichen Antisemitismus begegnen?

Aus alledem ergibt sich jedenfalls, daß wir mit ziemlicher Sicherheit von dem Wunsch der Nationalsozialisten ausgehen dürfen, die 931 jüdischen Passagiere tatsächlich nach Havanna zu bringen, womit gleich mehrere Probleme gelöst werden könnten: Nach dem verheerenden Weltecho auf die „Reichskristallnacht" vermag man dieserart, allen Staaten vor Augen zu führen, daß Juden ungehindert und sogar mit einem luxuriösen Service Deutschland verlassen dürfen. Gleichzeitig dient der Charter der „Entjudung", obwohl 931 Emigranten lediglich im Promillebereich der noch in Deutschland lebenden Juden liegen. Die Aktion stellt, drittens, eine nicht unwesentliche finanzielle Hilfe für den Schiffseigentümer Hapag dar.

Auch andere Indizien bestätigen, daß die Nationalsozialisten keineswegs mit der Rückkehr der „ST. LOUIS" nach Deutschland spekulierten, so etwa die Bemühungen des deutschen Außenamtes, die Aufenthaltsgenehmigung des Schiffes in Havanna zu verlängern. Das scheinbar so überzeugende Argument, Berlin habe bereits vor der Abfahrt der „ST. LOUIS" gewußt, daß die Landepermits für Kuba ihre Wirkung verloren hatten, vermag ebenfalls nicht zu überzeugen, da der Charter bereits Monate vor dem Widerruf erfolgte, somit zu einer Zeit, in der niemand das Dekret des kubanischen Staatspräsidenten vorausahnen konnte. Übersehen wird auch, daß nahezu sämtliche Passagiere bereits auf der Warteliste der Vereinigten Staaten vermerkt waren. Folglich durfte man von Kuba erwarten, daß es einem Zwischenaufenthalt zustimmen werde. Auch die späteren Ereignisse werden beweisen, daß die Nationalsozialisten – ja selbst die Gestapo – eine Rückkehr der Flüchtlinge auf der „ST. LOUIS" nach Deutschland nicht geplant haben. Allerdings ist offensichtlich, daß Hapag auf Brus Widerruf recht sorglos reagiert. Nach der alarmierenden Nachricht aus Havanna hätte man nicht einen Agenten der Hapag, sondern gleich das Außenamt beauftragen müssen, Nachforschungen anzustellen.

Die nun seit über einem halben Jahrhundert während Diskussion – war die Sonderfahrt der „ST. LOUIS" ein Täuschungsmanöver oder nicht? – ließe sich leichter führen, wären uns die Initiatoren der Charter bekannt. Wüßten wir, von wem die Idee stammt, die „ST. LOUIS" jüdischen Auswanderern zur Verfügung zu stellen, wäre es relativ einfach, die Motive zu ergründen. Geht der Anstoß von Politikern aus oder von der Hapag selbst? Es ist kaum anzunehmen, daß die Initiative von Goebbels stammt, obwohl er zweifellos von Anfang an über das Vorhaben informiert wird. Sicher ist hingegen, daß der Propagandaminister aus der Aktion Kapital schlagen wollte.

Mit Hilfe der „ST. LOUIS" vermag man der Welt zu demonstrieren, wie „großzügig" das Dritte Reich mit Juden umgeht und wie „undankbar" die Emigranten reagieren. Goebbels sieht voraus, daß die Juden nach ihrer Landung im Gastland über ihr Schicksal in Deutschland – vor allem über ihre Erlebnisse in den Konzentrationslagern – berichten werden. Eine ideale Gelegenheit, der Öffentlichkeit sinngemäß zuzurufen: Wir stellen ihnen ein Luxusschiff zur Verfügung, und sie beklagen sich über die Behandlung in Deutschland. Tatsächlich wird im Hetzblatt „Der Stürmer" die Überschrift zu lesen sein: *„Raffiniertes Komödienspiel der Juden – sie wollen plötzlich Märtyrer sein."*

Dennoch steht Goebbels der Aktion innerlich ablehnend gegenüber. Seine zwiespältige Haltung entspringt seinem vielseitigen, widerspruchsvollen und daher verwirrenden Charakter. Zahlreiche Historiker vertreten die Meinung, der Propagandaminister sei in Wirklichkeit kein Antisemit gewesen, wenn man unter diesem Begriff die überzeugte Ablehnung der jüdischen „Rasse" versteht. Wer seine ersten Tagebücher liest – die noch zu einer Zeit geschrieben worden waren, als er noch nicht mit dem Nationalsozialismus sympathisierte –, wird keine hervorstechenden antisemitischen Ansichten erkennen können. Zahlreiche Professoren, bei denen er studiert, sind Juden, und er vermag sich auch an Büchern „nichtarischer" Autoren zu begeistern. Eine seiner ganz großen Lieben ist Halbjüdin. Sein Haß richtet sich gegen den Kapitalismus. In seinem Innersten fühlt sich Goebbels – nach der heute gebräuchlichen Terminologie – der „extremen Linken" zugehörig. *„Der Jude als Kapitalist, nicht aber der Jude als Angehöriger einer ‚minderwertigen' Rasse ist für Goebbels der Buhmann."*[1] Diese Einstellung ändert sich freilich, als seine Karriere in der Nationalsozialistischen Partei beginnt. Von jetzt an wird er, dem Wunsche Hitlers folgend, alle Register des Antisemitismus ziehen.

Unter diesem Gesichtspunkt ist ein deutsches Luxusschiff mit all den Annehmlichkeiten, die den Passagieren an Bord geboten werden, wohl das letzte, was Goebbels den Juden gönnt. Die Vorstellung, daß „jüdische Kapitalisten" von deutschen Seeleuten bedient werden, erscheint ihm ein Horror.

Joseph Goebbels soll – so berichtet vor allem Gordon Thomas – Agenten nach Kuba beordert haben, um Regierung und Bevölkerung gegen die „ST. LOUIS"-Flüchtlinge aufzuhetzen, mit dem Ziel, ihre Aufnahme zu verhindern. Obwohl Thomas für diese Behauptung keine Unterlagen präsentiert, wäre ein derartiges Doppelspiel durchaus glaubhaft. Die gesamte Politik gegenüber den Juden in Deutschland ist voller Widersprüche. Auf der einen Seite will man sie aus dem Land vertreiben, während man sie andererseits in einem solchen Ausmaß beschimpft und diffamiert, daß jedes Land der Welt die Lust verlieren müßte, diese „Parias aus Deutschland" aufzunehmen. Hans Herlin zitiert einen Erlaß des Außenministeriums vom 25. Januar 1939,[2] der an alle deutschen Auslandsmissionen und Konsulate gerichtet ist und in dem es unter anderem heißt: *„...je ärmer und belastender damit für das Einwanderungsland der einwandernde Jude ist, desto stärker wird das Gastland reagieren und desto erwünschter ist die Wirkung im deutschen propagandistischen Interesse. Das Ziel dieses deutschen Vorgehens soll eine in der Zukunft liegende internationale Lösung der Judenfrage sein..."* Derartige Rundschreiben sind nicht nur von Unmenschlichkeit diktiert, sie offenbaren auch die Konzeptlosigkeit, die 1939 in Deutschland gegenüber den Juden herrscht. Für Goebbels besteht somit kein Anlaß, eigene Agenten nach Kuba zu entsenden, um auswandernde Juden anzuschwärzen. Die Politik des Dritten Reiches hat ihm diese Arbeit längst abgenommen.

Dann jedoch ereignet sich etwas, womit Joseph Goebbels nicht gerechnet hat. Während bisher eine ganze Armada von Schiffen mit auswandernden deutschen Juden, weitgehend unbemerkt und von der Öffentlichkeit unkommentiert, auf den Weltmeeren kreuzt, beginnt sich die internationale Presse für die vor Havanna ankernde „ST. LOUIS" vehement zu interessieren. Weshalb? Dafür gibt es mehrere Gründe: Die meisten umherirrenden Schiffe sind klein und haben nur wenige Juden an Bord. Zudem sind diese Dampfer völlig unbekannt, kaum ein Mensch hat je ihren Namen gehört. Die „ST. LOUIS" jedoch gehört zu den größten deutschen Luxusschiffen; sie ist nicht nur für Deutschland, sondern auch für andere Staaten – insbesondere für Amerika – längst ein Begriff geworden. Der zweite Grund für das allgemeine Bekanntwerden dieser Sonderfahrt ergibt sich aus dem Interesse nach Kuba entsandter amerikanischer Reporter. Die in den Zeitungen „The New York Times" und „The Evening Star" erscheinenden Artikel gehen rund um die Welt und schaffen genau das, was Goebbels vermeiden wollte: Mitleid mit den flüchtenden Juden. Das von ihm erlassene Verbot, über die Irrfahrt der „ST. LOUIS" in der deutschen Presse zu berichten, wird zu einem Eingeständnis seines propagandistischen Mißerfolges. Gegenüber dem Ausland agiert Joseph Goebbels ziemlich hilflos, da er nie die Mentalität anderer Völker begriffen hat. In Deutschland selbst erfährt die Bevölkerung so gut wie nichts über die Irrfahrt der „ST. LOUIS". So fällt die ganze Propagandaaktion in sich selbst zusammen. Die wenigen zynischen Berichte im „Stürmer", die dann nach der Landung der „ST. LOUIS" in Antwerpen doch noch erscheinen dürfen, haben mit der ursprünglichen Absicht nichts mehr zu tun.

Statt offensiver Propaganda befindet sich das Dritte Reich jetzt in der Defensive. Statt die Weltöffentlichkeit zu besänftigen und den verheerenden Imageschaden durch die „Reichskristallnacht" auszumerzen, müssen nun alle Hebel in Bewegung gesetzt werden, um die Aktion zu einem für Deutschland tragbaren Ende zu bringen. Derartige Gedankengänge und Überlegungen können heute angestellt werden. Die Passagiere der „ST. LOUIS" jedoch besitzen keine Informationen über die Hintergründe, und sie haben keine Ahnung, was sich im Frühjahr 1939 auf Kuba abspielt. Für sie zählen lediglich drei Fakten: Die Landepermits wurden von Bru außer Kraft gesetzt, ohne daß man es der Mühe wert gefunden hat, die Flüchtlinge zu verständigen; die Rückreise nach Deutschland war offensichtlich eingeplant, sonst hätte man keine Retourbillets verlangt, und schließlich – als Bestätigung ihres Verdachtes – wird die Ausschiffung in Havanna untersagt. Es ist daher nur allzu verständlich, daß sich unter den Passagieren die falsche Meinung durchsetzt, die Nationalsozialisten hätten zu keiner Zeit ernsthaft die Ausreise nach Kuba beabsichtigt. Daß Goebbels in der Zwischenzeit sein Propagandaspiel verloren hat, interessiert natürlich niemanden. So enden alle Träume von der Freiheit. Was jetzt bleibt, sind Angst und Verzweiflung.

III.
Zurück in die Finsternis

KEEP OUT

Am 2. Juni 1939 verläßt die „ST. LOUIS", von Kriegsschiffen der kubanischen Marine eskortiert, den Hafen von Havanna. Die verzweifelten Passagiere werden durch einen Anschlag informiert: *„Die kubanische Regierung zwingt uns, den Hafen... zu verlassen. Mit der Abfahrt... sind die Verhandlungen keineswegs abgebrochen... Die Schiffsleitung bleibt in Verbindung mit sämtlichen Organisationen und amtlichen Stellen und sucht mit allen Mitteln, eine Landung zu erreichen. Wir werden in der Nähe der amerikanischen Küste bleiben."*

Die Emigranten haben gelernt, zwischen den Zeilen zu lesen, und so begreifen sie auch, was der Kapitän ihnen mitteilen möchte. Die Ankündigung, „mit allen Mitteln eine Landung zu erreichen", ist deutlich genug, vor allem, wenn im nächsten Satz festgestellt wird, daß die „ST. LOUIS" in der Nähe der amerikanischen Küste bleiben werde.

Die dramatische Vertreibung aus Kuba wird von Erich Dublon in gewohnter Weise nüchtern und zurückhaltend beschrieben. Dennoch vermag man zwischen den Zeilen seine Stimmung zu erraten. Er schreibt: *„Es war wirklich das letzte Mal, daß wir die Freunde gesehen haben, die Barkassen dürfen nicht mehr herüber kommen, die kubanische Regierung verlangt, daß die Abfahrt am Vormittag erfolgt. Vorher kommen noch die Vertreter des amerikanischen und kubanischen Joint an Bord, berichten über den Stand der Verhandlungen und sprechen den Passagieren Mut zu. Ein kubanischer Zolloffizier überwacht die Ansprache, die in Englisch gehalten werden muß und übersetzt wird."* In Klammern fügt Dublon noch den Satz: *„tout comme chez nous"* („ganz wie bei uns") hinzu – die erste Bemerkung, die sich auf die Situation in Deutschland bezieht. Dann fährt er fort: *„...Ganz Havanna ist auf den Beinen, Tausende von Autos halten die Straße am Hafen besetzt, aus allen Fenstern hängen die Menschen. 12 bis 15 Polizeiboote begleiten uns hinaus... seit heute ist nun die Verpflegung der neuen Lage angepaßt worden, es gibt noch gut und reichlich zu essen. Nun weht uns wieder ein frischer Fahrtwind um die Nase, wir hoffen, auch draußen wieder baden zu können, das Wasser des Hafens war ungeeignet dazu. Der Tag vergeht, wir hängen weiter in der Luft."*

Auch nach der Abfahrt der „ST. LOUIS" gibt sich Berenson auf Kuba nicht geschlagen. Er ist ein unermüdlicher Verhandler, der alles versucht, um doch noch einen Erfolg erzielen zu können. Leider mangelt es ihm, wie wir noch sehen werden, an Kenntnissen kubanischer

Eigenheiten. Berenson setzt sich jetzt nicht nur für die Passagiere der „ST. LOUIS" ein, er kämpft jetzt auch für die Flüchtlinge auf der „FLANDRE" und der „ORDUNA", die inzwischen nach Havanna zurückgekehrt sind, weil kein anderer Staat bereit war, die an Bord befindlichen Juden aufzunehmen. Vergeblich hatte sich Kapitän Schröder bemüht, diese beiden „Konkurrenten" abzuhängen. Jetzt muß sich Berenson um die Passagiere aller drei Schiffe bemühen. Herlin berichtet: *„In Havanna blieb das gesamte Gepäck der 86 ,Orduna'-Passagiere zurück, das man beim ersten Anlaufen ausgeladen hatte. Da die ,Orduna' aus England kam, war es wertvolles Gepäck, das Schmuck, kostbare Musikinstrumente, technische und wissenschaftliche Apparate enthielt. Die Passagiere der ,Orduna' erhielten ihr Eigentum nie zurück, noch bekamen sie eine Entschädigung. Hintermänner Batistas hatten die Sachen zu Schleuderpreisen aufgekauft."*[1]

Bevor Kapitän Schröder die Vereinigten Staaten ansteuert, entschließt er sich, in der Nähe Kubas zu bleiben, um, falls Berenson doch noch erfolgreich sein sollte, sofort umkehren zu können. Von der Hapag hat er eine „persönliche Information" – das heißt ein verschlüsseltes Telegramm – erhalten: Es sei dringend notwendig, bis 18. Juni in Cuxhaven einzulaufen und die Passagiere zurückzubringen. Bereits 12 Tage später, am 30. Juni, beginne in New York die nächste Kreuzfahrt der „ST. LOUIS". An diesem Terminplan könne nicht mehr gerüttelt werden.

Die aus Havanna eintreffenden Nachrichten lassen sich in einem einzigen Satz zusammenfassen: Immer wieder Hoffnung, doch kein Durchbruch. Für Schröder wird die Zeit knapp. Wenn jetzt nicht irgendein Wunder die Rettung bringt, muß er nach Cuxhaven zurückkehren und seine Passagiere ihren Verfolgern ausliefern. Er ist Realist genug, um zu wissen, welches Schicksal dann jeden einzelnen Flüchtling erwarten wird.

Bisher hat Schröder seine Pflicht als Kapitän und Mensch in vorbildlicher Weise erfüllt. Normalerweise wäre das eine Selbstverständlichkeit. In der damaligen Zeit jedoch, unter dem Terror der Nationalsozialisten, zeugt seine Haltung von einem bewundernswerten Mut. *„Kapitän Schröder war kein Held"*, schreibt später sein Neffe, *„sein wachsendes Verständnis für die Not seiner Passagiere war ganz sicher berufsethisch motiviert, entsprach seiner humanistischen, auch christlichen Gesinnung."*[2] Doch jetzt ist er bereit, einen äußerst riskanten Schritt zu wagen, der weit über seine Pflicht hinausgeht. Er nimmt Kurs auf Miami und läßt die Passagiere wissen, er sei bereit, jeden, der dies wünsche, nachts mit Rettungsbooten heimlich an Land zu bringen. Der von ihm ausersehene Strand läge in unmittelbarer Nähe Miamis.

Etwa 300 Passagiere sind gewillt, das Abenteuer zu riskieren. In der Nacht läßt Schröder die Decklampen löschen. Alle, die sich gemeldet haben, werden mit ihrem persönlichen Gepäck – Schröder erlaubt ihnen, einen Koffer mitzunehmen – zu den Rettungsbooten beordert. Die Anker werden ausgeworfen, die Maschinen gestoppt. Leider jedoch haben die zuständigen Stellen der Vereinigten Staaten– alarmiert durch die Vorfälle in Havanna – ein wachsames Auge auf die „ST. LOUIS" geworfen. Die bereits zitierten Reporterberichte bestärken den Argwohn, der Kapitän könne sich zu einer illegalen Landung entschließen.

Patrouillenboote der Küstenwache liegen auf der Lauer. Als die „ST. LOUIS" in die Hoheitsgewässer der Vereinigten Staaten eindringt, taucht das Patrouillenboot 244 auf und befiehlt der „ST. LOUIS" mit Hilfe von Morsescheinwerfern, unverzüglich auf das offene Meer zurückzufahren. Ein zweites Patrouillenboot kommt hinzu und unterstreicht die Forderung. Schließlich treffen auch Flugzeuge ein, um das Manöver genauestens zu beobachten. Ganz wohl scheinen sich die Matrosen der Küstenwache nicht zu fühlen, denn am Ende ihres Befehls morsen sie noch ein „*Sorry*". Kapitän Schröder täuscht einen Maschinenschaden vor, aber die Amerikaner lassen sich durch diesen Schwindel nicht beeindrucken und bestehen auf ihrer Anweisung. Es bleibt nichts anderes übrig, als die Dreimeilenzone zu verlassen und die ausschiffungswilligen Passagiere aufzufordern, wieder in ihre Kabinen zu gehen.

Die Berichte der amerikanischen Reporter über den mißglückten Landeversuch muten seltsam an. So veröffentlicht die „New York Times" am 5. Juni 1939 eine Meldung, in der es unter anderem heißt:

„Der Hamburg-Amerika Dampfer ,SAINT LOUIS' mit etwa 900 jüdischen Flüchtlingen aus Deutschland an Bord, denen Kuba die Einreise verweigert hatte, kreuzte heute abend langsam durch die karibischen Gewässer, nachdem er 24 Stunden in Warteposition an der unteren Ostküste Floridas verbracht hatte. Die ,SAINT LOUIS' hatte zuvor 12 Meilen von der Küste entfernt geankert.

Das Vorpostenboot der Küstenwache CG 244 von Fort Lauderdale blieb in der Nähe des Schiffes, während es, kaum vorwärtskommend, entlang der Küste fuhr, um die Flüchtlinge daran zu hindern, über

Bord zu springen und ans Ufer zu schwimmen... Kapitän Wilhelm (sic!) Schroeder[3] hat keinen Antrag zum Einlaufen in dieses Land gestellt, doch es wurde gemeldet, daß eine Reihe von Gesprächen sowohl hier als auch anderswo im Laufe des Nachmittags geführt werden, von Stellvertretern der amerikanischen jüdischen Organisationen, um zu versuchen, einen Plan auszuarbeiten, der es dem Schiff ermöglicht, seine Passagiere in der Dominikanischen Republik an Land gehen zu lassen.

Die Flüchtlinge wirken hoffnungsvoller als zu dem Zeitpunkt, als sie Havanna verließen, meinte ein Beamter der Küstenwache, einige der Flüchtlinge hätten ihnen sogar zugelächelt, als sie im Vorpostenboot vorbeifuhren..."

Was hat sich der Reporter wohl gedacht, als er diese Zeilen schrieb? Blanker Zynismus? Soll das Gewissen der amerikanischen Öffentlichkeit beruhigt werden? Oder ist es schlicht grenzenlose Naivität, weil er offensichtlich nicht ahnt, welches Drama sich in Wirklichkeit auf der „ST. LOUIS" abspielt? Etwa 300 Passagiere haben gehofft, bei Nacht mit Ruderbooten amerikanischen Boden zu erreichen. Die Aktion mißlingt, weil die bewaffnete Küstenwache und Flugzeuge diesen Rettungsschritt vereiteln. Glaubt der Reporter wirklich, die um ihr Leben Fürchtenden seien jetzt „hoffnungsvoller" und hätten sogar ihren Vertreibern zugelächelt? Noch falscher und der Realität widersprechender vermag man einen Bericht wohl kaum abzufassen.

Der illegale Landungsversuch Gustav Schröders ist ausreichend dokumentiert. In seinem Buch „Heimatlos auf hoher See" schreibt er: *„Ich kam sogar auf den Gedanken, eine illegale Landung an der Floridaküste zu versuchen. Klar zum Aussteigen waren die Passagiere jederzeit, dafür hatte ich durch entsprechende Rücksprache mit dem Bordkomitee gesorgt... Als der Ankerplatz erreicht war, kamen Küstenwachtboote und Flugzeuge heran, um die Landung zu verhindern..."[4]* Interessanterweise jedoch verschweigt Erich Dublon diese Aktion in seinem Tagebuch. *„In den frühen Morgenstunden"*, berichtet er, *„nähern wir uns wieder der schönen Küste Floridas, Miami erscheint mit seinen Luxushotels, Hochhäusern und Palmen bestandenen Straßen in der vollen Sonne, mit dem Glas sind sogar Menschen zu unterscheiden. Viele Luxusboote sind draußen... ein Flugzeug umkreist uns, scheinbar vom Zoll- und Polizeidienst...".* Diese auffallend zurückhaltenden Bemerkungen sind erstaunlich. Weder erwähnt er den Einsatz der Küstenwache noch berichtet er über die Absicht des Kapitäns, Passagiere mit Ruderbooten an Land zu setzen. Dafür bieten sich zwei Erklärungen an: Entweder ist Dublon über die geplante Rettungsaktion nicht informiert und wird folglich auch nicht Zeuge des nächtlichen Vorfalls, oder er verschweigt die Szene mit Absicht. Ersteres ist äußerst unwahrscheinlich. Selbst wenn Dublon nicht zu jenen Passagieren gehört, die illegal an Land gebracht werden sollen, so ist doch mit Sicherheit anzunehmen, daß alle Flüchtlinge an Bord über die geplante und von den Amerikanern vereitelte Aktion Bescheid wissen. Als einzig glaubhafte Erklärung verbleibt somit, daß Dublon den Vorfall absichtlich nicht erwähnt. Dafür gäbe es einen guten Grund. Wie uns Annette Zerpner im „Aufbau" berichtet,[5] schreibt Erich Dublon sein Tagebuch für in Deutschland zurückgebliebene Verwandte, um diese über seinen Weg in die Neue Welt zu informieren. Dublon hat lange genug unter der Herrschaft der Nationalsozialisten gelebt und weiß daher nur allzu gut, wie vorsichtig er sich ausdrücken muß, um seine Verwandten nicht zu gefährden. Mit Recht wird er annehmen, daß die geplante Aktion des Kapitäns keineswegs in das Konzept Deutschlands paßt. Dies wäre ein triftiger Grund, den Landungsversuch nicht zu erwähnen. Obwohl sein Tagebuch detailliert die Ereignisse an Bord der „ST. LOUIS" schildert, vermeidet er politische Bemerkungen und Hinweise auf die besondere Situation der Passagiere.

In der Zwischenzeit versucht Berenson immer noch unermüdlich, aber mit wenig Geschick, Himmel und Hölle in Bewegung zu setzen, um eine Landeerlaubnis für die Passagiere der „ST. LOUIS" zu erhalten. Eine Zeitlang sieht es aus, als habe er Erfolg. Das „Joint Distribution Committee" ist bereit, mehr als 450.000 Dollar zusätzlich zu bezahlen, nicht wissend, in welche Tasche diese gigantische Summe verschwinden wird. Man einigt sich, die Passagiere auf der Insel De Pinos zu internieren. Berenson muß versprechen, daß es sich nur um einen vorübergehenden Aufenthalt handelt und daß keiner der Flüchtlinge der kubanischen Staatskasse zur Last fallen werde. Außerdem hätten die Internierten für Unterkunft und Verpflegung selbst aufzukommen. Da die meisten von ihnen inzwischen völlig mittellos sind, müßten auch diese Kosten wohl oder übel vom „Joint" übernommen werden.

Bevor dieser Erpressungspakt unterschrieben wird, unterläuft Berenson ein verhängnisvoller Fehler. Offensichtlich glaubt er, der kubanische Staatschef Bru werde diesem „Vertrag" um so eher zustimmen, wenn dies auch von anderen mächtigen Männern in Schlüsselpositionen gefordert werde. Berenson hat keine Ahnung, wie sich die innenpolitische Lage auf Kuba wirklich gestaltet, sonst müßte er wissen, daß der Staatspräsident herzlich wenig auf die Meinung anderer hört. Ganz besonders in diesem Fall, der mit größter Wahrscheinlichkeit als Folge eines Machtkampfes zwischen Bru und Benitez, dem korrupten Aussteller falscher Visa, entstanden ist. Der unglückselige Berenson wendet sich ausgerechnet an den Armeegeneral Batista, von dem mit ziemlicher Sicherheit – wie wir bereits gesehen haben – angenommen wird, daß er Benitez gezwungen hat, seine Kontakte zu Bru abzubrechen und Schmiergeldzahlungen einzustellen. Als der kubanische Staatspräsident erfährt, daß Berenson bei seinem Todfeind Batista Unterstützung sucht, bricht er die Verhandlungen sofort ab. Damit ist die Berenson-Mission endgültig gescheitert. Weder für die „ST. LOUIS" noch für die Schiffe „ORDUNA" und „FLANDRE" besteht jetzt noch irgendeine Chance, auf Kuba Asyl zu erhalten.

Kapitän Schröder befindet sich jetzt in einer aussichtslosen Zwangslage. Kuba und die Vereinigten Staaten verbieten – mit Androhung des Einsatzes ihrer Streitkräfte – der „ST. LOUIS", in die Hoheitsgewässer einzulaufen. Andere Staaten sind nicht bereit, die Flüchtlinge aufzunehmen. Von der Hapag liegt der strikte Befehl vor, nach Deutschland zurückzukehren. Berücksichtigt man die dortige Situation, so war zumindest bisher die Haltung der Reederei erstaunlich entgegenkommend und verständnisvoll. Jetzt aber besitzt die Hapag keinen Spielraum mehr, die „ST. LOUIS" wird spätestens am 30. Juni in New York erwartet. Schröder seinerseits, so sehr ihn auch das Schicksal seiner Passagiere berührt, vermag die Order seiner Gesellschaft nicht einfach zu ignorieren. Ein weiteres Problem kommt hinzu: Treibstoff, Vorräte und selbst Trinkwasser gehen zu Ende. Es ist unmöglich, die „ST. LOUIS" noch weitere Tage auf den Weltmeeren umherfahren zu lassen.

Seit Havanna hat sich die Zahl der Passagiere auf 907 verringert. Das seinerzeit in Cherbourg zugestiegene kubanische Ehepaar und vier Spanier durften auf Kuba das Schiff verlassen. Von den 937 Passagieren waren 931 jüdische Flüchtlinge. 22 Emigranten durften, weil sie ein legales und nicht ein von Benitez gefälschtes Visum besaßen, von Bord gehen. Ein Passagier, Moritz Weiler, war gestorben, und Max Loewe befindet sich, nach seinem Selbstmordversuch im Hafen von Havanna, immer noch im Krankenhaus.

Das Flüchtlingskomitee sendet Hilferufe an die Mächtigen der freien Welt und appelliert an die Menschlichkeit der Staatsmänner. Josef

Joseph telegraphiert an den britischen Premierminister Neville Chamberlain: *„907 Passagiere des Dampfers ,ST. LOUIS' / zur Hälfte Frauen und Kinder / trotz Permits von Kuba verweigert / jetzt auf Rückfahrt Hamburg / erbitten Rettung durch Asyl in England / gegebenenfalls Ausbootung in Southampton / da Rückkehr Hamburg unmöglich und Verzweiflungsakte dann unvermeidlich / Passagierskomitee."*
Dutzende ähnlich formulierte Telegramme werden verschickt, das Telegraphenbüro kommt keine Minute zur Ruhe. Das erste Mal in der Geschichte der „ST. LOUIS" herrscht ein Mangel an offiziellen Telegrammformularen. Zwei Kabel werden an Franklin D. Roosevelt und eines an seine Frau adressiert, doch finden es beide nicht einmal der Mühe wert, auf diese verzweifelten Hilferufe zu antworten.

Am 6. Juni – vier Tage nach der Abfahrt aus Havanna – scheint es tatsächlich ein Wunder zu geben. Vom „Centro Israelita" in Havanna erhält Kapitän Schröder folgende Mitteilung: *„Bitte benachrichtigt Passagiere, daß ihre Landung auf der Insel Pinos an der Südküste Kubas behördlich genehmigt ist."* Offensichtlich basiert diese Meldung auf der mündlich geschlossenen Vereinbarung zwischen Staatspräsident Bru und Berenson, noch bevor unglücklicherweise Batista eingeschaltet wurde und Bru die Verhandlungen abgebrochen hatte.

Als die Passagiere die Nachricht erhalten, spielen sich an Bord unbeschreibliche Szenen ab. Erstmals nach langer Zeit wird wieder getanzt, es wird gelacht; Menschen, die sich auf Deck begegnen, umarmen einander. Großes Glück nach tiefster Verzweiflung.

In der „New York Times" vom 6. Juni 1939 berichtet Hart Phillips: *„Die amerikanische Regierung ist bereit, einen Plan in Erwägung zu ziehen, der den jüdischen Flüchtlingen an Bord des Hamburg-Amerika Dampfers ,ST. LOUIS' erlauben soll, in Kuba an Land zu gehen, in einem provisorischen Konzentrationslager, an einem angemessenen Ort, wie der Isle of Pines, bis sie an einen anderen Bestimmungsort weiterreisen können. Dies teilte heute nachmittag Präsident Federico Laredo Bru der Presse mit."* Dieser erfreuliche Bericht wird mit der Überschrift: *„Kuba nimmt 907 der ,St. Louis' auf"* versehen. Welchen Wert diese Mitteilung hat, wissen wir bereits. Wenige Stunden später erfährt die ganze Welt, daß *„das Wunder vom 6. Juni 1939"* ein Irrtum war.

„SCHICKT DIE HEIMATLOSEN ZU MIR!"

Auf der Freiheitsstatue vor der Einfahrt nach New York befindet sich in den Sockel eingemeißelt die Inschrift: *„Schickt mir Eure Müden, Eure Armen, schickt alle, die Heimatlosen und Umhergetriebenen, zu mir!"* Ein zu Herzen gehender Willkommensgruß, doch jetzt, da Heimatlose und Umhergetriebene Zuflucht suchen wollen, wird die gütige Zusage außer Kraft gesetzt.

Das offizielle Amerika, Presse und Radio und damit auch die meisten Bürger des Landes, wissen zu diesem Zeitpunkt sehr genau, wie es den Juden in Deutschland ergeht. Journalisten und tausende Flüchtlinge haben über die Drangsalierungen berichtet. So ergibt sich die naheliegende Frage, aus welchen Gründen die Verzweifelten auf der „ST. LOUIS" mit Waffengewalt am Betreten des Landes gehindert werden.

Heute wissen wir, daß das Patrouillenboot Nr. 244 der Küstenwache nicht durch puren Zufall die Ausschiffungsaktion vor der Küste Miamis verhindert hatte. Amerika war längst durch die Berichte der Reporter vorgewarnt, und so erfolgte der Einsatz gezielt. Oberster Chef der Küstenwache ist der Finanzminister, zu dieser Zeit Henry Morgenthau, ein enger Mitarbeiter und Ratgeber Roosevelts. Gegen Ende des Zweiten Weltkrieges und in der Nachkriegszeit wird Morgenthau für Deutschland ein Schreckgespenst werden. Er konzipiert einen abstrusen Plan, mit dessen Verwirklichung der deutsche Gegner für alle Zeiten niedergeworfen werden soll. Dieser Plan sieht die Zwei-

Mit dieser Karikatur geißelte der „Daily Mirror" die Scheinheiligkeit der Vereinigten Staaten von Amerika. Die Aufschrift auf der Freiheitsstatue „Schickt die Heimatlosen zu mir!" wurde zur Farce, als die bewaffnete Küstenwache den Befehl erhielt, die Landung der MS „ST. LOUIS" bei Miami zu verhindern.

teilung Deutschlands vor, in einen nördlichen und einen südlichen Staat. Große Gebiete – zu diesen zählen Ruhrgebiet, Rheinland, Westfalen, die Nordseeküste und der Nord-Ostsee-Kanal – sind unter internationale Kontrolle zu stellen. Beide deutschen Länder dürfen nur Landwirtschaft betreiben, sämtliche Industrieanlagen müssen demontiert werden, und alle Bergwerke sind stillzulegen.[1] Die Frage, wie ein Volk mit nahezu 100 Millionen Menschen im Herzen Europas dieserart leben soll und welche innen- und außenpolitischen Konsequenzen mit Sicherheit daraus entstünden, hat sich Morgenthau offensichtlich nicht gestellt. Roosevelt und Churchill übrigens auch nicht, denn sie unterschreiben Morgenthaus Machwerk auf der 2. Konferenz von Quebec (11.–16. September 1944). Schon am 22. September zieht Roosevelt nach Protesten von Außenminister Cordell Hull[2] und Kriegsminister Henry L. Stimson seine Unterschrift zurück. Man darf heute annehmen, daß jemand, der den Präsidenten der Vereinigten Staaten zu derartig unrealistischen Plänen überreden konnte, auch in der Lage gewesen sein müßte, den 907 sich in höchster Not befindlichen Flüchtlingen Hilfe zu bieten. Wohl ist Morgenthau ein unerbittlicher Feind der Nationalsozialisten, für deren Opfer jedoch steigt er nur halbherzig auf die Barrikaden. Zwar wird später sein Sohn behaupten, die Schiffe der Küstenwache hätten von seinem Vater nicht nur den Auftrag erhalten, die „ST. LOUIS" aus den amerikanischen Hoheitsgewässern zu vertreiben, es sei ihnen auch zur Pflicht gemacht worden, den Flüchtlingen zu helfen, falls es doch noch gelungen wäre, eine Landeerlaubnis zu erwirken.[3] Man mag dies glauben oder nicht, denn es gibt keine Unterlagen mehr, aus denen Details der Vertreibungsaktion ersichtlich werden. Offen bleibt auch, welchen Sinn die Anweisung, den Flüchtlingen gegebenenfalls zu helfen, gehabt haben sollte. Angenommen, die Vereinigten Staaten hätten im letzten Augenblick ihre Meinung geändert und der „ST. LOUIS" die Erlaubnis erteilt, die Passagiere an Land abzusetzen. In diesem Fall wäre wohl nicht anzunehmen, daß die Ausschiffung mit Ruderbooten vor der Küste Miamis stattgefunden hätte. Vielmehr wäre ein Telegramm an den Kapitän ergangen, irgendeinen Hafen anzulaufen, wozu es keiner Unterstützung durch die Küstenwache bedurfte. Unbestritten ist jedenfalls, daß die Order, die Ausbootung zu verhindern, vom State Department to the Treasury, somit von Henry Morgenthau, erteilt wurde.

Im Zuge der Recherchen wurde auch die rein akademische Frage gestellt, was wohl geschehen wäre, falls sich Kapitän Schröder geweigert hätte, dem Befehl der Küstenwache nachzukommen. Die Antwort: In einem solchen Fall wäre es die Aufgabe der Kriegsmarine gewesen, einzugreifen und gegebenenfalls das Feuer zu eröffnen, wobei einschränkend hinzugefügt wird: *„Aber dieser Fall ist sehr unrealistisch, da es sich ja um ein unbewaffnetes, ziviles Schiff gehandelt hat. "*

Henry Morgenthau hat sich bereits vor dem Ausbootungsversuch an der Küste Miamis mit dem amerikanischen Außenminister Cordell Hull telefonisch in Verbindung gesetzt.[4] Diesem kurzen Gespräch – es hat sicher nicht länger als etwa drei Minuten in Anspruch genommen – lassen sich einige interessante Details entnehmen. Allem voran bestätigt Cordell Hull, daß er 20 Minuten zuvor mit Präsident Roosevelt über den Fall der „ST. LOUIS" gesprochen habe, ohne jedoch mit einem einzigen Wort zu erwähnen, welche Einstellung Roosevelt in dieser Angelegenheit vertritt. Hull erwähnt einen gewissen James Carson, der sich in Havanna befindet und die Frage aufgeworfen haben soll, ob man die Flüchtlinge nicht auf den Virgin Islands (Jungfrauen-Inseln), die zum Territorium der Vereinigten Staaten gehören, absetzen könne. Hull fügt hinzu: *„Ich habe das einmal erwogen und habe gefunden, daß wir das nicht tun können, es sei denn, sie* (die Flüchtlinge) *haben einen festen Wohnsitz, an den sie zurückkehren können. "* Da diese Voraussetzung nicht zutrifft, wird das Thema „Virgin Islands" von beiden Herren nicht weiter berührt. Hull fährt dann fort: *„Wir werden tun, was wir können, verstehen Sie, aber sie* (gemeint sind die jüdischen Organisationen) *brauchen einen Mann dort, der es versteht, mit ihnen* (gemeint sind die Kubaner) *über die Finanzierung zu schachern... Das ist primär eine Angelegenheit zwischen der kubanischen Regierung und diesen Leuten. "* Morgenthau vergewissert sich noch, daß er Hull in dieser Angelegenheit noch einmal anrufen darf.

Ein ernüchterndes Gespräch, aus dem hervorgeht, daß weder Hull noch Morgenthau – und schon gar nicht Präsident Roosevelt – ernsthaft in Betracht ziehen, eine Sonderregelung für die „ST. LOUIS" zu treffen.

Geschäftsmäßig kühl werden auch alle Anrufe, Telegramme und Briefe, die von Freunden und Angehörigen der „ST. LOUIS"-Flüchtlinge an das Departement of State gerichtet werden, beantwortet. Die Formulierungen lauten etwa: *„Unter Bezugnahme auf Ihr Telegramm vom... teilen wir Ihnen mit, daß die Einwanderungsgesetze der Vereinigten Staaten das Betreten des Landes für Ausländer regeln. Die deutschen Flüchtlinge sind unterrichtet, daß sie sich in Europa auf* *einer Warteliste registrieren lassen müssen, um Einreisevisa für die Einwanderung in die Vereinigten Staaten zu erhalten.* "

Ein derartiger Brief ist nicht nur Ausdruck einer unbarmherzigen Bürokratie, er kommt schon fast einer Verhöhnung verzweifelter Menschen gleich. Jedes Wort ist längst bekannt und nimmt in keiner Weise auf die Situation der Flüchtlinge und auf die flehenden Bitten der Unterzeichneten Rücksicht. Alle Passagiere haben sich längst in die Warteliste eintragen lassen. Ihr Anliegen ist jetzt lediglich, einen Ort zu finden, an dem sie, ohne verfolgt zu werden, den Aufruf ihrer Nummer abwarten können. Sie sind gleichsam auf der „ST. LOUIS" gefangen und müssen fürchten, wieder in die Hände ihrer Verfolger zu geraten. Das ist ihr Problem und nichts anderes. Fairerweise muß man jedoch zugeben, daß es dem Department of State kaum möglich ist, einen anders formulierten Brief abzuschicken. Was sollten die Herren dort auch schreiben? Etwa: Die Vereinigten Staaten werden in diesem Fall nichts unternehmen?

Selbstverständlich hätte sich eine Lösung angeboten. So wäre es beispielsweise durchaus möglich gewesen, die Flüchtlinge bis zum Aufruf ihrer Nummer in einem Camp zu internieren. Falls die jüdischen Hilfsorganisationen dann noch die Bru zugesagten Gelder statt Kuba ihrem eigenen Land zur Verfügung gestellt hätten, wäre das offizielle Amerika nicht – oder zumindest nur geringfügig – belastet worden.

Nicht nur Gleichgültigkeit und formal juristische Begründungen führen dazu, daß die Flüchtlinge wenige Meter vor der Freiheit zurückgewiesen werden, auch die innenpolitische Lage spielt eine wesentliche Rolle. Nicht zuletzt ist es die von Tag zu Tag wachsende Kriegsgefahr, die vom Schicksal der „ST. LOUIS" ablenkt. Bis zum Beginn des Zweiten Weltkrieges werden nur mehr wenige Monate vergehen. Dennoch hätte man sich vom Präsidenten der Vereinigten Staaten eine menschlichere Haltung erwartet.

Nicht anders als der kubanische Staatspräsident hält Franklin D. Roosevelt das Tor zur Freiheit und Rettung geschlossen. Wie dieser bekräftigt auch er seine Ablehnung mit der Androhung von Waffengewalt. Im Gegensatz zu Bru jedoch lastet auf Roosevelt kein Verdacht, seine Entscheidung sei durch korrupte Machenschaften beeinflußt worden. Die von den Vereinigten Staaten ausgefertigte „Warteliste" entspricht dem Gesetz des Landes, und – was noch wichtiger ist – ihre Handhabung war von allem Anfang an den Passagieren bekannt. Sie werden somit nicht durch falsche Visa, die als solche nicht zu erkennen sind, hineingelegt. Allerdings handelt es sich jetzt nicht um ein Einwanderungsproblem, sondern um ein Ansuchen um Asylgewährung. Es ist erstaunlich, daß dieser Unterschied bisher von keinem Kommentator herausgearbeitet wurde. 1939 gelten die Vereinigten Staaten als Einwanderungsland, wobei die festgelegte Quote keinen Unterschied vorsieht zwischen Menschen, die ohne zwingenden Grund in das „Gelobte Land" übersiedeln möchten, und Flüchtlingen, die, an Leib und Leben gefährdet, Rettung finden wollen. Als sich die „ST. LOUIS" vor der Küste Miamis befindet und einige Hundert Passagiere an Land gesetzt werden sollen, handelt es sich nicht um eine vorverlegte Erfüllung der „Warteliste", sondern schlichtweg um die Hoffnung auf Asyl.

Präsident Roosevelt und mit ihm das offizielle Amerika wissen sehr genau, in welcher extremen Notsituation sich die Flüchtlinge nach der „Reichskristallnacht" befinden. Wohl rechnet zu diesem Zeitpunkt niemand mit einer staatlich verordneten Massenliquidation der deutschen Juden, dennoch muß eine derartige Entwicklung zumindest in Betracht gezogen werden. Die Vereinigten Staaten sind bis ins Detail über die Abläufe der „Reichskristallnacht" informiert. Sie wissen daher auch, daß einige jüdische Bürger im Zuge der Ausschrei-

Franklin D. Roosevelt, Präsident der Vereinigten Staaten von Amerika, hätte es in der Hand gehabt, die „ST. LOUIS"-Flüchtlinge zu retten. Aus innenpolitischen Gründen verweigerte er jede Hilfeleistung und ließ das Auswanderungsschiff durch Flugzeuge und Boote der Küstenwache verjagen. Verzweifelte Hilferufe beantwortete er nicht.

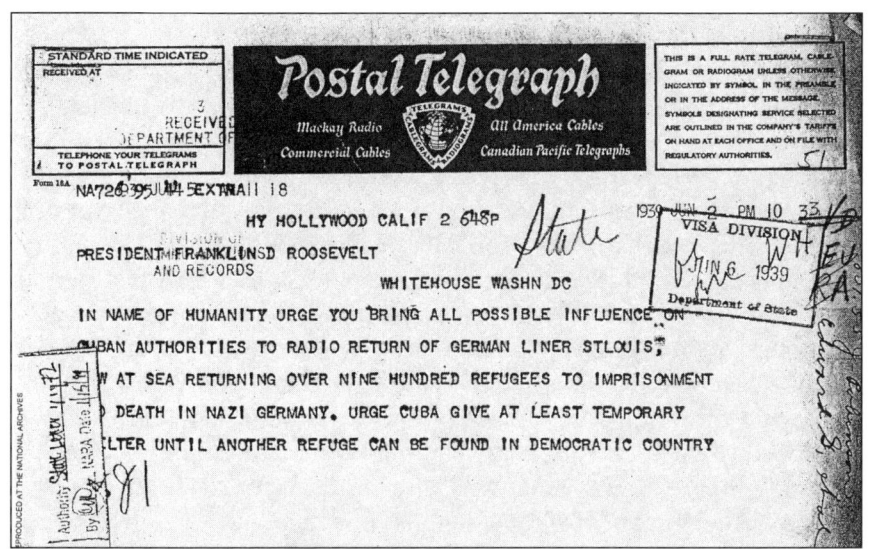

Nicht nur die verzweifelten Passagiere der MS „ST. LOUIS", sondern auch unzählige Fürsprecher in den Vereinigten Staaten selbst baten Präsident Roosevelt, helfend einzugreifen, um hunderten Juden die Rückkehr in deutsche Konzentrationslager zu ersparen. Roosevelt nahm sich nicht einmal die Mühe, auf diese Hilferufe zu antworten.

tungen oder, nachdem man sie in Konzentrationslager gebracht hatte, ermordet worden waren. Der amerikanische Botschafter in Berlin wurde am 16. November 1938 sogar nach Washington zur Berichterstattung über die Vorgänge vom 9. November berufen.

Somit besteht überhaupt kein Zweifel, daß Roosevelt bekannt ist, welches Schicksal den Passagieren der „ST. LOUIS" droht, wenn sie nach Deutschland zurückkehren müssen. Er kennt auch die Vorfälle in Havanna und die verzweifelte Stimmung an Bord. Dennoch finden es weder er selbst noch seine Frau Anna Eleanor der Mühe wert, auf die telegraphischen Hilferufe zu antworten. Nicht nur die Männer des Bordkomitees, auch zahlreiche Angehörige der „ST. LOUIS"-Passagiere wenden sich an ihn. Senat, Repräsentantenhaus, Regierung und Einwanderungsbehörde rühren keinen Finger, um in irgendeiner Weise zu helfen oder für Hilfe zu sorgen. Eine abstoßende und in gewissem Sinne auch merkwürdige Haltung für ein Land, das sich gegenüber anderen Völkern gerne als Moralapostel präsentiert.

Weshalb? Die Antwort ist ernüchternd: Roosevelt möchte wiedergewählt werden und vermeidet somit alles, was seine zukünftigen

Wähler irritieren könnte. Gerade die sogenannte „Einwanderungsquote" ist ein sensibles innenpolitisches Thema und keineswegs unumstritten. Zwischen Asyl und Einwanderung wird offensichtlich kein Unterschied gesehen. Ein erklecklicher Teil der Amerikaner fürchtet eine Überfremdung seines Landes und im speziellen ein Übergewicht der jüdischen Volksgruppe. Läßt man jetzt außertourlich über 900 Juden ins Land, so bestünde die Gefahr eines Präzedenzfalles. Tausende andere ließen sich dann verleiten, ebenfalls außerhalb der Quote in die Vereinigten Staaten zu gelangen. Jedes Abgehen von der mühsam ausgehandelten Einwanderungsquote könnte den Präsidenten Stimmen kosten. Hinter dieser Angst verbergen sich realistische Befürchtungen. Obwohl die Demokraten, Roosevelts Partei, seit vielen Jahren die absolute Mehrheit im Land halten, mußten sie dennoch bei den letzten Wahlren im November 1938 schwere Verluste hinnehmen. Im Repräsentantenhaus büßten sie 72 Sitze ein, und im Senat – neu gewählt wurde ein Drittel – verloren sie 8 Sitze. Von den insgesamt 48 zur Wahl ausgeschriebenen Gouverneursposten errangen die Republikaner 17 und die Demokraten lediglich 15.[5] Wohl vermögen sich letztere auch nach dieser verlorenen Wahl weiterhin die absolute Mehrheit zu sichern, aber der Trend bevorzugt ganz offensichtlich die Republikaner.

In Wahrheit wäre es möglich gewesen, das Problem relativ einfach zu lösen. Man hätte die Flüchtlinge lediglich als Asylanten – nicht als Einwanderer! – an der Küste Miamis landen lassen müssen. Die weitere Vorgangsweise ergäbe sich dann von selbst. Man interniert die Asylanten in einem Camp, und zwar so lange, bis deren jeweilige Einwanderungsnummer aufgerufen wird. Jene Amerikaner, die eine Überfremdung ihres Landes befürchten, können beruhigt sein, da es – mittelfristig gesehen – keine Zuwanderung außerhalb der Quote gäbe, sondern nur eine Verschiebung um einige Monate oder schlechtestenfalls Jahre. Selbstverständlich sind die jüdischen Hilfsorganisationen – vor allem der „Joint" – bereit, die Kosten für ein solches Camp zu übernehmen, genauso wie sie es auf Kuba getan hätten. Gewiß, die Vereinigten Staaten handeln nicht unmenschlicher als nahezu alle anderen Länder auf der Welt. Ihre Reaktion ist leider „normal" und kein Sonderfall. Die Empörung in der westlichen Welt ist dennoch verständlich: Von den Vereinigten Staaten erwartet man eben größere Hilfsbereitschaft als von vielen anderen Nationen.

Es ist der gleiche amerikanische Präsident, der fünf Jahre später Stalins blutrünstigen Rachegelüsten gegenüber Deutschland weitgehend zustimmen wird. Am 4. Feber 1945, auf der Jalta-Konferenz, stellt Roosevelt fest, er sei *„über das Ausmaß der von den Deutschen auf der Krim angerichteten Zerstörung sehr beeindruckt und daß er aus diesem Grunde jetzt den Deutschen gegenüber viel blutdürstiger sei als noch vor einem Jahr"*. Roosevelt gibt seiner Hoffnung Ausdruck, *„daß Marschall Stalin nochmals einen Trinkspruch ausbringen würde auf die spätere Hinrichtung von 50.000 Offizieren der deutschen Armee"*.[6] Das heißt: Roosevelt, der gegen Ende des Zweiten Weltkrieges akzeptieren würde, 50.000 deutsche Offiziere von den Sowjets erschießen zu lassen, weigert sich jetzt, die Opfer des Nationalsozialismus vor Drangsalierung, Konzentrationslager, Demütigung oder gar dem Tod zu retten.

Die allgemeine Erregung über das Drama der „ST. LOUIS" währt nicht lange, denn die Welt hat jetzt andere Sorgen, als sich um die Flüchtlinge vor der Küste Miamis zu kümmern. Die Gefahr eines neuen Krieges wächst täglich, und das Flüchtlingselend ist so allgemein, daß man sich kaum noch für Einzelfälle interessiert. So befinden sich – um nur ein Beispiel zu nennen – von den 500.000 spanischen Flüchtlingen, die nach dem Bürgerkrieg nach Frankreich gekommen sind, immer noch 275.000 im Land. Im Schatten der aufziehenden Gewitterwolken verblaßt die Sorge um das Schicksal der Flüchtlinge an Bord der „ST. LOUIS".

Unzählige Vorkommnisse belegen, daß der Krieg unmittelbar vor der Tür steht. Am 14. Mai 1939 besucht Adolf Hitler den Westwall und gibt Anweisungen, zusätzliche Festungen zu errichten. Seine Ansprache an die Arbeiter beginnt mit den Worten: *„Soldaten und Arbeiter der Westfront"*. Hitler gebraucht tatsächlich den Ausdruck „Front". Die Sowjetunion verdoppelt ihre Rüstungsausgaben nahezu, aber diese offizielle Mitteilung gilt allgemein als untertrieben. Erstmalig bekennt sich Deutschland ganz offen zur „Legion Condor", die mit 5.000 Mann am Spanischen Bürgerkrieg teilgenommen hatte. Es ist das erste Mal seit Ende des Weltkrieges, daß deutsche Soldaten offiziell im Auftrag der Regierung kämpfend eingesetzt werden. Vor Mitgliedern des Heiligen Kollegiums äußert Papst Pius XII. Befürchtungen über die Möglichkeit des Ausbruchs eines blutigen Konfliktes in Europa. Anläßlich des ersten großdeutschen Reichskriegertages in Kassel hält Adolf Hitler eine Rede, die an Deutlichkeit nichts offen läßt. Er erwarte, daß die *„Politik der Stärkung der deutschen Abwehrkraft gerade von den alten Soldaten nicht nur begrüßt, sondern auf das Fanatischste unterstützt wird. Diese Politik aber darf nun ihr Ziel* *nicht darin sehen, vorübergehend stets einen Jahrgang der Zivilisten in Militär zu kleiden, sondern grundsätzlich die ganze Nation soldatisch zu erziehen und zu einer soldatischen Haltung zu bringen. Es ist kein Zufall, daß der Nationalsozialismus im großen Kriege gezeugt wurde. Denn es ist nichts anderes als die Durchdringung unseres gesamten Lebens mit dem Geist eines wahrhaften Kämpfertums für Volk und Reich..."*

Auch die Schweiz erkennt den Ernst der Situation. Durch eine Volksabstimmung wird die Gesetzesvorlage über einen 400 Millionen Schweizer Franken-Kredit – gedacht vor allem zum Ausbau der Landesverteidigung – angenommen. 19 von 21 der Schweizer Kantone stimmen mehrheitlich mit „Ja".

Mit derartigen Meldungen werden die Menschen in Europa und Amerika Tag für Tag konfrontiert. In einer solchen Situation, so meinen viele Amerikaner, dürfe man nicht die Zahl der hereinströmenden Flüchtlinge – egal, ob Einwanderer oder Asylanten – durch Sondergesetze vergrößern. Diese Schlußfolgerung wird zwar nicht unbedingt von Logik getragen, aber Volksmeinungen basieren meist nicht auf Verstand, sondern auf Emotionen.

VERZWEIFLUNG UND PANIK

Am 6. Juni – die „ST. LOUIS" befindet sich bereits seit über drei Wochen auf See – bricht für ihre Passagiere eine Welt zusammen. Der durch das voreilige Telegramm des Centro Israelita ausgelöste Freudentaumel wandelt sich schlagartig innerhalb weniger Minuten in abgrundtiefe Verzweiflung. Wer es nicht selbst miterlebt hat, wird wohl kaum mit dem Herzen begreifen können, was es bedeutet, wenn Flüchtlingen, die um ihr Leben fürchten müssen, erst die Rettung vorgegaukelt wird und sich die freudige Nachricht wenig später als Irrtum entpuppt. Das ist mehr, als einem Menschen zugemutet werden kann. Kapitän Schröder berichtet: *„Als die Aussichtslosigkeit einer Landung in Amerika immer klarer zutage trat, blieb uns nichts anderes übrig, als eine beschleunigte Rückreise anzutreten. Die Bestände an Öl, Wasser und Proviant erlaubten uns kein weiteres Spazierenfahren. Bald kam auch von Hamburg aus die entsprechende Order. Bestimmungsort: Cuxhaven, was ich aber geheimhielt, da ich fest entschlossen war, dorthin nicht zurückzukehren... Ich hatte jetzt die traurige Pflicht, meinen Passagieren reinen Wein einzuschenken über die Aussichtslosigkeit einer Landung in Amerika... "*[1] Der Kapitän begibt sich auf die Brücke und erteilt den Befehl, Kurs auf den englischen Kanal zu nehmen.

Die Rückfahrt wird für alle Passagiere zu einem traumatischen Erlebnis. Die Angst um das eigene Schicksal, die Ungewißheit über die Zukunft und die panische Furcht, von der Gestapo in ein Konzentrationslager gebracht zu werden, beherrschen jetzt ihr Denken und Fühlen. Aber auch die alltäglichen Lebensbedingungen haben sich geändert. Niemand muß hungern, aber die Mahlzeiten sind karg geworden. Mit Köstlichkeiten gespickte Menükarten gibt es nicht mehr. Die nur noch gering vorhandenen Vorräte müssen streng rationiert werden. Selbst das Trinkwasser steht nicht mehr unbegrenzt zur Verfügung.

In dieser Notlage reagieren die Passagiere sehr unterschiedlich. Einige schließen sich in dumpfer Verzweiflung in ihre Kabinen ein, andere weinen und klagen, aber es gibt auch solche, die nun bereit sind, alles zu riskieren, um der drohenden Rückkehr zu entgehen. In aller Heimlichkeit wird ein Sabotage-Komitee gegründet, das eine Meuterei beabsichtigt und mit dem Gedanken spielt, Maschinen zu zerstören und das Schiff in Brand zu setzen. Das von Kapitän Schröder ernannte Bordkomitee verhält sich allerdings vorbildlich. Es verliert nicht die Nerven und versucht mit stoischer Ruhe, die Flüchtlinge zu beruhigen und ihnen Mut zuzusprechen. In diesen Tagen erweisen sich die Vertrauensleute neben Kapitän Schröder als die eigentlichen Retter der Situation.

Nach der Anweisung, die „ST. LOUIS" auf Kurs Europa zu bringen, verläßt der Kapitän die Brücke. In diesem Augenblick überfällt ihn – wie er später schreiben wird – *„mit solcher Plötzlichkeit ein rettender Gedanke"*, daß er unwillkürlich stehen bleibt. *„Wenn uns keine Landung außerhalb Deutschland erlaubt werden würde, wollten wir das Schiff an der Südküste von England bei Nacht oder Nebel und bei Ebbe ganz sanft auf den sandigen Strand setzen, eine Motorhavarie vortäuschen, einen Schiffsbrand markieren und alle Passagiere mit den Booten landen. Das Feuer würden wir dann ‚heldenmütig' selbst löschen... und könnten später mit Schlepperhilfe wieder freikommen, bei Flut nämlich. Der Motorschaden könnte durch Selbsthilfe behoben werden. Proforma müßten wir eben mit einem Motor fahren..."* [2]

Dieser nüchterne wörtliche Bericht enthält einige Merkwürdigkeiten. Allein schon die „plötzliche Eingebung" ist unverständlich. Zweifellos wird jeder der Passagiere eine mit Gewalt herbeigeführte Havarie längst in Betracht gezogen haben. Auch der Plan des Sabotagetrupps beinhaltete nichts anderes. Ist es da nicht seltsam, daß Kapitän Schröder erst jetzt mit „solcher Plötzlichkeit" den rettenden Ausweg erkennt?

Mit ziemlicher Sicherheit können wir aus Schröders späterer Darstellung eine Bestätigung seines bereits geschilderten Charakters und seiner Denkweise erhalten. Für einen pflichtbewußten deutschen Marineoffizier ist die Vorstellung, ein Schiff in Friedenszeiten freiwillig verunglücken zu lassen und sogar Feuer zu legen, derart abwegig, daß es erst einer Katastrophe bedarf, um eine derartige Möglichkeit in Betracht zu ziehen. Unverständlich auch die scheinbare Naivität, mit der Schröder allem Anschein nach glaubt, die Sabotage als Unfall tarnen zu können. Jedes Seegericht, erst recht ein in Deutschland politisch dominiertes, würde mit Leichtigkeit die wahren Hintergründe aufdecken; vor allem, da es unter der Besatzung zwangsläufig viele Mitwisser geben müßte. Zudem ist Berlin über die Vorkommnisse auf und um die „ST. LOUIS" bestens informiert, so daß sich der Verdacht, die Havarie sei nicht durch höhere Gewalt verursacht worden, von selbst ergäbe. Die Folgen wären somit für den Kapitän, seine Helfer und wahrscheinlich für die gesamte Mannschaft – und mit ziemlicher Sicherheit auch für deren Familien – verheerend. Die geplante dramatische Rettung der ihm anvertrauten Passagiere entspricht zwar dem Charakter Schröders ebenso wie die Bereitschaft, sein eigenes

Leben einzusetzen, niemals jedoch wäre ihm zuzutrauen, daß er es zulassen würde, seine Männer, für die er schließlich ebenfalls die Verantwortung trägt, so leichtfertig einem drohenden nationalsozialistischen Strafgericht auszusetzen.

Da Schröder alles andere als naiv ist, lassen sich diese Widersprüche nur dann beseitigen, wenn man eine naheliegende Schlußfolgerung akzeptiert: Schröder ist überzeugt, daß die Hapag und die deutschen Machthaber die vorgetäuschte Havarie zwar durchschauen würden, aber bereit wären, sie im eigenen Interesse scheinheilig als Unfall anzuerkennen. Denn die Wahrheit wäre für das Ansehen Deutschlands katastrophal. Noch wenige Tage zuvor hatte Frau Elisabeth Haas – eine Passagierin, die gemeinsam mit ihrem Mann in einer Erste-Klasse-Kabine untergebracht ist – dem Kapitän wörtlich prophezeit: *„Herr Kapitän, Sie wissen doch, wir können gar nicht zurückkehren. Alles haben wir dort verloren, und das KZ wird unser Ende sein, das KZ oder die Nordsee. Wenn Sie mit dem Schiff heil bis Cuxhaven hineinkommen, dürften Sie wohl etwa hundert Kabinen leer vorfinden, denn wir fürchten das KZ mehr als den Tod.“*[3] Niemand vermag heute mit absoluter Sicherheit zu sagen, wie es wirklich gekommen wäre, aber alle bekannten Unterlagen untermauern diese Warnung.

Ein Massenselbstmord in der Nordsee hätte die ohnehin schon weitgehend mißlungene Propagandaaktion vollends zunichte gemacht und die nach der „Kristallnacht“ entstandene internationale Empörung noch weiter angefacht. Noch herrscht Frieden, und Deutschland muß Rücksicht auf die Weltmeinung nehmen. Vor allem aber: Hundert oder sogar mehr Selbstmorde auf der „ST. LOUIS“ wären das Ende aller Passagierdienste der Hamburg-Amerika Linie. Welcher Amerikaner könnte sich dann noch entschließen, bei einer Gesellschaft zu buchen, die ihre Passagiere in den Tod treibt?

So logisch diese Gedanken auch sein mögen, so bleibt doch ein Rest von Ungewißheit, ob SS und Gestapo wirklich „mitspielen“ werden. Das nationalsozialistische Regime ist nie berechenbar gewesen. Kapitän Schröder steht somit vor der furchtbaren Entscheidung, entweder seine Passagiere dem Elend eines Konzentrationslagers auszuliefern oder zu riskieren, sich selbst und seine Mannschaft einem deutschen Strafgericht zu unterwerfen. Aus vermutlich zwei Gründen entscheidet er sich für den zweiten Weg: Das Wohl der Passagiere besitzt Vorrang vor dem der Besatzung, und zudem besteht die durchaus berechtigte Hoffnung, Berlin werde die vorgetäuschte Havarie decken.

In aller Heimlichkeit beginnt Schröder, die Vorbereitungen zu treffen. Zunächst weiht er nur seinen leitenden Ingenieur ein, dem er uneingeschränktes Vertrauen schenkt. Noch bevor jedoch der Plan im Detail ausgearbeitet werden kann, kommt es zu einem dramatischen Vorfall, der die beabsichtigte Landung in England ernsthaft gefährdet: Der von einigen Passagieren gebildete Sabotagetrupp tritt in Aktion. Dank der vertraulichen Mitteilung eines Ehepaares ist der Kapitän vorgewarnt worden und erhält so die Möglichkeit, Vorsichtsmaßnahmen zu treffen. Aber weder weiß er, wer alles zu den Aufrührern gehört, noch wann diese losschlagen werden. Als jetzt der aufgebrachte Sabotagetrupp sich anschickt, die Kommandobrücke zu besetzen, wäre es für Schröder ein leichtes, die Männer zu beruhigen. Er bräuchte nur zu sagen: „Meine Herren, ich habe bereits einen Plan ausgearbeitet, der allen Passagieren die Rettung bringen wird." Es ist verständlich, daß der Kapitän auf diese Eröffnung verzichten muß. Jede Hoffnung, die Nationalsozialisten würden die Strandung an der Küste Englands akzeptieren, müßte begraben werden. Niemand in Berlin wäre bereit, eine zwischen jüdischen Flüchtlingen und einem deutschen Offizier vereinbarte Täuschung hinzunehmen.

Über das gesamte Schiff verbreitet sich Panik, als die Männer des Sabotagetrupps die Haupttreppe besetzen. Die Situation ist nicht nur gefährlich, sie entbehrt auch nicht abstruser Züge. Haben doch beide Seiten – Kapitän und Sabotagetrupp – das gleiche Ziel vor Augen. Da aber Schröder seinen Plan geheimhalten muß, entsteht eine Konfrontation, die – genaugenommen – gar keine ist. Während jedoch die Aufrührer mit untauglichen Mitteln die Rückkehr nach Deutschland verhindern wollen, vermag der Kapitän – und nur er – eine erfolgversprechende Strategie zu entwerfen. Seine Vorstellungen sind realistisch, die der Sabotagemänner völlig sinnlos. Ihre Absicht, das Schiff auf hoher See in Brand zu stecken, vielleicht die eine oder andere Maschine zu zerstören, wäre der sicherste Weg, Tod und Verderben herbeizuführen.

Die Stimmung ist explosiv. Ein Funke genügt jetzt, um die Katastrophe herbeizuführen. Zweifellos verfügt der Kapitän über Mittel, um den Aufruhr mit Brachialgewalt niederschlagen zu lassen. Daß er darauf verzichtet, beweist nicht nur seine Menschlichkeit, sondern offenbart auch die Kraft seiner überragenden und faszinierenden Persönlichkeit. Mit dem Worten *„Halt, wohin wollen Sie?"* stellt sich der kleine, schmächtige Mann dem Trupp entgegen. Die Aufrührer bleiben stehen, umringen den Kapitän und beginnen auf ihn einzuschreien. Da erschallt die alles durchdringende Stimme eines Passagiers: *„Laßt den Kapitän sprechen!"* Alle verstummen.

Mit wenigen Worten gibt Schröder bekannt, er könne jetzt *„mit gutem Gewissen versprechen, daß eine Landung in England schon irgendwie gemanagt werde"*, er ersuche nur dringend, keinesfalls etwas Unüberlegtes zu unternehmen, um sich diese Chance nicht zu verderben. Das Versprechen Schröders liegt an der Grenze dessen, was er gerade noch sagen darf, ohne das geplante Täuschungsmanöver bereits jetzt zu vereiteln. Er fordert die Männer auf, alle Passagiere in die Halle einzuladen. Sein späterer Bericht über die Vorgänge ist erschütternd: *„Auf dem Weg zur Halle wechselten wir einige vertrauliche Worte und gleich darauf standen wir vor 900 im wahrsten Sinne des Wortes Heimatlosen. Dabei ergriff mich selbst ein Gefühl der Heimatlosigkeit. Mir war, als ob die ganze ,ST. LOUIS' von der Welt ausgestoßen sei... aber gerade dieses Gefühl gab mir das volle Verständnis für die trostlose Lage meiner Passagiere und ließ mich die richtigen Worte finden."*[4] Nach dieser Einleitung ergreift der Präsident des Bordkomitees, Dr. Josef Joseph, das Wort und hält eine Ansprache, die Schröder später inhaltlich und formell als das Meisterwerk einer Stegreifrede bezeichnen wird. Was niemand mehr für möglich gehalten hat, tritt ein: Die Hoffnung auf ein glückliches Ende – das sich in Wahrheit niemals einstellen wird – kehrt zurück.

NERVOSITÄT IN DEUTSCHLAND

Je länger die Irrfahrt der „ST. LOUIS" andauert, und je intensiver – vor allem in amerikanischen Zeitungen – darüber berichtet wird, desto peinlicher sind die Auswirkungen für Deutschland. Was zur Beeinflussung der Weltöffentlichkeit als grandiose Aktion geplant war, droht zusehends in einem Desaster zu enden. Ein Massenselbstmord auf einem deutschen Luxusschiff müßte verheerende Folgen für das Ansehen des Dritten Reiches zeitigen und somit das Gegenteil von dem bewirken, was die Nationalsozialisten mit der Sonderfahrt der „ST. LOUIS" bezweckt hatten. Selbst die Goebbelssche Propagandabehauptung „offensichtlich sei kein Staat bereit, Juden aufzunehmen", verblaßt neben den aufwühlenden, dramatischen Ereignissen. Jetzt steht das furchtbare Schicksal verjagter Flüchtlinge im Mittelpunkt des allgemeinen Interesses und nicht die Meinung eines rabiaten deutschen Ministers.

Nervös geworden, reagieren Gestapo und Joseph Goebbels zunächst reichlich naiv. Beide informieren die Reederei in Hamburg, nach Deutschland zurückkehrende Juden hätten nichts zu befürchten, man werde auch von einer Einlieferung in Konzentrationslager Abstand nehmen. Niemand ist bereit, über dieses „Versprechen" auch nur nachzudenken. Was von Goebbels zu halten ist, hat bereits Bischof Clemens Graf von Galen mit seinem berühmten Bonmot: *„Die Lüge hinkt durch Deutschland"* ausgedrückt. Zudem haben die meisten Passagiere vor der Abreise aus Deutschland all ihr Hab und Gut verkaufen müssen. Der Erlös wurde meist konfisziert oder mußte für das Schiffsticket, Visa oder die Beschaffung aller möglichen anderen Papiere ausgegeben werden. Wo und wie sollten die rückkehrenden Juden in Deutschland leben, wenn sie weder Hausrat noch eine Wohnung besitzen und völlig mittellos in Cuxhaven an Land gesetzt werden?

Besonders kritisch ist die Situation für die Hapag. Was als gewinnbringende Sonderfahrt gedacht war, droht in einem Verlustgeschäft zu enden, denn der ungeplante Zick-Zack-Kurs der „ST. LOUIS" verschlingt enorme Summen. Was aber noch viel ärger ist: Die zahlreichen in der amerikanischen Presse veröffentlichten Berichte, mit denen niemand in Deutschland gerechnet hatte, verstören die potentiellen amerikanischen Kreuzfahrer. Wer will schon auf einem Unglücksschiff, mit angedrohten Massenselbstmorden seiner Passagiere, eine unbeschwerte Seereise genießen? So treffen denn auch für zahlreiche bereits gebuchte Passagen Stornos in New York ein. Da es jetzt auch um Geld geht, werden die offiziellen Stellen vermutlich nach einem Sündenbock Ausschau halten.

Wie in allen Diktaturen, so auch im Dritten Reich, gehört die Präsentation eines Schuldigen zum Ritual, da andernfalls – was ja nicht sein darf – die Partei oder irgendeine ihrer Kommandostellen das Desaster verursacht hätten. Nur naive Menschen werden annehmen, daß die Suche nach einem Opfer irgend etwas mit Gerechtigkeit oder Objektivität zu tun hätte. Goebbels, Göring und Canaris kommen selbstverständlich nicht in Betracht. So bleibt eigentlich nicht anderes übrig, als die Verantwortlichen bei der Hapag zu suchen. Aber auch das ist schwierig, denn diese befindet sich majoritätsmäßig im Besitz des nationalsozialistischen Deutschland. Jede Anprangerung der Gesellschaft müßte daher zwangsläufig auf deren Eigentümer, der für die Bestellung des Managements verantwortlich ist, abfärben. So gesehen, wird der Vorstandsvorsitzende und Betriebsleiter der Hamburg-Amerika Linie, Dr. Walter Hoffmann, nicht in die Schußlinie geraten, sondern – so die Vermutung – einer seiner Untergebenen. Nach Lage der Dinge kann dies nur Direktor Claus Holthusen, Chef der Passage-Abteilung, sein. Über ihn sind sämtliche organisatorischen Fäden gelaufen; er stand in dauerndem Funkkontakt mit dem Kapitän und arbeitete eng mit den Hapag-Agenten in Havanna zusammen. Das heißt, in diesen Tagen weiß jeder bei der Hapag, daß Direktor Holthusen jener Mann ist, der gegebenenfalls die Rolle des Sündenbocks übernehmen muß. Auch Holthusen ist sich dessen bewußt. Jahre später berichtet er darüber: *„Es gab mir kein Mensch mehr die Hand... es ging keiner mehr in mein Zimmer. Und sprach man überhaupt mit mir, so hieß es nur verwundert: Was? Sie sind immer noch da?"*[1]

Verärgert reagiert auch das deutsche Auswärtige Amt, das jetzt ebenfalls in negative internationale Schlagzeilen gerät. Es fordert von der Hapag, derartige *„äußerst unerwünschte Resultate der Organisation von Auswanderer-Transporten"* in Zukunft zu verhindern. Wäre die Situation nicht so tragisch und dramatisch, man könnte über den abstrusen Wunsch des Außenamtes nur lachen. Es führt sich auf, als sei das ganze Desaster nur eine Folge mangelnder Organisation. Wenn Deutschlands Ruf durch die Sonderfahrt der „ST. LOUIS" Schaden erleidet, so ist dies ausschließlich auf den militanten Antisemitismus des Staates und nicht auf ein Versagen der Reederei in Hamburg zurückzuführen, die sich ohnehin mit allen Kräften um eine Lösung bemüht.

*Die Sonderfahrt der MS „ST. LOUIS", als Propagandaaktion gedacht, wurde
für Joseph Goebbels zu einem Fiasko. Er verbot der deutschen Presse, über
den Fall „St. Louis" zu berichten. Lediglich das Hetzblatt „Der Stürmer"
versuchte zu Beginn der Fahrt nach Kuba, Giftpfeile gegen die Flüchtlinge
abzuschießen. Offensichtlich konnten sich Julius Streicher – als Herausgeber
des „Stürmers" – und Joseph Goebbels – als Propagandaminister –
über die einzuschlagende Strategie nicht einigen.*

Nach dem ersten Schrecken gewinnt die Gestapo ihre Fassung
wieder. Sie hat inzwischen begriffen, daß ihr „Versprechen", *„die
rückkehrenden Juden haben nichts zu befürchten"*, einerseits völlig
wirkungslos gewesen ist, weil es ohnehin niemand glaubte, und andererseits ihren eigenen Intentionen zuwiderläuft. Blitzartig wird ein
Kurswechsel vorgenommen. Die Reederei möge, so fordert die Gestapo jetzt, *„die Juden ohne viel Aufhebens gefälligst woanders los-
werden"*. Im übrigen werde man jeden wieder deutschen Boden be-
tretenden Emigranten in ein Konzentrationslager sperren. Um diese
Drohung glaubhaft zu machen, chartert die Hamburger Gestapo ganz
offiziell und ohne die sonst übliche Geheimhaltung einen Seeschlep-
per.[2] Für den Bedarfsfall liegt das Schiff in Cuxhaven bereit, damit
die Geheime Staatspolizei bereits vor der Landung der „ST. LOUIS"
die Flüchtlinge auf hoher See in Gewahrsam nehmen kann.

Aus dieser Reaktion lassen sich zwei Rückschlüsse ziehen: Zum
ersten wollen die Nationalsozialisten mit allen nur erdenklichen

Mitteln eine Rückkehr der Juden auf der „ST. LOUIS" verhindern. Zum zweiten jedoch entspricht sie einer ziemlich unverblümten Aufforderung an die Hapag, irgendeine List anzuwenden – eine vorgetäuschte Strandung an der Küste Englands wäre eine solche –, um das „Problem zu lösen". Die zuvor geäußerte Vermutung, Deutschland werde bei der geplanten Havarie in England stillschweigend mitspielen, scheint sich zu bewahrheiten. All das widerlegt ebenfalls die Meinung, bei der Sonderfahrt der „ST. LOUIS" habe es sich lediglich um ein Täuschungsmanöver gehandelt. In Wahrheit wollten die Nationalsozialisten die Flüchtlinge für immer außer Landes wissen.

Kapitän Gustav Schröder läßt nicht locker. In uneingeschränkter Offenheit informiert er die Hapag in Hamburg mit Hilfe eines verschlüsselten Telegramms: *„Passagiere werden sich mit der Weiterfahrt nach Deutschland nicht abfinden / Ungefähr 300 von ihnen kommen aus Konzentrationslagern / Eröffnen mir, daß sie niemals zurückkehren werden / Es muß befürchtet werden, daß sie in ihrer Verzweiflung alles tun, um Rückkehr zu verhindern."* [3]

Der eigentliche Verlierer auf deutscher Seite ist Joseph Goebbels. Wie immer er auch die Ereignisse der letzten Tage drehen und wenden möchte, mit der „ST. LOUIS" läßt sich ein Propagandafeldzug für das Dritte Reich nicht mehr führen. Alles, was von seiner Warte aus gesehen schieflaufen konnte, ist es auch. Ihm bleibt in der Tat nichts anderes übrig, als am 8. Juni 1939 in einem Rundschreiben der deutschen Presse aufzutragen, bis auf weiteres dürfe über die „ST. LOUIS" nichts geschrieben werden.

DÄMMERUNG

In „erfundenen" Dramen ist es üblich, die Rettung im letzten Moment eintreten zu lassen. Manchmal jedoch – so auch im Fall der „ST. LOUIS" – verläuft selbst die Wirklichkeit nach genau diesem Schema: Unmittelbar bevor Kapitän Schröder gewillt ist, an der Südküste von England eine Motorhavarie vorzutäuschen und einen Schiffsbrand zu markieren, trifft ein Telegramm von Morris Troper ein: *„Endgültige Vereinbarung für die Ausschiffung aller Passagiere zustande gekommen. Ich bin glücklich, Ihnen mitzuteilen, daß die Regierungen von Belgien, Holland, Frankreich und England zugestimmt haben. Der Kapitän wird in Kürze wegen der Landung Anweisung erhalten. Ich bitte um baldige Bestätigung, daß Sie dieses Telegramm erhalten haben."* Gustav Schröder, durch voreilige und sich später als falsch herausstellende Freudenbotschaften gewarnt, bittet das Bordkomitee, die Passagiere zunächst nicht zu verständigen. Erst als die Hapag die Meldung bestätigt, wird Tropers Telegramm über den Bordlautsprecher verkündet. Die Erleichterung an Bord ist unvorstellbar. Die ständigen Wechselbäder zwischen Hoffnung und Verzweiflung haben jedoch Narben hinterlassen. So fällt der Bericht Kapitän Schröders eher zurückhaltend aus: *„Wenn auch manche Passagiere durch die vielen Enttäuschungen mißtrauisch geworden sind, so macht sich doch bald Entspannung und Zufriedenheit bemerkbar. Man sah wieder zuversichtliche Menschen und hörte Musik, die wochenlang unerwünscht war."*[1]

Wie dieses Arrangement mit den vier europäischen Staaten im Detail zustande kommt, läßt sich wahrscheinlich nicht mehr genau rekonstruieren. Morris Troper ist ein erfahrener Verhandler. Dank seiner guten Beziehungen zu führenden Politikern gelingt es ihm jedenfalls, die Zusage der genannten Staaten zu erhalten. Er agiert sehr geschickt, so daß sich schließlich London, Paris, Brüssel und Amsterdam auf eine Asylgewährung einigen, vorausgesetzt, die jeweils drei anderen Staaten würden ebenfalls mitziehen. Auch das Bankhaus Warburg in Großbritannien schaltet sich in die Verhandlungen ein. Niemals jedoch wäre es zu einer Einigung gekommen, hätte nicht Kapitän Schröder – mit mehr oder weniger stillschweigender Duldung der Hapag – die Rückkehr der „ST. LOUIS" absichtlich verzögert. Nur so gelingt es, den Rettern jene Zeitspanne zu verschaffen, die sie benötigen.

Bei der Festsetzung der Kontingente ist man bemüht, den Wünschen der Emigranten entgegenzukommen, wenn sie glaubhaft nach-

LES JUIFS ERRANTS DU " SAINT-LOUIS "

Die Passagiere an Deck der St. Louis kurz vor der Landung in Antwerpen. Manche Gesichter lächeln, denn die schlimmsten Schrecken sind überstanden, aber viele spiegeln doch noch die Sorgen und Ängste wider, welche hinter ihnen liegen. Die Sorge auch, was nun weiter werden soll.

Dieses Zeitungsbild wurde entweder vor oder nach der Landung der „ST. LOUIS" in Antwerpen aufgenommen. Die Flüchtlinge sind glücklich, nicht nach Deutschland zurückgebracht zu werden, aber auch voll der Sorge. Statt auf Kuba die Einreise in die Vereinigten Staaten abzuwarten, befanden sie sich nun in Europa, nur wenige Kilometer vom nationalsozialistischen Deutschland entfernt.

zuweisen vermögen, daß sie bei Verwandten oder Freunden Aufnahme finden können. Geld spielt wie immer, so auch jetzt, eine große Rolle, was dazu führt, daß man die Anträge jener bevorzugt behandelt, die dokumentieren, daß sie dem Asylgeber nicht zur Last fallen werden. Allein der Wunsch, nach Großbritannien fahren zu dürfen – nahezu alle Passagiere ziehen es vor, den Ärmelkanal zwischen sich und Deutschland zu wissen –, genügt nicht. Wer keine helfenden Personen nennen kann, wird einfach eingeteilt. Für viele entscheidet somit der Zufall über Leben und Tod.

Der Kapitän erhält die Order, Antwerpen anzulaufen und sämtliche Passagiere zu landen. Höchste Eile ist geboten, damit die von New York aus geplante Kreuzfahrt doch noch stattfinden kann. Kapitän Schröder befiehlt „volle Umdrehungen", obwohl inzwischen ein starker Sturm aufgekommen ist, der den nicht seefesten Passagieren einiges abverlangt.

Auf dieser letzten Strecke ereignet sich noch ein tragischer Fall. Steuermann Kritsch, von Gustav Schröder besonders geschätzt, ist verschwunden. Das Schiff wird abgesucht, und man findet ihn in einem kleinen Abstellraum im Vorschiff, wo er seinem Leben selbst ein Ende bereitet hat. *„Sein Tod bedeutete für die Hamburg Amerika Linie und für mich einen unersetzlichen Verlust"*, schreibt später der Kapitän, *„denn einen zuverlässigeren Menschen als ihn gab es kaum. Der Gedanke an die grausame Endgültigkeit des Todes bedrückte mich zum drittenmal auf dieser Reise..."*[2] Ob dieser Selbstmord in irgendeinem Zusammenhang mit dem Schicksal der jüdischen Flüchtlinge steht, bleibt unbekannt. Es wäre jedenfalls leicht möglich, denn auch bei nicht allzu sensiblen Menschen wird diese Sonderfahrt der „ST. LOUIS" bittere Spuren hinterlassen.

Am 17. Juni 1939 macht die „ST. LOUIS" in Antwerpen an der Schelde fest. Die Irrfahrt von Hamburg in diesen Hafen – für einen Ozeandampfer normalerweise ein Katzensprung – hat demnach 33 Tage gedauert.

Alle Beteiligten dürfen aufatmen. Allen voran die Passagiere, die – Elend und Konzentrationslager vor Augen – wieder einmal aus tiefster Not gerettet werden. Die Hapag muß ihr Programm nicht umgestalten, und niemand benötigt jetzt einen Sündenbock in der Person Holthusens. Auch die Gestapo darf zufrieden sein. Ihr Wunsch, die Flüchtlinge irgendwo ohne allzugroßes Aufsehen abzusetzen, geht in Erfüllung; wenn auch mit Einschränkungen, denn selbstverständlich wird das Ende der Irrfahrt über zahlreiche Nachrichtenagenturen in die Welt verbreitet. Jedoch allein die Tatsache, daß es zu keiner Selbstmordaktion kommt, wird mit Befriedigung zur Kenntnis genommen.

Seltsamerweise schlägt die Stimmung in New York um. Während es vor wenigen Tagen noch Abbestellungen für die Kreuzfahrt hagelte, wird es jetzt, da es scheinbar ein gutes Ende gibt, fast zu einer Prestigefrage, just mit der „ST. LOUIS" auf den Weltmeeren zu kreuzen. Die alte Binsenwahrheit, daß es auch eine negative Werbung gäbe, scheint sich in diesem Fall zu bewahrheiten: Die „ST. LOUIS" zählt jetzt zu den bekanntesten Ozeandampfern der Welt.

Obwohl die Erlaubnis, in Antwerpen zu landen, für die Passagiere eine Erlösung bedeutet, bleiben bedrückende Probleme. Keiner der aufnahmewilligen Staaten signalisiert besondere Begeisterung. Auch die Nähe Deutschlands erweckt Furcht, und so versteht es sich fast von selbst, daß die meisten Flüchtlinge nach England gebracht werden wollen. Der Ärmelkanal stellt nicht nur eine geographische, sondern auch eine psychische Grenze dar.

Bereits vor der Landung sind Einwanderungsbeamte an Bord gebracht worden, um die umfangreichen bürokratischen Anforderungen zu erledigen. Dabei werden sie tatkräftig von den Passagieren unterstützt. Zwei volle Tage und ein Großteil der dazwischenliegenden Nacht werden benötigt, um die umfangreichen Listen zu erstellen.

Währenddessen finden in Antwerpen Demonstrationen belgischer Nationalsozialisten statt. Handzettel mit antisemitischen Aufschriften werden verteilt. Dann beginnt die Aufteilung auf die aufnahmewilligen Staaten. Ein Sonderzug – schwer bewacht durch die Polizei – bringt die in Belgien verbleibenden Flüchtlinge nach Brüssel. Die meisten von ihnen werden in Hotels, einige wenige bei Privatpersonen untergebracht. Wer in der Lage ist, Verwandte zu nennen, darf, falls sie sich bereit erklären, sämtliche Kosten zu übernehmen, zu diesen übersiedeln. Alle anderen werden in ein altes Kloster gebracht und dort interniert.

Die Holländer transportieren die ihnen zugeteilten Flüchtlinge mit dem Schiff „JAN VAN HERCKEL" nach Rotterdam. Der Transport auf dem Landweg wäre einfacher gewesen, aber die niederländischen Behörden erlauben ihn nicht; zu viele Polizeibeamte hätten eingesetzt werden müssen. Die Reise dauert neun Stunden. Die Passagiere werden in ein düsteres Backsteinhaus gebracht, das mit Stacheldraht umgeben ist. Vor den Eingängen patrouillieren Posten mit Wachhunden.

Um die französischen und englischen Kontingente an ihren Bestimmungsort bringen zu können, dirigiert die Hapag ihren Frachter „RHAKOTIS" nach Antwerpen. Das Schiff ist für die Beförderung von nahezu 500 Menschen denkbar ungeeignet; so groß ist der Rest der nicht in Holland oder Belgien internierten Passagiere. Drei Tage und drei Nächte setzt die Hapag ihr gesamtes verfügbares technisches Personal ein, um den Frachter umzubauen. Normalerweise ist es die Aufgabe der „RHAKOTIS", Salpeter zu transportieren. Jetzt jedoch muß der Umbau so rasch vor sich gehen, daß keine Zeit mehr bleibt, die Salpeter-Fracht aus allen Laderäumen zu entfernen. So entschließen sich die Handwerker, lediglich Trennwände zu errichten. So wird es zwar möglich, die Flüchtlinge unterzubringen, aber die Zustände an Bord bleiben katastrophal. In Boulogne-sur-Mer werden die für Frankreich bestimmten Passagiere an Land gesetzt. Sie erhalten nur eine vorübergehende Aufenthaltsgenehmigung, die alle vier Wochen verlängert werden muß. Die Aufteilung erfolgt in mehrere französische Lager. Am 21. Juni schließlich erreicht die „RHAKOTIS" den englischen Hafen Southampton. Ein Sonderzug bringt die Flüchtlinge nach London. Wer Bekannte oder Verwandte hat, darf bei ihnen wohnen; für die anderen werden Hotels und private Unterkünfte zur Verfügung gestellt. Die Bilanz: 215 jüdische Passagiere der „ST. LOUIS" bleiben in Belgien, 181 werden in Holland und 227 in Frankreich abgesetzt; die restlichen 284 – sie sind, wie sich später zeigen wird, die einzig wirklich vom Schicksal Begünstigten – dürfen in Großbritannien Zuflucht suchen.

Weder Kapitän Schröder noch der deutschen Mannschaft wird Erholung gegönnt; an Urlaub kann nicht einmal gedacht werden. Die Vorratslager müssen aufgefüllt, das Trinkwasser ergänzt und die meisten Kabinen überholt werden. Die Reise hat ihre Spuren hinterlassen.

Auch wenn es viele Väter für das „Wunder von Antwerpen" gibt, so bleibt der Kapitän der eigentliche Retter der Flüchtlinge. Nirgendwo in Deutschland – und die „ST. LOUIS" gehört nun einmal zum Hoheitsgebiet des Dritten Reiches – wurden Juden so menschlich und respektvoll behandelt wie auf dem Schiff, das unter seinem Kommando steht. Dieser kleine, schmächtige Mann war dank seiner

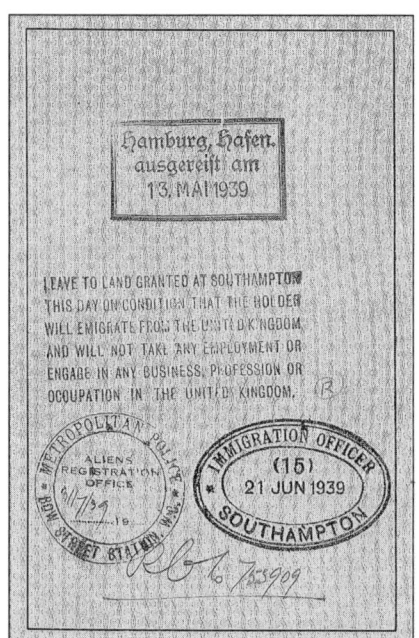

284 Passagiere der MS „ST. LOUIS" durften in Southampton „vorübergehend" an Land gehen. Die Ausübung jedweder beruflicher Tätigkeit wurde ihnen verboten. Nach Ausbruch des Krieges internierten die Briten die meisten dieser Flüchtlinge, zum Teil sogar in Lager, in denen auch Nationalsozialisten untergebracht waren.

Autorität in der Lage, die gesamte Mannschaft, gleichgültig, ob nationalsozialistisch gesinnt oder nicht, zu dem üblichen hervorragenden Bordservice anzuhalten. Seine Größe und Menschlichkeit bewies der Kapitän auch in der Art und Weise, wie er dem Sabotage-Komitee entgegengetreten war. Mit Ruhe und Festigkeit hat er Situationen gemeistert, in denen andere längst die Nerven verloren hätten. Seine absichtlichen Verzögerungen – hoffend, daß es doch noch zu einer Landung auf Kuba oder in Amerika kommen werde – haben Troper und anderen Helfern erst ermöglicht, eine Lösung zu finden. Schröders fester Entschluß schließlich, irgendwo eine Havarie vorzutäuschen, um die ihm anvertrauten Schützlinge zu retten, beweist, daß er bereit war, alles zu riskieren und die Passagiere vor einer neuerlichen drohenden Verfolgung zu bewahren.

In Gordon Thomas' Buch wird Otto Schiendick, der bereits erwähnte „Ortsgruppenleiter“ und Steward der 2. Klasse, als Bösewicht geschildert, der es darauf angelegt hatte, die Passagiere ständig vor den Kopf zu stoßen. In Wirklichkeit dürfte auch er sich der vom Kapitän befohlenen Disziplin unterworfen haben.

In der Tat vermag Gustav Schröder jetzt mit Stolz und Erleichterung das Ergebnis seines mutigen Einsatzes zu betrachten. Aber auch damals – nicht anders als heutzutage – neigt die öffentliche Meinung dazu, nicht den Einzelmenschen zu beurteilen, sondern ganze Völker und Religionsgemeinschaften zu kategorisieren. Als die Vertreter von Belgien, Holland, England und Frankreich die „ST. LOUIS“ betreten und vom Präsidenten des Bordkomitees Josef Joseph zum Kapitän geführt werden, will dieser die vier Abgesandten begrüßen. Er reicht ihnen die Hand, aber kein einziger ist bereit, sie zu ergreifen. Ein beispielloser und unmenschlicher Affront gegenüber dem aufrechten Streiter für die ihm anvertrauten Passagiere. Die vier haben sich nicht die Mühe genommen, Informationen über Gustav Schröder einzuholen, und so denken sie lediglich in Klischees: Der Kapitän eines deutsches Schiffes muß zwangsläufig ein böser Nationalsozialist sein. Margot Blitz vom belgischen Flüchtlingskomitee erinnert sich später: *„Der Kapitän hat dagestanden, seine Hand ausgestreckt, um uns zu begrüßen, und wir, wir dachten natürlich nur, daß er auch zu denen gehörte, die uns verfolgt hatten und so weigerten wir uns, ihm die Hand zu geben...“*[3] Erst als den an Bord kommenden Damen und Herren bewußt wird, wie ungerecht ihre Vorurteile sind, entschuldigen sie sich und reichen Gustav Schröder jetzt demonstrativ die Hand. Dieser läßt es mit sich geschehen und macht gute Miene zum bösen

Spiel. Als echter Gentleman wird er in seinen späteren Berichten diesen beschämenden Vorfall mit keinem einzigen Wort erwähnen.

Die geretteten Passagiere der „ST. LOUIS" erweisen sich als dankbar. Am 18. Juni 1939 richten sie noch in Antwerpen an Schröder folgenden Brief: „*Hochverehrter Herr Kapitän! Als wir in Hamburg Ihr schönes Schiff betraten und auf der Fahrt nach fernen und unbekannten Gestaden waren, ahnten wir noch nicht, welch seltsames und schweres Geschick uns beschieden sein würde. Nach den ungeheuren Sorgen in der Heimat, die wir verließen, nach den aufreibenden Vorbereitungen der Ausreisearbeiten war Ihr wunderschönes Schiff, Herr Kapitän, Ihre sichtbar waltende Fürsorge für die Passagiere, die fabelhafte Verpflegung, die Aufmerksamkeit Ihres gesamten Personals und insbesondere aller Ihrer leitenden Herren so eindringlich und geradezu überwältigend, daß wir fast vergessen konnten, was zu verlassen und zu verlieren wir im Begriffe waren. Als dann das Unheil von Havanna über uns hereinbrach und Sie mit uns den Hafen unserer Hoffnungen verlassen mußten, war es wiederum Ihre unendliche Güte und Geduld, Ihr menschliches Verstehen und mitfühlendes Herz, das es uns ermöglichte, in täglicher und stündlicher Zusammenarbeit mit Ihnen unsagbares Unheil und Elend, eine Panik von unabsehbaren Folgen zu vermeiden. Daß Sie, Herr Kapitän, in dieser vorbildlichen Arbeit mit uns zusammen wirkten, dafür, Herr Kapitän, danken Ihnen alle Passagiere, danken Ihnen ganz besonders die über 400 Frauen und Kinder der ‚St. Louis' aus vollem heißen Herzen. Sie haben, als das Schiff sich weiter entfernen mußte, unsere Hoffnungen neu belebt, indem Sie an der Küste von Florida langsam kreuzten und dadurch die schon in Verzweiflung Geratenen aufrichteten. Sie haben verständnisvoll Rücksicht geübt auf uns, als den meisten Passagieren auf der Rückfahrt das Bordgeld ausgegangen war. Wir selbst haben die Vereinfachung der Speisekarte bei Ihnen angeregt, und jeder Passagier erkennt uneingeschränkt an, daß Verpflegung und Behandlung an Bord vom Anfang bis zum Ende der Reise höchstes Lob verdienen. Ihnen selber aber, Herr Kapitän, möchten wir sagen: In unseren Herzen und in den Herzen unserer Kinder wird eingegraben sein – dauernder als in Erz und Marmorstein – unvergeßlich und unauslöschlich das schöne Schiff ‚St. Louis' und sein wunderbarer Kapitän Schröder. Auch den übrigen Herren der Schiffsleitung gilt dieser unser Dank und Anerkennung. In verehrungsvoller steter Dankbarkeit die Passagiere der M.S. ‚ST. LOUIS' von der Havanna-Fahrt Mai-Juni 1939.*"

Unzählige andere ähnlich formulierte Schreiben erreichen den Kapitän. Eine ganz ungewöhnliche Mitteilung jedoch erhält Schröder vom Vorsitzenden des Vorstandes der Hamburg-Amerika Linie, Hoffmann, und dessen Passage-Direktor Holthusen: *„Sehr geehrter Herr Kapitän Schröder! Es ist dem Vorstand der Hamburg-Amerika Linie ein Bedürfnis, Ihnen bei Ankunft in Antwerpen mit diesen Zeilen unseren Dank auszusprechen, daß Sie die ‚St. Louis' wohlbehalten zurückgebracht haben. Die Aufgabe, die Ihnen und Ihrer Besatzung gestellt wurde, war nicht einfach. Der uns vorliegende Bericht des Zahlmeisters gibt ein anschauliches Bild Ihrer Ausreise und hat unseren vollen Beifall gefunden. Die Unmöglichkeit, die Passagiere in Cuba zu landen, stellte Sie vor neue Aufgaben und aus Ihren Telegrammen haben wir mit Sorge Ihre Heimkehr nach Europa verfolgt. Wir beglückwünschen Sie, daß Sie es verstanden haben, das Schiff, Ihre Besatzung und Ihre Passagiere über die kritischen Tage hinwegzubringen und hoffen, daß Sie auf der Ueberfahrt nach New York neue Kräfte finden, die Vergnügungsreisen ab New York mit Erfolg durchzuführen. Mit der Bitte, unseren Dank und unsere Anerkennung auch Ihrer Mannschaft zum Ausdruck zu bringen, verbleiben wir Hamburg-Amerika Linie gez. Hoffmann – Holthusen."*

Man muß dieses Dokument zweimal lesen, um seine sensationelle Aussage zu erfassen. Wie bereits erwähnt, befindet sich die Hapag zu diesem Zeitpunkt mehrheitlich im Besitz des nationalsozialistischen Deutschland. Der Vorsitzende des Vorstandes und seine obersten Führungskräfte können daher nur mit Zustimmung der Partei eingesetzt werden. Statt Kapitän Schröder nun für seine Eigenmächtigkeiten zu tadeln oder ihn gar zur Rechenschaft zu ziehen, wird er mit Lob und Anerkennung bedacht. Auch wenn die jüdischen Flüchtlinge mit keinem einzigen Wort erwähnt werden – Hoffmann verwendet lediglich das neutrale Wort „Passagiere" –, weiß man in Hamburg die menschliche Leistung Schröders zu schätzen. Die Zeilen der Hamburg-Amerika Linie vom 16. Juni 1939 sind nicht nur eine Anerkennung für Kapitän Schröder, sie beweisen auch, daß noch sechs Jahre nach der Machtergreifung Adolf Hitlers Männer wie Hoffmann und Holthusen Anstand und Menschlichkeit bewahrt haben.

Jetzt, da – leider nur scheinbar – der Schrecken vorbei und die Gefahr überwunden ist, erwacht auch Joseph Goebbels aus seiner Lethargie. *„Die gleichen Jüdinnen und Juden"*, erlaubt Goebbels der deutschen Presse zu schreiben, *„die sich während der Überfahrt skandalös frech benommen hatten, markieren bei der Landung in Eng-*

land die unschuldigen Opfer der barbarischen Nazis." Die mit der „ST. LOUIS" geplante Propagandaaktion ist zwar gescheitert, aber auf Haß und Gift will Goebbels nicht verzichten.

Im Gegensatz zu den Amerikanern, die, weitgehend isoliert von der übrigen Welt, den Sommer des Jahres 1939 noch zu genießen vermögen, sehen die Europäer mit wachsender Sorge der Zukunft entgegen. Zeitungen, Radionachrichten und Politiker berichten ständig über die wachsende Kriegsgefahr, obwohl immer wieder – allzu auffällig – der Frieden beschworen wird. Vordergründig geht es um die Rückführung der „Freien Stadt Danzig" in das Deutsche Reich. Wer jedoch zwischen den Zeilen liest, ahnt, daß ein gewaltiger Flächenbrand droht. Wieder einmal inspiziert Hitler den Westwall. In Großbritannien werden Vorbereitungen für ein kombiniertes Flotten- und Luftmanöver getroffen, an dem 130 Kriegsschiffe teilnehmen sollen. Holland widerruft bereits erteilte Urlaubsgenehmigungen für Soldaten, der französische Ministerpräsident Edouard Daladier erklärt feierlich, *„Frankreich und England stellen einen einzigen Block zum Schutze der Freiheit dar"*, eine türkische Militärmission trifft in London ein, und das belgische Kabinett erteilt dem König Sondervollmachten für den Fall eines Krieges. Nahezu stündlich wird die Bevölkerung mit derartigen alarmierenden Nachrichten konfrontiert.

Einige Ereignisse lassen auch die letzte Hoffnung auf eine Rettung des Friedens schwinden. Am 24. August unterzeichnen Deutschland und die Sowjetunion einen „Nichtangriffs- und Konsultationspakt". Drei Tage später läßt Berlin einige Kleinstaaten – Belgien, Holland, Luxemburg und die Schweiz – wissen, es werde deren Neutralität respektieren; eine Erklärung, die man üblicherweise nur dann abzugeben pflegt, wenn ein Krieg vor der Tür steht. Am beunruhigendsten jedoch sind die von der Schweiz getroffenen Maßnahmen, denn dieses Land besitzt geradezu einen sechsten Sinn für die Vorgänge in der Welt.

Die Eidgenossenschaft verfügt zu jener Zeit über ein ausgezeichnetes militärisches Nachrichtennetz, eine Tatsache, die sich auch während des Zweiten Weltkrieges bestätigen wird. Nur zwei Länder, wird Winston Churchill später sagen, seien auf den Krieg wirklich vorbereitet gewesen: Deutschland und die Schweiz. Bereits am 16. August beginnt Bern durch die Errichtung umfassender Vorratslager, für eine wirtschaftliche Landesverteidigung zu sorgen. Am 28. August – somit vier Tage vor Kriegsbeginn – mobilisiert die Schweiz und schickt 80.000 Soldaten in die befestigten Verteidigungsstellungen ein. Weitere 350.000 Mann stehen für den Militäreinsatz bereit. Am 30. August wählt die Schweizer Bundesversammlung Henri Guisan zum General. Jetzt gibt es keinen Zweifel mehr: In der Schweiz pflegt man Generäle nur im Kriegsfall zu ernennen.

Die jüdischen Flüchtlinge der „ST. LOUIS" werden, trotz der erst vor wenigen Wochen erfolgten Rettung, neuerlich in Verzweiflung gestürzt. Ihnen droht nicht nur, wie allen Bürgern, der Schrecken eines Krieges, mehr noch müssen sie fürchten, wieder in die Hände ihrer Verfolger zu geraten. Am sichersten fühlen sich noch die nach England gebrachten Emigranten, und auch die in Frankreich Internierten dürfen hoffen, ihr Schutzland werde in der Lage sein, den Deutschen trotzen zu können. Holland und Belgien jedoch sind extrem gefährdet. Wer glaubt schon den Versicherungen der Machthaber in Berlin, sie seien bereit, die Neutralität europäischer Kleinstaaten zu respektieren?

Die meisten der „ST. LOUIS"-Flüchtlinge leben unter erbärmlichen Verhältnissen. Abgesehen von jenen wenigen, die bei Freunden und Verwandten Zuflucht gefunden haben, werden sie in Lagern – meist handelt es sich um Massenquartiere – untergebracht. Jetzt haben sie ein Dach über dem Kopf und müssen nicht hungern. Sie erhalten aber keine Arbeitsbewilligung und sind völlig mittellos. Statt, wie geplant, auf Kuba auf die Einreise in die Vereinigten Staaten zu warten, sehen sie in jenem Kontinent, dem sie entfliehen wollten, einer mehr als ungewissen Zukunft entgegen. Mit jedem Tag, der vergeht und der den drohenden Krieg näher bringt, schwindet die Hoffnung. Sind die Feindseligkeiten einmal ausgebrochen, wird kein Schiff der Welt bereit sein, sie über den Ozean zu bringen.

In den Morgenstunden des 1. September 1939 marschieren deutsche Truppen in Polen ein. Der Krieg hat begonnen. Noch ist es „nur" eine militärische Auseinandersetzung zwischen zwei Staaten und kein Weltkrieg. Victor Klemperer, einer der wenigen Juden, der, dank seiner „arischen" Frau und glücklicher Umstände, in Deutschland – ohne in ein Konzentrationslager zu kommen – überlebt, hält die damalige Stimmung in seinem Tagebuch fest: *„Die Nervenfolter immer unerträglicher..."* Als er am 1. September von den kriegerischen Auseinandersetzungen erfährt, glaubt er zunächst fälschlich, England und Frankreich hätten sich entschlossen, neutral zu bleiben. Erst eine Verkäuferin teilt ihm mit, von diesen beiden Staaten sei ein Ultimatum eingetroffen: Deutschland müsse seine Truppen aus Polen zurückziehen. *„Natürlich"*, fährt sie fort, *„wäre das Ultimatum abgelehnt* *worden."* Für Klemperer eine freudige Nachricht. Nur mit Hilfe der Westmächte, so seine Überzeugung, werde es möglich sein, den Nationalsozialismus zu besiegen. Dennoch ist er besorgt. Er ahnt, was der Welt bevorsteht. *„Ständig verschärfende Maßnahmen"*, notiert Klemperer in seinem Tagebuch, *„die auf langen Krieg deuten."*[4]

Die Weigerung Deutschlands, das englisch-französische Ultimatum anzunehmen, besiegelt das Schicksal der meisten Flüchtlinge, die von der „ST. LOUIS" nach Antwerpen gebracht worden waren. Aus dem lokalen Konflikt ist ein weltweiter Krieg entstanden. Für Klemperer ein Freudentag, für die in Frankreich, England, Holland und Belgien internierten Juden jedoch eine Fortsetzung ihrer Tragödie. Sie müssen sich die bange Frage stellen, ob es ihnen wohl gegönnt sein wird, bis zum voraussichtlichen Untergang des Dritten Reiches am Leben zu bleiben.

Die Dämmerung bricht herein. Ein rettendes Licht ist nirgends in Sicht.

WESHALB NICHT NACH SHANGHAI?

Eine Frage, die nur am Rande mit dem „ST. LOUIS"-Drama in Verbindung steht, drängt sich auf: Weshalb haben nicht alle jüdischen Flüchtlinge in Shanghai um Asyl gebeten, dem einzigen Ort auf der Welt, der sie völlig unbürokratisch aufgenommen hätte? Shanghai kümmert sich nicht um gültige Pässe und läßt die Schutzsuchenden ohne Visa und Landepermits einreisen.

In seinem Buch „Kein gelobtes Land" schreibt Hans Herlin: „*Wenn alle Häfen verschlossen sind, machen sich die Schiffe auf den langen Weg nach Shanghai. Shanghai ist der einzige Ort auf der Welt, der die Einreise ohne Einschränkung erlaubt... aber Shanghai ist das Ende. Das Land ist furchtbar, das Klima ist grausam. Sie haben kein Dach über dem Kopf und keine Möglichkeit zu arbeiten.*"[1]

Es ist kaum anzunehmen, daß Herlin auch nur einen einzigen Emigranten, der in Shanghai Asyl gefunden hat, befragte. Sein Bericht ist – soweit er die Lebensumstände betrifft – schlichtweg falsch. Shanghai ist nicht das Ende, sondern gleichbedeutend mit der Rettung tausender Juden. Gewiß, das Klima ist für Mitteleuropäer nicht gerade ansprechend. Von einem „*furchtbaren Elend*" kann jedoch keine Rede sein. Alle Flüchtlinge erhalten ein Dach über dem Kopf, sie dürfen arbeiten und sogar Firmen gründen. Verglichen mit anderen Zufluchtsstätten geflohener deutscher Juden, ist Shanghai geradezu ein Paradies. Weshalb haben demnach nicht alle Flüchtlinge eine Auswanderung nach Shanghai in Betracht gezogen?

Da gibt es zunächst eine psychische Schwelle: In den dreißiger Jahren werden Reisen in ferne Länder nur von einem winzigen Teil der Bevölkerung getätigt. Shanghai, eine chinesische Hafenstadt, relativ nahe an Japan gelegen, empfinden die meisten als das andere Ende der Welt. Die Heimat verlassen zu müssen, ist bitter genug, doch die Vorstellung, ausgerechnet nach China zu übersiedeln, ist so abenteuerlich, daß nur wenige bereit sind, diesen Sprung ins Unbekannte zu wagen. Wer emigriert, möchte am liebsten bei Familienmitgliedern oder Freunden unterkommen, zumindest aber in einem Land, dessen Kultur und Gebräuche denen Deutschlands gleichen. So ist es verständlich, daß sich die Auswanderer zunächst bemühen, in Amerika, England, Frankreich, der Schweiz oder in Palästina Asyl zu erhalten.

Eine weitere Schwierigkeit ergibt sich durch den langen Anfahrtsweg. Die Passage auf großen und sicheren Schiffen ist teuer, billige Tickets sind nur für schrottreife Seelenverkäufer zu haben.

Besonders abschreckend aber wirkt die politische Situation in Shanghai. Diese bedeutende chinesische Hafenstadt mit mehr als vier Millionen Einwohnern wird 1937 von den Japanern in einem nie offiziell erklärten Krieg besetzt. Die interne Verwaltung der Stadt ist verwirrend. In den sogenannten internationalen Niederlassungen Shanghais – sie werden trotz der japanischen Okkupation von elf Ländern verwaltet – leben rund 100.000 Ausländer. Da zwischen dem nationalsozialistischen Deutschland und Japan freundschaftliche Beziehungen bestehen – während des Zweiten Weltkrieges werden diese beiden Staaten sogar Waffenbrüder sein –, fürchten viele Emigranten, von den Japanern ähnlich behandelt zu werden wie von den Nationalsozialisten.

In Wirklichkeit jedoch – was die jüdischen Flüchtlinge damals freilich nicht vorausahnen konnten – ergibt sich eine völlig andere Situation. Die Japaner verhalten sich gegenüber den jüdischen Einwanderern nämlich ausgesprochen entgegenkommend, weit freundlicher jedenfalls als die Vereinigten Staaten, Großbritannien und Frankreich, deren Beamte bei der „internen Verwaltung" Shanghais entschieden gegen eine unkontrollierte Zuwanderung auftreten. Die Japaner lassen sich aber nicht beirren. Ihnen und nur ihnen ist es zu danken, daß Juden auch weiterhin ohne Paß und Visum unbeschränkt aufgenommen werden. Diese Haltung entspringt nicht Menschlichkeit, sondern übergeordneten politischen Überlegungen.

Die Japaner sind nämlich um einiges klüger als die Nationalsozialisten. Wenn es, so sagen sie sich, tatsächlich – wie die Deutschen behaupten – eine „jüdische Weltverschwörung" gibt, dann wäre es doch widersinnig, sich diese Macht ohne zwingenden Grund zum Feind zu machen. Japan benötigt Milliarden von Dollar zur Erschließung der von ihm besetzten Mandschurei. So spekuliert man, die einflußreichen Juden in den Vereinigten Staaten könnten mithelfen, ihre Landsleute zur Zeichnung von japanischen Anleihen zu bewegen. Mehr als sechzig Jahre später verfaßt der Chinese Yu Ligong einen treffenden Kommentar: „(Die Japaner) *glaubten allen Ernstes der antisemitischen Propaganda in Europa und Amerika, derzufolge die Juden ein Monopol über die öffentliche Meinung in aller Welt und die Weltfinanzen ausübten und die Politik und Diplomatie Amerikas und Englands bestimmten... Im Laufe der Geschichte haben die Juden unzählige Male böswilliger Propaganda wegen schreckliche Verfolgungen erdulden müssen. Daß böswillige Propaganda aber ihnen zum Vorteil gereichen konnte, das ereignete sich vermutlich nur dieses eine Mal.*"[2]

Die Hoffnung auf Hilfe des Weltjudentums ist aber nicht der einzige Grund, der die Japaner veranlaßt, Juden unbegrenzt ins Land zu lassen. Sie haben längst erkannt, daß sich unter diesen Flüchtlingen überragende Gelehrte befinden, die ihnen ihr Wissen zur Verfügung stellen können. Anders als im meist christlichen Westen, gibt es in Japan keine antisemitische Tradition. Auch nach der Unterzeichnung des Dreimächtepaktes zwischen Deutschland, Italien und Japan zögern die Japaner nicht, in aller Öffentlichkeit den Unterschied zwischen der japanischen und der nationalsozialistischen Politik gegenüber Juden zu betonen.

Die Motive für die ungewöhnliche Haltung des Gastlandes in der Judenfrage spielen für die Flüchtlinge freilich keine Rolle. Es genügt ihnen, in den Genuß eines weltweit einzigartigen Schutzes zu gelangen.

Bereits vor Eintreffen des Flüchtlingsstromes aus Europa gibt es kleinere jüdische Gemeinden: Sephardim aus Bagdad, russische und polnische Juden. Das Gemeinschaftsleben ist gut organisiert. Es gibt ferner eine deutschsprachige Presse mit drei Tageszeitungen, jüdische Theater und sogar Musik- und Rundfunkproduktionen. Zahlreichen Einwanderern gelingt es, als Kaufleute und Händler eine neue Existenz aufzubauen.

Erst als der Krieg im Pazifik beginnt, verschlechtert sich die Lage der Einwanderer. Im Feber 1943 werden die Juden – auf nachdrücklichen Wunsch des nationalsozialistischen Deutschland – in einem „Sperrbezirk" angesiedelt. Aber welcher Unterschied zu den europäischen Ghettos! Die Einwohner werden nicht verfolgt. Sie brauchen ihre Ausbildung nicht zu unterbrechen, und sie dürfen ihren Geschäften weiter nachgehen. Als die Deutschen schließlich vehement die Auslieferung der jüdischen Flüchtlinge in Shanghai fordern, weigern sich die Japaner, diesem Wunsch nachzukommen. Ein damaliger Flüchtling in Shanghai berichtet heute: *„Im Grunde genommen war es eine schöne Zeit, trotz aller Schwierigkeiten und Hemmnisse. Ein japanischer Kommandant, dessen Namen ich leider vergessen habe, hat uns das Leben gerettet, weil er sich weigerte, uns an die Nationalsozialisten zu übergeben."*[3] Vermutlich ist Hauptmann Inzuka gemeint, Chef des Amtes für jüdische Angelegenheiten in Shanghai. Jedenfalls sind die Nationalsozialisten über die judenfreundliche Politik dieses japanischen Hauptmannes entsetzt. Freilich sind die Japaner keine Engel. Mitten im „Sperrbezirk" errichten sie ein Munitionslager, um die Amerikaner abzuhalten, die Stadt zu bombardieren, womit sie ihre „Gäste" gleich auch zu Geiseln machen.

Es gibt auch Armut und Elend, aber das Gros der jüdischen Auswanderer wird besser behandelt als in den meisten anderen Asyl gewährenden Staaten der Welt. Allein die Tatsache, daß die aus ihrer Heimat Vertriebenen vom ersten Tag an arbeiten dürfen und sogar die Möglichkeit erhalten, Handelsgeschäfte zu betreiben, ein Handwerk auszuüben oder gar richtige Unternehmen zu gründen, ist einzigartig. Dennoch haben nur wenige – es sind nicht einmal 20.000 – deutsche Juden von dieser Möglichkeit Gebrauch gemacht. Angst vor der Ferne und vor der fremden Kultur, das Gefühl der Heimatlosigkeit, weil es in Shanghai weder Verwandte noch Freunde gab, und schließlich die unbegründete Furcht, die Japaner würden als Handlanger der Nationalsozialisten handeln, haben unzählige Flüchtlinge abgehalten, durch das rettende Tor im Fernen Osten zu gehen.

Als dann, nach der „Reichskristallnacht", die vielen bis dahin in Deutschland verbliebenen Juden erkennen müssen, welches Schicksal sie erwartet, ist es zu spät. Shanghai liegt abseits der normalen Seerouten und wird nur von wenigen Schiffen angefahren. Dazu kommt, daß die Nationalsozialisten immer neue bürokratische und fiskalische Schikanen erfinden, um die Juden ihres Vermögens zu berauben. Die weite Reise nach Shanghai kostet jedoch viel Geld, und kaum ein Flüchtling verfügt jetzt noch über genügend Mittel, um die Tickets zu bezahlen. Das heißt: Zur Zeit des Dramas der „ST. LOUIS" besteht für deutsche Juden kaum mehr eine Chance, den einzigen ihnen gegenüber toleranten Ort zu erreichen. Dennoch gelingt es einigen, manchmal auf abenteuerlichen Wegen, auch jetzt noch nach Shanghai zu gelangen. Erinnern wir uns beispielsweise an Heinrich Glücksmann, der, von seinem Chef aus dem Konzentrationslager befreit, ein Ticket für die Sonderfahrt der „ST. LOUIS" erhält. Sein Bruder Max, ebenfalls im Konzentrationslager Buchenwald inhaftiert, emigriert nach Bombay und von dort nach Shanghai. Auch seine Braut ist zusammen mit ihrer Familie in diese Stadt geflohen. Unmittelbar nach Kriegsbeginn entschließt sich die in Deutschland zurückgebliebene Mutter, ihren Sohn Max in Shanghai aufzusuchen. Da kein Schiff mehr bereit ist, die gefährliche Fahrt zu wagen, reist Max' Mutter nach Rußland – noch ist die Sowjetunion ein Verbündeter Deutschlands – , besteigt die Transsibirische Eisenbahn, erreicht schließlich nach tagelanger Fahrt China und schlägt sich bis nach Shanghai durch. Ein Blick auf die Landkarte macht verständlich, welch ungeheure Strapazen diese Frau auf sich genommen hat.

Nach Ende des Krieges verlassen nahezu alle jüdischen Flüchtlinge Shanghai. Die wenigen, die zurückbleiben, fliehen aus China, als Mao Tse-tung 1949 die Chinesische Volksrepublik ausruft.

Auswandererlager für europäische Juden in Shanghai, Stadtteil Hongkeu, 1939: Da die Schlafräume völlig überfüllt sind, wird das Gepäck vor den Baracken gestapelt.

IV.
Krieg

„FEINDLICHE AUSLÄNDER"

In allen Berichten wird die Dokumentation der „ST. LOUIS"-Sonderfahrt mit der Landung in Antwerpen abgeschlossen. Aus der Sicht der an Bord befindlichen Menschen ein ziemlich willkürlicher Eingriff. Die Tatsache, daß das eigentliche Ziel – Havanna und später die Vereinigten Staaten – nicht erreicht wird, zeitigt für die Betroffenen grausame Folgen. Freilich vermag man einzuwenden, daß die Passagiere von jetzt an keine geschlossene Gemeinschaft mehr bilden und das Los Tausender anderer Flüchtlinge teilen müssen. Dennoch bleiben einige Besonderheiten bestehen. Zunächst einmal versuchen die ehemaligen Passagiere der „ST. LOUIS", möglichst zusammenzubleiben, soweit es ihnen nicht gelingt, bei Freunden oder Verwandten unterzukommen. In mehrfacher Hinsicht befinden sie sich in einer tristen Situation, werden doch all ihre Pläne über den Haufen geworfen. Viele Gepäckstücke und Hausrat sind gesondert nach Übersee geschickt worden. Arrangements mit Freunden und Verwandten wurden getroffen. Jetzt jedoch sitzen sie, meist völlig mittellos, in einem europäischen Land, zu dem sie keine Beziehung besitzen. Die Nähe Deutschlands ist beängstigend, und die Furcht, in Europa könnte ein Krieg ausbrechen, wächst von Tag zu Tag. An eine Weiterfahrt nach Amerika ist kaum zu denken, schon gar nicht, wenn der erste Schuß gefallen sein wird. Vor allem aber fehlt es an Geld für die Bezahlung einer neuerlichen Passage.

Am 1. September 1939 beginnt der Zweite Weltkrieg. Das Schicksal, das die „ST. LOUIS"-Passagiere jetzt erwartet, gestaltet sich von Land zu Land recht unterschiedlich und – dem Kriegsverlauf entsprechend – in mehreren Etappen.

* * *

Begünstigt sind die nach Großbritannien verbrachten Auswanderer, denn sie sind die einzigen, die während des gesamten Krieges nicht von deutschen Truppen überrollt werden. Dennoch stehen ihnen ab dem 3. September 1939 – von diesem Tag an befindet sich England im Kriegszustand mit Deutschland – bittere Zeiten bevor. Alle im britischen Königreich lebenden Deutschen und Österreicher, die jüdischen Asylanten nicht ausgenommen, werden zu „feindlichen Ausländern" und als solche interniert. So ergibt sich eine wahrhaft groteske Situation: In ihrem Gastland gelten die Schutzsuchenden als „feind-

liche Ausländer", für die Deutschen jedoch sind sie längst zu „feindlichen Inländern" geworden.

Vor Kriegsbeginn zeichnete sich Großbritannien durch eine relativ
liberale Asylpolitik aus. Da jedoch jüdische Organisationen verpflichtet wurden, für ihre nach Großbritannien geflohenen Glaubensgenossen
finanziell aufzukommen, ergaben sich bald beträchtliche Schwierigkeiten, obwohl die Hilfsbereitschaft enorm war. Jetzt jedoch sind die
Mittel weitgehend aufgebraucht, und die Furcht vor eingeschleusten
Spionen wächst von Tag zu Tag. *„Die Fremdenfurcht, die Kriegsent-
wicklung und die Angst vor den angeblichen Aktivitäten einer 5. Ko-
lonne... waren Ursache für die Massenhysterie und offene Feindseligkeit
gegenüber den Flüchtlingen.* "[1]

Den ehemaligen Passagieren der „ST. LOUIS" ergeht es wie allen
ihren Leidensgenossen. Auch sie werden interniert, manchmal sogar
gemeinsam mit Nationalsozialisten. Erst als sich die Briten anschicken,
die politische Zuverlässigkeit der Inhaftierten zu überprüfen, verbes-
sert sich ihre Situation. Überdies bietet man den Häftlingen an, sich freiwillig zum Kriegsdienst ohne Waffe – für Aufgaben im Hinterland –
zu melden. Haß auf ihre Verfolger und der Wunsch, der Inhaftierung
zu entkommen, sind starke Motive und veranlassen viele „ST. LOUIS"-
Emigranten, sich zu melden. Sehr bald jedoch erfolgt die reguläre
Bewaffnung ausgesuchter und verläßlicher Männer, die auf verschiedene britische Einheiten verteilt werden. Ihnen ist bewußt, welcher
Gefahr sie sich damit aussetzen. Wehe, wenn sie den Deutschen in die
Hände fallen, man wird sie mit Sicherheit als „Landesverräter" erschießen! Daß sie in Wahrheit verfolgt und vertrieben worden waren,
spielt dabei keine Rolle. Das Wissen um das drohende Schicksal läßt
die Emigranten heldenhaft kämpfen, viele von ihnen fallen.

Tausende Internierte werden zwangsweise nach Übersee deportiert, unter ihnen auch zahlreiche jüdische Asylanten. Mag es auch für
manche durchaus erwünscht sein, in möglichst großer Entfernung von
Deutschland das Kriegsende abwarten zu können, so sieht der Großteil der Verschickten dennoch mit verständlicher Furcht den Transporten entgegen. Deutsche Kriegsschiffe – vor allem Unterseeboote –
machen die Meere unsicher. Jede Fahrt in die britischen Kolonien und
Dominien wird so zu einem Vabanque-Spiel.

Eines der für diese Deportationen eingesetzten Schiffe ist die
„ARANDORA STAR". Ursprünglich dem Passagierverkehr dienend,
gehört sie zu den bekanntesten Schiffen der britischen Blue Star Line.
Am 2. Juli 1940 übernimmt sie einen Transport von Liverpool nach

Kanada. An Bord befinden sich 734 italienische und 479 deutsche internierte Zivilisten sowie 86 deutsche Kriegsgefangene. Dazu kommen die Schiffsmannschaft und 200 englische Soldaten als Bewachung.

Am 3. Juli wird die „ARANDORA STAR" 75 Seemeilen westlich der irischen Küste vom deutschen Unterseeboot U 47 torpediert. Sein Kommandant ist Günther Prien, einer der berühmtesten deutschen Marineoffiziere im Zweiten Weltkrieg. Ihm war es gelungen, in die Scapa Flow-Bucht einzudringen und das englische Schlachtschiff „ROYAL OAK" zu versenken.

Die englischen Soldaten der „ARANDORA STAR" verhalten sich gegenüber ihren Häftlingen vorbildlich hilfsbereit. Schwierigkeiten gibt es jedoch mit den Italienern. Von Panik ergriffen, glauben diese, auf dem sinkenden Schiff besser aufgehoben zu sein als in den kleinen Booten. Sie weigern sich, den Dampfer zu verlassen. Verzweifelt klammern sie sich an der Reling fest und werden in die Fluten gerissen. Einige Stunden später birgt der kanadische Zerstörer „ST. LAURENT" 868 Überlebende; 805 Passagiere sind ertrunken.

In welchem Zusammenhang steht die Tragödie der „ARANDORA STAR" mit der Sonderfahrt der „ST. LOUIS"? Es gäbe keinen, hätte nicht Hans Herlin in seinem Buch behauptet, mindestens 80 ehemalige Passagiere der „ST. LOUIS" seien beim Untergang der „ARANDORA STAR" ertrunken.[2)] Da er keine Quelle angibt, bleibt unerfindlich, worauf sich seine Mitteilung stützt. Offensichtlich hat sich Herlin nicht der Mühe unterzogen – ungeachtet seiner Behauptung, er habe die „beste Dokumentation" erstellt – , die heute noch vorhandene Liste der am 3. Juli 1940 ums Leben Gekommenen zu studieren. Lediglich ein einziger Name, Fritz Neufeld, findet sich im Verzeichnis der „ST. LOUIS"-Passagiere ebenso wie im Vermißtenregister der „ARANDORA STAR". Da Fritz Neufeld dem britischen Kontingent zugeteilt wurde, könnte zunächst angenommen werden, es handle sich um ein und dieselbe Person. Im Verzeichnis der Hapag wird „Wien", in dem der Blue Star Line „Christofen" als Geburtsort genannt. Da es unmittelbar vor den Toren Wiens ein St. Christophen gibt, ließe sich dieser Widerspruch erklären. Dennoch steht mit Sicherheit fest, daß eine Identität nicht gegeben ist: Das Geburtsdatum Fritz Neufelds in der Passagierliste der „ST. LOUIS" stimmt mit dem des ertrunkenen Neufeld auf der „ARANDORA STAR" nicht überein. Auch wenn man berücksichtigt, daß einige wenige Namen in den heute noch vorhandenen Dokumenten der „ARANDORA STAR" unleserlich sind,

PARTICULARS OF MISSING PERSONS.						
Surname (first) and Christian names.	Camp Number.	Date of birth.	Rank of rating- Profession or occupation.	Nationality- stating birthplace.	Last place of abode	Enquiry received from.
✓ PAFFEN, Gottfried Joseph	44015	29.11.82	Merchant	G. Aachen	70, Brook Street, S.E.	
✓ PAPE, Albert, Friedrich	3104	24.12.11	Lecturer on Photography.	G. Essen	12, Hertford St., Park Lane, W.	
✓ PELZER, Aegidius	14248	2. 4.12	Asst: Engineer s.s. "Kampfänger" kampfänger	G. Koln	Berlin, Wannsel. Rohengrinster 30.	
✓ PETERS, Karl Friedrich Ludwig	43408	1. 3.91	Fitter (Elect.)	G. Thieds-bei Braunschweig	3, Borough Road, Isleworth.	
✓ PETERSEN, Karl	14465	18. 9.98	Merchant	G. Steinfeld	Reykjaville Iceland. 22	
✓ PLATH, Karl Ewald Gottfried	43197	17. 8.74	Chef	G. Recklinghausen	29, Windmill St., Tottenham Court Road, W.	
✓ PLISCHKE, Richard Pl.	7115	26. 7.89	Dr. of Chemistry	Czecho-) Libereg	28, Cavendish Mansions, Mill Lane, N.W.6.	

Hans Herlin stellte die Behauptung auf, beim Untergang der „ARANDORA STAR" – über 800 Kriegsgefangene und Internierte der Achsenmächte kamen damals ums Leben – seien mindestens 80 ehemalige Passagiere der MS „ST. LOUIS" ertrunken. Die Vermißtenliste der „ARANDORA STAR" beweist jedoch, daß Herlins Angaben nicht zutreffen. Kein einziger Flüchtling der „Sonderfahrt" befand sich unter den Opfern.

ist auszuschließen, daß sich unter den Ertrunkenen mehr als höchstens zwei oder drei ehemalige Passagiere der „ST. LOUIS" befunden haben; wahrscheinlich jedoch hat sich damals während der Torpedierung des Schiffes kein einziger an Bord der „ARANDORA STAR" aufgehalten.

Es gab aber eine andere Möglichkeit, Herlins Angabe zu überprüfen. Zwischen den meisten in Großbritannien internierten „ST. LOUIS"-Flüchtlingen bestand während des Krieges ein enger persönlicher Kontakt. Wenn nun tatsächlich mehr als 80 Personen aus dieser Gemeinschaft – das heißt jeder Vierte – an einem Tag gestorben wären, dann müßte das zwangsläufig bekannt geworden sein. Keiner der befragten Überlebenden vermochte sich jedoch an einen solchen Vorfall zu erinnern. Das heißt: Herlins Bericht über den Untergang der „ARANDORA STAR" ist schlichtweg falsch. Wie oberflächlich er recherchiert hat, ergibt sich auch aus der Datumsangabe: Die „ARAN-

DORA STAR" wurde nicht – wie von ihm behauptet – am 2. Juli 1940, sondern erst einen Tag später torpediert.

* * *

Auch in Frankreich werden die „ST. LOUIS"-Passagiere am 3. September 1939 zu „feindlichen Ausländern" erklärt. Während der folgenden acht Monate gleicht ihr Schicksal dem ihrer Leidensgenossen in Großbritannien, denn an Deutschlands Westgrenze herrscht zunächst gespenstische Ruhe. Die Hoffnung der jüdischen Flüchtlinge, die französische Armee werde das Land vor den Nationalsozialisten schützen, endet am 10. Mai 1940. An diesem Tag fallen deutsche Truppen in die neutralen Staaten Holland, Belgien und Luxemburg ein (bereits am 9. April waren Norwegen und Dänemark okkupiert worden), umgehen die für unüberwindlich gehaltene Maginot-Linie und besiegen Frankreich in einem Blitzkrieg. Bereits sechs Wochen später, am 22. Juni 1940, findet im Wald von Compiègne die Unterzeichnung des deutsch-französischen Waffenstillstandes statt. Seit der mit so viel Hoffnung erfolgten Landung in Antwerpen ist somit – fast auf den Tag genau – ein Jahr vergangen.

Frankreich zerfällt zunächst in einen besetzten und in einen unbesetzten Teil. Marschall Philippe Pétain wird französisches Staatsoberhaupt und wählt Vichy zum Sitz der Regierung. Entsprechend dem deutsch-französischen Abkommen ist seine Regierung für ganz Frankreich zuständig. Dennoch herrscht unter den Flüchtlingen verständlicherweise die falsche Meinung, sie würden im unbesetzten Frankreich mehr Schutz finden als in jenen Gebieten, die von deutschen Truppen okkupiert wurden. So flieht, wer immer kann, in den unbesetzten Teil.

Sehr bald jedoch verschärft sich die Situation aller in Frankreich befindlichen Juden. Am ärgsten trifft es jene, die Ausländer sind. Die Bereitschaft des Vichy-Regimes, mit den Nationalsozialisten zu kooperieren, wächst ständig. Bald müssen die Flüchtlinge französische Behörden und Polizei ebenso fürchten wie die Gestapo und SS. Als im November 1942 auch der unbesetzte Teil Frankreichs – entgegen dem Waffenstillstandsvertrag – von deutschen Truppen okkupiert wird, beginnt die systematische Deportation der Juden.

Die „ST. LOUIS"-Flüchtlinge werden in mehrere kleine Gruppen aufgeteilt. Ein Kontingent wird nach Laval, einer Stadt zwischen Paris und Brest, gebracht. Über sie berichtet Gordon Thomas: „*Herbert Menasse, jüngstes Mitglied des Passagier-Komitees, trug weiterhin die Verantwortung über einige Passagiere der ‚ST. LOUIS‘, führte die Gruppe, die nach Laval ging, an, kümmerte sich um sie. Nach der Besetzung Frankreichs versuchte er, mit seiner Frau und seinen zwei kleinen Kindern nach Italien zu entkommen. Doch sie wurden gefangengenommen und nach Auschwitz geschickt, wo die ganze Familie vergast wurde.*"[3] Einige „ST. LOUIS"-Passagiere werden im Lager Gurs interniert. Dieses Camp wurde ursprünglich nach dem Sieg General Francos im Bürgerkrieg für Exil suchende spanische Rotgardisten errichtet und dient jetzt hauptsächlich für die Unterbringung von deutschen Flüchtlingen. Die Zustände sind grauenhaft, das Essen ungenügend und schlecht, die ärztliche Versorgung miserabel, die hygienischen Zustände katastrophal. Als die Deutschen in den unbesetzten Teil Frankreichs einrücken, gerät auch das Lager Gurs in die Hände der Gestapo. Einziger Vorteil: Es liegt am Fuß der Pyrenäen, und einigen Häftlingen gelingt es, dem Lager zu entfliehen und nach Spanien zu entkommen.

Ab 1942 sind Gestapo, SS und die mit Deutschland kooperierenden französischen Polizeieinheiten allgegenwärtig. Den Häschern zu entkommen, ist schwierig und allzuoft unmöglich. Die Flüchtlinge verstecken sich bei Freunden und Bekannten oder werden von mutigen, ihr Leben riskierenden Franzosen aufgenommen. Unter furchtbaren Strapazen und abenteuerlichen Fußmärschen oder mit Hilfe von Fischerbooten versuchen sie, Spanien bzw. Portugal zu erreichen. Einige, wie Herbert Menasse, erhoffen sich vom faschistischen, aber doch ungleich menschlicheren Italien die Rettung. Doch nur wenigen wird es gegönnt sein, in die Freiheit zu entkommen.

* * *

Den nach Belgien gebrachten Flüchtlingen wird eine kurze Atempause gewährt. Für sie beginnt der Krieg nicht am 3. September 1939, sondern erst am 10. Mai 1940. Die meisten im Land befindlichen deutschen Juden werden nach dem Einmarsch der Wehrmacht sofort interniert.

Einige von ihnen waren bereits vorher nach Frankreich überstellt worden. Zum Teil erfolgt diese Verlagerung, um die belgische Verwaltung zu entlasten, zum Teil aber auch aus Rücksicht auf die Flüchtlinge selbst: Zu diesem Zeitpunkt ist man in Belgien noch allgemein der Meinung, den Franzosen werde es gelingen – dank ihres Militärs und der imposanten Maginot-Linie –, Deutschland Paroli zu bieten. Die Maginot-Linie, ein hochmoderner Befestigungswall an der Ostgrenze Frankreichs, gilt als unüberwindlich.

Belgien wehrt sich verzweifelt und muß einen erschreckenden Blutzoll leisten. Zwei Wochen und vier Tage nach dem Überfall kapituliert der König von Belgien gegen den Willen der Mehrheit seiner Minister. Die Kapitulation sei rechtswidrig, erklärt das belgische Kabinett. Der König hätte, in seiner Eigenschaft als Oberbefehlshaber der Armee, die Unterschrift eines Ministers einholen müssen, um der Kapitulationsurkunde Rechtskraft zu verleihen. Der mit Erbitterung geführte Streit um formaljuristische Rechte ändert nichts an der Situation. Belgien befindet sich jetzt in deutscher Hand.

In Belgien geraten die Flüchtlinge nach dem Einmarsch der Deutschen in eine ähnliche Lage wie jene in Frankreich. Wie diese, versuchen sie, auf abenteuerlichen Schleichwegen die Freiheit zu erlangen oder sich im Land selbst zu verstecken. Über jeden einzelnen von ihnen könnte man ein Buch schreiben. Die Tragik ihrer Schicksale übersteigt jede Vorstellung.

Zu einem besonderen Fall gestaltet sich Ernst Venedigs Kampf ums Überleben. Venedig war Mitglied des Bordkomitees und stand daher Kapitän Gustav Schröder besonders nahe. Dieser berichtet später über ihn: *„Dr. Ernst Venedig war mit seiner Frau und zwei Kindern und seiner 70-jährigen Mutter in Brüssel, als der deutsche Einmarsch erfolgte. Er wurde interniert und kam, nachdem er zwölf verschiedene Lager kennengelernt hatte, zuletzt in die Gegend von Aix-en-Provence. Der erste Versuch, seiner Familie näherzukommen, blieb im Bombardement bei Dünkirchen stecken. Aber später gelang es, trotz aller Schwierigkeiten. 1942 brachte auch hier den Beginn der Deportation aller Juden nach Polen. Die ganze Familie kam in ein Sammellager, wo sie sechs Wochen lang die Schrecken aller Abtransporte miterlebte. Einer an Wunder grenzenden glücklichen Fügung verdanken sie es, daß sie verschont blieben und schließlich befreit wurden, so daß auch sie in die Schweiz flüchten konnten, wo sie nach langen Fußmärschen durch das Gebirge bei Verwandten Aufnahme fanden..."*[4]

Nicht immer ist es einfach, Freund und Feind zu unterscheiden. Viele jüdische Flüchtlinge werden von der einheimischen Bevölkerung an die nationalsozialistische Besatzung verraten. Umgekehrt jedoch kommt es auch vor, daß deutsche Soldaten für die Juden zu Rettern werden. Als beispielsweise einige „ST. LOUIS"-Flüchtlinge von den einmarschierenden deutschen Truppen eingeholt werden, spricht einer ihrer Wortführer einen deutschen Offizier an und „gesteht" ihm, daß es sich bei seiner Gruppe um Juden handle. Der Offizier nimmt diese Mitteilung wortlos zur Kenntnis. Nach einer Zeit schickt er seinen Burschen mit dem Auftrag, den Juden Essen und Brot zu geben.[5] Auch andere Berichte liegen vor, denen man entnehmen kann, daß deutsche Soldaten wiederholt den durch das Land irrenden Juden geholfen haben.

Jüdische Hilfsorganisationen haben die Kosten für den Aufenthalt der „ST. LOUIS"-Flüchtlinge in Belgien übernommen. Da sie nach der Okkupation das Land verlassen müssen, springt die Regierung ein und überweist weiterhin Hilfsgelder. Vor allem aber weigert sie sich, Namen und Adressen der einzelnen „ST. LOUIS"-Passagiere den nationalsozialistischen Verfolgern auszuhändigen.

* * *

Den nach Holland verbrachten „ST. LOUIS"-Passagieren ergeht es nicht anders als jenen in Belgien. Bis zum 10. Mai 1940 werden sie als Asylanten betreut. Die überaus große Zahl an Flüchtlingen veranlaßt die Niederlande, in Westerbork ein eigenes Lager zu errichten. Der Ort ist denkbar ungünstig gewählt, *„völlig isoliert, auf einer dem Wind ausgesetzten Ebene, kaum besser als Torfmoorgebiet... (er wird) Zuflucht für krankheiterregende Fliegen und Ungeziefer aller Art".*[6] Wenn es regnet, verwandelt er sich in einen Sumpf, durch den *„man buchstäblich hindurchwaten muß... alles ist feucht und schlammig".*[7] Die Insassen des Lagers leiden nicht nur unter diesen widrigen Umständen, sie leben auch in der ständigen Angst, die Deutschen könnten die in unmittelbarer Nähe liegende Grenze überschreiten.

Die meisten nach Holland eingeteilten „ST. LOUIS"-Passagiere werden in das Lager Westerbork eingewiesen. Zu dieser Zeit leben etwa 140.000 Juden in den Niederlanden, die Flüchtlinge aus Deutschland, Österreich und der Tschechoslowakei mit inbegriffen. *„Die zunehmende Stärke des Nationalsozialismus in Deutschland und das Anwachsen ähnlicher Bewegungen in anderen europäischen Ländern machte sich auch in den Niederlanden bemerkbar; es gab erstmals deutliche Anzeichen von Antisemitismus."*[8] In der Nacht vom 9. auf den 10. Mai 1940 kommt es zum befürchteten Angriff der Wehrmacht. Der Widerstand des kleinen Landes ist

beachtlich. Vier Tage später kapitulieren die Niederlande. Das Königs-
haus und Mitglieder der Regierung fliehen nach Großbritannien. Am
15. Mai, einen Tag nach der Kapitulation, spricht Königin Wilhelmine
über den englischen Rundfunk. Der ebenfalls nach England emi-
grierte holländische Außenminister stellt sich in London der Presse
und berichtet: *„ Wir hatten 400.000 Mann unter den Fahnen, der vierte Teil von ihnen ist gefallen. Einige Regimenter, so das Grenadier-
regiment, haben 80% ihrer Gesamtstärke eingebüßt... "*, eine vermutlich sehr persönliche Schätzung, denn zu diesem Zeitpunkt verfügt
die niederländische Regierung über keine verläßlichen Verlustmel-
dungen. Offensichtlich steht der Außenminister noch unter dem Eindruck der gewaltigen deutschen Kriegsmaschinerie und der fast völ-
ligen Zerstörung Rotterdams. Zum Glück entsprachen seine Angaben
nicht einmal annähernd den Tatsachen. In Wahrheit werden rund 2.000
niederländische Soldaten getötet, 2.700 erlitten Verletzungen, 850 von
ihnen schwere.[9]

Die sich in Holland befindenden jüdischen Flüchtlinge werden von
Panik ergriffen. Viele versuchen, nach Großbritannien zu fliehen oder
sich bei hilfsbereiten Familien zu verstecken. Dutzende begehen Selbstmord. Die rund 700 Flüchtlinge, die sich beim Überfall der Wehrmacht im Lager Westerbork befinden, werden nach Leeuvaarden ver-
legt. Eine sinnlose Maßnahme, mit der nichts erreicht wird und die
die ohnehin angespannten Nerven der Lagerinsassen noch zusätzlich
strapaziert. Mag sein, daß die Niederländer die Asylanten vor dem
Zugriff der Deutschen bewahren wollen, aber das nahe gelegene
Leeuvaarden bietet auch nicht mehr Schutz als Westerbork. Als vier
Tage nach Kriegsbeginn die Kapitulation erfolgt, müssen die jüdischen Flüchtlinge das provisorische Lager wieder verlassen und nach
Westerbork zurückkehren.

GESPENSTERHAFTES WESTERBORK

Westerbork wird zu einem Teil der Geschichte der „ST. LOUIS". Die meisten der in Holland internierten Passagiere werden in diesem Camp festgehalten.

Das, wie wir wissen, an einem denkbar ungünstigen Ort gelegene Internierungslager wurde 1939 errichtet. Es untersteht zunächst dem Innenministerium und war ursprünglich für illegal eingereiste jüdische Flüchtlinge gedacht, wurde jedoch sehr bald auch legal eingereisten zur Verfügung gestellt. Die gesamten Kosten des Aufbaus und der Administration werden dem jüdischen Flüchtlingskomitee in den Niederlanden in Rechnung gestellt, ein, wie sich noch zeigen wird, wichtiger Umstand. Die Beträge, die von diesem Flüchtlingskomitee aufgebracht werden müssen, sind beträchtlich und übersteigen eine Million Gulden bei weitem. Im Juli 1940, zwei Monate nach der Okkupation, übernimmt das niederländische Justizministerium die unmittelbare Verwaltung. Das letzte Wort freilich spricht die deutsche Besatzung. 1941 zählt das Lager 1.100 Insassen, die in 200 Holzbaracken untergebracht werden.

Zunächst ändert sich für die in Westerbork internierten Juden nicht viel; sie sind keine Gefangenen, und es steht ihnen sogar frei, den unwirtlichen Ort zu verlassen. Nur wenige jedoch machen von dieser Möglichkeit Gebrauch. Wohin sollten sie auch gehen? In Westerbork haben sie ein Dach über dem Kopf, sie sind unter sich, können ärztliche Hilfe in Anspruch nehmen und erhalten ein ordentliches Essen. Die Situation ändert sich erst, als Ende 1941 die deutsche Verwaltung beschließt, Westerbork als Durchgangslager für Juden zu benutzen, die nach Osteuropa in die von den Deutschen besetzten Gebiete deportiert werden sollen. Ein Zaun – er signalisiert überdeutlich die neue Ära – wird errichtet. Überdies beschließen die Deutschen, das Camp um zwei Dutzend Holzbaracken zu erweitern. Die sich auf mehrere Millionen Gulden belaufenden Kosten werden durch beschlagnahmtes jüdisches Vermögen gedeckt. Im Sommer 1942 übernimmt die deutsche Sicherheitspolizei das Kommando über das Lager. Die eigentlichen Bewacher jedoch sind holländische Militärpolizisten, die von SS-Männern Verstärkung erhalten. Als Lagerkommandant wird Erich Deppner eingesetzt. Er ist derart unfähig, das Lagerleben und die Transporte in den Osten zu organisieren, daß es selbst seinen deutschen Vorgesetzten zuviel wird. *„Er löste einen Aufruhr aus, als er, um auf die vorgeschriebene Deportiertenzahl zu kommen, Kinder ohne ihre Eltern und Frauen, die zufällig noch in der Schlange auf ihre Aufnahme* *ins Lager warteten, deportieren ließ, während ihre Ehemänner bereits für das Lager registriert waren und nicht in den Transport kamen.* "[1] Sein Nachfolger, ein SS-Offizier, ist der ihm gestellten Aufgabe ebenfalls nicht gewachsen. So wird auch er abberufen und an seine Stelle der SS-Obersturmführer Alfred Konrad Gemmeker berufen.

Ein Idyll, mit Grauen durchzogen, *„wie eine Sommerfrische... wenn dort Deportation und Kinderspielplatz, Abtransport und Bühnenauftritt so eng beieinander liegen"*, berichtet Eike Geisel in einem Vorwort zu Philip Mechanicus' Buch „Im Depot". Einige Häftlinge haben sogar das Privileg, Einfamilienhäuser mit Garten zu bewohnen. Die meisten jedoch hausen in Massenquartieren mit Stockbetten. Im „Café Westerbork" – auch das gibt es – wird man höflich bedient und kann mit Leidensgenossen plaudern.

Geradezu grotesk jedoch ist das riesenhafte Krankenhaus des Lagers. Über 1.700 Betten stehen den Kranken zur Verfügung. Hervorragende Ärzte, unter ihnen viele Fachärzte, betreuen sie. Eine Universitätsklinik ist angeschlossen. Es gibt eine Quarantäne-Abteilung, eine gut ausgebaute Röntgen-Abteilung und selbstverständlich eine Apotheke. Eine eigene Diätküche versorgt jene, die besonderes Essen brauchen. Es gibt sogar – man hält es kaum für möglich! – Vorsorgeuntersuchungen. Dieses grandiose Spital beschäftigt über 1.100 Personen als Ärzte, Krankenschwestern und Sanitätsgehilfen. Für drei Krankenbetten stehen somit zwei Personen zur Verfügung. Das Hospital wird von Dr. Fritz Spanier – einem der eigenartigsten und geheimnisvollsten Passagiere der „ST. LOUIS"-Sonderfahrt – geleitet, der gleichzeitig auch die Stelle des Chefarztes einnimmt.

Was bezwecken Gestapo und SS – immerhin handelt es sich um ein Lager für jüdische Häftlinge – mit ihrem überdimensionierten Hospital? Die Antwort ist ebenso einfach wie gespensterhaft: Westerbork gilt als der größte Verschiebebahnhof in ganz Westeuropa. Die Nationalsozialisten legen jedoch Wert darauf, daß nur Gesunde und psychisch Gefestigte „auf Transport" gehen. Wer sich nicht wohlfühlt, kommt ins Krankenhaus, wird gesund gepflegt und erst dann nach Osten deportiert. Eike Geisel spricht von einer *„bombastischen aufgeputzten Sinnlosigkeit".* [2]

Im Durchschnitt befinden sich etwa 10.000 Häftlinge in Westerbork. Der Höchststand liegt unter 17.000. Das heißt: Für rund zehn Insassen steht eine Person des medizinischen Personals – Ärzte, Sanitäter und Krankenschwestern – zur Verfügung. Keine Gemeinde mit gleicher Einwohnerzahl könnte sich einen derartigen „Luxus" leisten.

Die Transportzüge gehen nach Auschwitz, Sobibor, Theresienstadt und Bergen-Belsen. Insgesamt werden von hier nahezu 100.000 Juden in die Konzentrationslager, Ghettos und Vernichtungslager verfrachtet.

Das Lager umfaßt ein Areal von 25 Hektar. Es steht weitgehend unter jüdischer Selbstverwaltung, so daß nur wenige SS-Leute und Polizisten die Bewachung vornehmen müssen.

Einer der besten Berichterstatter über Westerbork ist Philip Mechanicus, ein jüdischer Journalist und Schriftsteller, der noch zwei Tage vor dem Einmarsch der Deutschen bissige Kommentare über die Nationalsozialisten geschrieben hat. Dennoch bleibt er lange Zeit unbehelligt. Im September 1942 – Juden müssen bereits den Stern tragen – läuft er, wie das Polizeiprotokoll vermerkt, *„auf offener Straße ohne Judenstern herum"*, wird verhaftet und ins Lager Westerbork gebracht. Hier verfaßt er sein berühmtes Tagebuch „Im Depot". *„Mechanicus war Journalist"*, schreibt Eike Geisel, *„und wollte vom Lager berichten wie ein Reporter von einem Schiffsunglück. Im Unterschied zu einem Normalreporter war Mechanicus gleichzeitig Passagier auf dem sinkenden Schiff. "*

Die Transporte verlassen pünktlich jeden Dienstagmorgen Westerbork. Woche für Woche. Einige Häftlinge werden in Viehwaggons gepfercht, während andere – in Westerbork ist alles seltsam – die Fahrt in einem Personenwagen mit Platzkarte (!) antreten „dürfen". Mit derselben Regelmäßigkeit, wie am Dienstag in der Früh die Deportationen durchgeführt werden, bietet man den zurückgebliebenen Häftlingen am Abend des gleiches Tages launige Kabaretts, Revuevorführungen, Theater und Konzerte. *„Nur Spitzenkräfte treten auf, die Ausstattung ist vorzüglich, die Bühnenbeleuchtung auf dem neuesten technischen Stand. "*[3]

Die meisten Inhaftierten werden zu einem Arbeitseinsatz eingeteilt. Im Gegensatz zu den üblichen deutschen Arbeits- und Konzentrationslagern ist die Arbeit jedoch erträglich und das Essen – zumindest in der ersten Zeit – gut und ausreichend. Wer krank ist, erhält eine Dispens und darf sich im Hospital erholen. Dort bekommt er nicht nur eine hervorragende Betreuung, an schönen Tagen werden die Betten sogar in den Spitalsgarten getragen, um die Gesundung zu beschleunigen.

Philip Mechanicus berichtet über immer wieder auftretende Spannungen zwischen den jüdischen Häftlingen aus Deutschland und Holland. So schreibt er: *„Einige Juden, die den fruchtlosen Versuch* *gemacht hatten, auf der demonstrativ vor der amerikanischen Küste hin- und herfahrenden ‚ST. LOUIS' in die Vereinigten Staaten zu gelangen, und Juden, die vorher in anderen Arbeitslagern untergebracht waren, wurden in Westerbork interniert. Juden haben durch Spenden den Aufenthalt in Amsterdam und anderswo ermöglicht... das war keine Kleinigkeit. Es gibt Deutsche, die das bagatellisieren und meinen, daß die niederländischen Juden mehr, viel mehr hätten tun müssen... den deutschen Juden ist es außerdem ein Ärgernis, daß es die Niederländer nicht geschafft haben, ihren legal eingereisten deutschen Schützlingen den Weg nach Amerika zu öffnen.* "[4]

Zeitweise nimmt diese Auseinandersetzung geradezu gespensterhafte Züge an. Einige deutsche Juden fühlen sich – wie ihre nationalsozialistischen Peiniger – als Herrenmenschen. *„Sie kommandieren, schreien, brüllen, schnauzen herum und schüchtern alle ein, genauso wie die Nationalsozialisten, wie das preußische Militär. Es liegt ihnen im Blut... Den niederländischen Juden, die es ohnehin schwer genug haben, schmeckt dieser Kommandoton, diese Schnauzerei, diese Wichtigtuerei absolut nicht, sie hassen das und damit die deutschen Juden"*, notiert Mechanicus voll Erbitterung. Seine Eintragungen lassen den Rückschluß zu, daß sich der Vorwurf auch gegen einen Teil der ehemaligen „ST. LOUIS"-Passagiere richtet. Sie zählen zu den ältesten Insassen. Da Westerbork weitgehend unter Selbstverwaltung steht, vermögen sie einige Strukturen zu prägen und Verhaltensweisen einzuführen. Abgesehen davon, hat sie ein bösartiges Schicksal mehr getroffen als so viele andere ihrer Leidensgenossen. Immerhin standen sie bereits jenseits des Ozeans, nur wenige Meter vor der Freiheit, und sie mußten ein Wechselbad zwischen Hoffnung und Verzweiflung durchleben. Ihre Verbitterung gegenüber ihrem jetzigen Gastland Holland ist zweifellos ungerecht, aber menschlich verständlich.

Je länger das erzwungene Lagerleben andauert, desto deutlicher treten die Gegensätze hervor. Die deutschen Juden pochen darauf, daß sie die Drangsalierungen durch die Nationalsozialisten acht Jahre länger erleben mußten als ihre holländischen Glaubensgenossen. Letztere wiederum weisen darauf hin, daß sie schließlich den Deutschen Gastfreundschaft gewährt und die gesamten Kosten der Internierung übernommen hätten. Zunächst freiwillig, später gegen ihren Willen durch die Enteignung ihres Besitzes. Dafür könne man, wenn schon nicht Dankbarkeit, wenigstens anständiges Benehmen erwarten.

Diese Streitereien zwischen den niederländischen und deutschen Häftlingen – letztere befinden sich bei weitem in der Überzahl –

nehmen ein erschreckendes Ausmaß an und ergeben Rückwirkungen auf die interne Organisation. Die Spitzen der jüdischen Selbstverwaltung werden größtenteils von Deutschen eingenommen, die wiederum ihre Landsleute mit begehrten Funktionen – die stets irgendwelche Privilegien bewirken – betrauen. Einige beherzte Insassen des Lagers versuchen zwar immer wieder, gegen diese unsinnigen und geradezu absurden Auseinandersetzungen aufzutreten. Es sei arg genug, als Jude von den Nationalsozialisten eingesperrt und in den Osten verschickt zu werden. Die Opfer sollten füreinander einstehen und nicht gegeneinander auftreten. Der Erfolg dieser Schlichtungsversuche bleibt dürftig.

Das Leid der Lagerinsassen übersteigt – ungeachtet der irrealen Bedingungen – jede Vorstellungskraft. So schreibt Mechanicus: *„Das Leid des Einzelnen versinkt im Leid der Masse. Es macht deshalb kaum noch Eindruck. Das Leid eines jeden hat sich mit unzähligen Tropfen zu einem Meer des Leids vereinigt, das für die normalen menschlichen Erfindungen zu gewaltig ist und in dem man ertrinken könnte. Es ist so groß, so allgegenwärtig, daß man es nicht beschreiben kann... Es treten Fälle von Geistesverwirrung bei Männern und Frauen auf, die im normalen Leben als tapfere, widerstandsfähige Menschen bekannt waren; sie haben einen Schock erlitten. Das sind jedoch Ausnahmen. Die meisten leben wie zu Hause, ertragen ihr Leid. Sie essen, trinken und lieben. Essen und Trinken sind karg, die Liebe ist ungenießbar geworden. Ein Orchester befriedigt so gut oder schlecht es eben geht das Bedürfnis nach Musik. In den Baracken, in den Häuschen, greifen Geiger und Flötisten ab und zu nach ihren Instrumenten, um allein oder gemeinsam zu musizieren. Der Ordnungsdienst besitzt ein eigenes Radio, um Unterhaltungsmusik zu hören. Maler, meistens Dilettanten ohne jegliches Talent, zeichnen Baracken, halten Typen fest. Männer und Frauen spielen zusammen Bridge oder Skat, als hinge ihr Leben davon ab. In der Baracke der über fünfundfünfzigjährigen Männer und Frauen rascheln nachmittags und sonntags die Karten, die nur so über den Tisch fliegen. Die Männer spielen wie immer Schach, Dame, Domino oder legen sich eine Patience. Familien spielen Gesellschaftsspiele: Monopoli, lösen Kreuzworträtsel aus der Zeitung undsoweiter, Männer und Frauen machen Besuche, wie zu Hause, trinken zusammen Tee. Das alles geschieht, aber in Moll. Dahinter steht das Leid...* "[5]

Als sich der Krieg dem Ende nähert, verblaßt auch die geisterhafte Scheinwelt in Westerbork. Die Revuen, Theateraufführungen, Konzerte und Kabaretts werden eingestellt. Immer mehr Häftlinge werden in Massenquartieren untergebracht, und die Zahl jener, die Privilegien genießen, nimmt ab. Sogar die Funktion des Hospitals wird geändert. Plötzlich, gleichsam von einem Tag auf den anderen, werden die Kranken nicht mehr gesund gepflegt, um „auf Transport" geschickt zu werden. Jetzt sind sie, ganz im Gegenteil, die bevorzugten Opfer. Wer sich krank meldet, muß befürchten, als einer der nächsten auf der Deportationsliste zu stehen.

Zu den Eigenheiten von Westerbork gehört es, daß viele Häftlinge auf „Listen" vermerkt sind, die, anders als man vermuten könnte, nicht etwa Deportation bedeuten, sondern genau das Gegenteil. Wer auf einer „Liste" steht – es gibt derer einige –, besitzt aus den unterschiedlichsten Gründen das Privileg, vor der Dienstag-Deportation verschont zu bleiben. Es gibt Listen für getaufte Juden, Ausländer, aber auch einfach für solche, die es sich mit Geld richten können. Besonders geschätzt ist die Veteranenliste. Auf ihr stehen jene, die bereits zu Beginn der deutschen Verwaltung inhaftiert worden waren. So enthält sie auch die Namen der meisten in Westerbork befindlichen „ST. LOUIS"-Passagiere. Das heißt, es gibt im Lager zwei Kategorien von Gefangenen: Die Dauerinsassen und jene, die sehr bald nach der Einlieferung – manchmal schon am folgenden Dienstag – „auf Transport" geschickt werden. Die durch Listen Privilegierten wähnen sich durch Wochen, Monate und manchmal auch durch Jahre geschützt, so lange, bis sie aus ihrer Traumwelt erwachen. Von Zeit zu Zeit nämlich „platzen" – so der Lager-Jargon – die schützenden Listen und geben die auf ihr angeführten Namen zur Deportation frei. Bis zur Auflösung des Lagers am 12. April 1945 – an diesem Tag werden noch etwa 800 Häftlinge von kanadischen Soldaten befreit – werden alle Listen „geplatzt" sein.

Da die „ST. LOUIS"-Flüchtlinge zu den „Veteranen" gehören, nehmen viele von ihnen innerhalb der Lagerselbstverwaltung wichtige und vor allen Dingen privilegierte Positionen ein. Letzten Endes jedoch werden nahezu alle vom Schicksal ereilt und in die Vernichtungslager des Ostens transportiert.

Von den 931 „ST. LOUIS"-Passagieren ist der jetzt zum Chefarzt von Westerbork ernannte Dr. Fritz Spanier zweifellos eine der interessantesten, aber auch rätselhaftesten Persönlichkeiten. Zur Erinnerung: Als er im Zuge der nationalsozialistischen, antisemitischen Gesetze und Maßnahmen seine Praxis in Deutschland aufgeben muß, versucht er, sich mit Nachhilfeunterricht für Medizinstudenten über

Wasser zu halten. Während der Ausschreitungen in der „Reichs-kristallnacht" wird Spanier bewußt, daß ein weiterer Verbleib in Deutschland mit großen Gefahren verbunden wäre. Es gelingt ihm, für sich, seine Frau und seine beiden Kinder vier Passagekarten für die 1. Klasse auf der „ST. LOUIS" zu erhalten. Aufgrund einer Sonder-erlaubnis, die ihn sehr viel Geld kostet, erhält er die Berechtigung, wertvolle medizinische Instrumente auf die Reise mitzunehmen. Wie die anderen Flüchtlinge auch, beabsichtigt Dr. Fritz Spanier, in die Vereinigten Staaten von Amerika auszuwandern, wobei Kuba, für das er und seine Familie ein Landepermit besitzt, als Warteraum bis zur Ausrufung ihrer Einwanderungsnummern dienen soll.

Im Zuge der Reisevorbereitungen stellt sich heraus, daß einer sei-ner Medizinschüler ein SS-Mann ist. Da dieser offensichtlich große Sympathien für Dr. Fritz Spanier empfindet, beschließt er, die Fahrt nach Hamburg zu „sichern". Mit seinem Auto und in voller SS-Montur bringt er die Familie zum Schiff. Tatsächlich gelangt Dr. Fritz Spanier völlig unbehelligt an Bord.

Diese ungewöhnliche Eskorte – welcher Jude wird in der damali-gen Zeit schon von einem uniformierten SS-Mann in Sicherheit ge-bracht? – hinterläßt bei Dr. Fritz Spanier offensichtlich ein Gefühl der Dankbarkeit, nicht nur für die Hilfe selbst, sondern auch für die Zivil-courage des SS-Mannes, ist doch eine derartige Begleitung für einen Gefolgsmann der Nationalsozialisten nicht ungefährlich.

Bei der Rückkehr nach Europa, in Antwerpen, wird Spanier mit seiner Familie dem holländischen Kontingent zugeteilt. Wie für die meisten anderen „ST. LOUIS"-Passagiere erfolgt seine Internierung im Lager Westerbork. Trotz aller Schrecknisse bietet Westerbork Dr. Spaniers ärztlichem Wirken unglaubliche Chancen – so paradox es auch klingen mag. Er wird Chefarzt eines riesengroßen Spitals, des-sen Einrichtungen sämtliche Kollegen in Europa vor Neid erblassen ließen.

Welche Ziele die Nationalsozialisten mit ihrem Hospital in Wester-bork verfolgen, bleibt rätselhaft. Was für einen Sinn soll es haben, Menschen gesund zu pflegen und sogar mittels aufwendiger Vorsorge-untersuchungen um den Erhalt ihres körperlichen Wohlbefindens be-sorgt zu sein, wenn es nur darum geht, diese so sorgsam Betreuten mit einem der wöchentlichen Dienstag-Morgen-Transporte in Vernich-tungslager zu führen? Die einzige Erklärung, die sich vorerst anbie-tet – sie wird in manchen Berichten erwähnt –, wäre die angebliche Absicht der Deutschen, später einmal in Westerbork ein Zentralhospital für die Deutsche Wehrmacht zu errichten. Man sollte dieser Vermutung jedoch mit Skepsis begegnen. Die Deutsche Wehrmacht benötigt jetzt, während des Krieges, Lazarette jedenfalls weit dringender als später. Rein sachlich betrachtet, fehlten jeder Arzt und jede Krankenschwester, die in Westerbork für jüdische Häftlinge arbeiten, für die Pflege verwundeter deutscher Soldaten.

Laut den Nürnberger Rassengesetzen und den auf diesen basierenden Verordnungen ist es Juden nicht erlaubt, deutsche „Arier" zu behandeln. Zweifellos würde dieses Verbot auch nach einem eventuell gewonnenen Krieg weiterbestehen. Wenn aber alle Ärzte, Krankenschwestern und sonstiges Pflegepersonal in Westerbork der Deutschen Wehrmacht aus „Rassegründen" nicht zur Verfügung gestellt werden dürfen, dann muß man sich fragen, inwieweit das Lagerhospital gleichsam als Vorbereitung für ein späteres Militärlazarett zu dienen vermag. Gebäude, medizinische Infrastruktur und Medikamente könnten bereits jetzt dem kämpfenden Deutschland zugute kommen. Logisch betrachtet, gäbe es noch eine sehr naheliegende Erklärung: In den meisten Ghettos und Konzentrationslagern im Osten wurden die Juden zu Arbeiten im Dienste der deutschen Kriegswirtschaft herangezogen. Die Arbeitsbedingungen waren hart, Verpflegung und ärztliche Versorgung meist unzureichend, die Sterblichkeit hoch. Wenn man nun in Rechnung stellt, unter welch extremer Geheimhaltung die Judenvernichtung betrieben wurde – selbst einige Reichsminister und hohe SS-Führer wußten nachweisbar bis Kriegsende nichts davon –, scheint es möglich, daß zumindest ein Teil der in Westeuropa mit der Deportation befaßten deutschen Stellen nichts von den Geschehnissen in Auschwitz wußte und der Meinung war, die Juden würden im Osten unter harten Bedingungen zur Arbeit eingesetzt, wofür selbstverständlich nur Gesunde geeignet waren. Dies könnte das überdimensionierte Hospital und die Tatsache, daß anfangs nur Gesunde deportiert wurden, erklären.

Auch Philip Mechanicus beschäftigt sich mit dieser Frage. Seinem Tagebuch entnehmen wir, daß im Juni 1943 in Westerbork noch zusätzlich eine selbständige chirurgische Abteilung eröffnet wird. Er schreibt: *„Endlich ist in Westerbork eine selbständige chirurgische Abteilung eröffnet worden. Monatelang ist daran gearbeitet worden, und man sagte, daß aus dieser Abteilung ein deutsches Lazarett werde, sobald das Lager Westerbork aufgelöst und der letzte Jude in den Osten verschickt worden sei. Der Besuch mehrerer hoher deutscher Offiziere verschiedener Waffengattungen und das besondere*

Interesse für die chirurgische Abteilung sprechen für diese Vermutung. Seitdem sind dort die ersten Operationen an Juden durchgeführt worden, Operationen, die bislang in der Universitätsklinik von Groningen vorgenommen wurden, wo kranke Juden in Begleitung der niederländischen Gendarmerie hingebracht wurden. In den letzten Tagen geht das Gerücht um, daß das Lazarett von Westerbork für nicht geeignet befunden worden sei, (und) Auffangstation für Juden bleibe... "[6]) Auch mit diesem Hinweis ist es nicht möglich, das Rätsel zu lösen.

Als oberster Chef des Hospitals erhält Dr. Fritz Spanier eine Machtbefugnis, die noch die des jüdischen Lagerleiters im Rahmen der Selbstverwaltung übertrifft. Kommandant Gemmeker macht sich nämlich nicht die Mühe, die Transporte nach dem Osten selbst zusammenzustellen, er überläßt dieses schwierige Handwerk seinem „Assistenten" Kurt Schlesinger. Dieser ehemalige Geschäftsmann ist selbst ein jüdischer Häftling in Westerbork. Schlesinger vermag somit, das tägliche Leben im Lager zu beherrschen. Er wird von allen gefürchtet, da seine Unterschrift letztlich über Weiterleben im Lager oder Transport in den Osten entscheidet. Aber seltsamerweise gibt es noch einen anderen Häftling, der sogar die Macht besitzt, Schlesinger ins Handwerk zu fallen. Dieser Mann ist Dr. Fritz Spanier. Wen er krank schreibt, der muß erst gesund gepflegt werden; und das kann, wenn Spanier und seine Helfer wollen, recht lange dauern.

So erhält Spanier die Position eines allmächtigen Gottes. Er ordnet auch an, welche Lagerinsassen Diätessen erhalten dürfen. Vor allem gegen Ende des Krieges, wenn die Verpflegung knapp und im Nährwert unzureichend wird, können ärztlich verschriebene Sondermahlzeiten zu Lebensrettern werden. Erstaunlicherweise reicht seine Machtbefugnis noch viel weiter. So darf Spanier beispielsweise Passierscheine ausstellen, die den Häftlingen das vorübergehende Verlassen des Lagers ermöglichen, und er ist berechtigt, Dispensen von Arbeitseinsätzen zu erteilen. Selbstverständlich schlägt sich diese Machtfülle auch in besonderen Privilegien nieder. Dr. Fritz Spanier gehört zu jenen, die in Westerbork ein eigenes Haus bewohnen dürfen.

Es versteht sich von selbst, daß seine Position unerträgliche Gewissenskonflikte hervorrufen muß. Wen er krank schreibt, der wird vor den nächsten Transporten gerettet, wer dank seiner ärztlichen Kunst als geheilt entlassen werden kann, muß die Fahrt in den Osten antreten, wo ihn ein ungewisses Schicksal erwartete – und Fritz Spanier wird genug von den Zuständen in den Konzentrationslagern gewußt oder geahnt haben, um sich der schicksalhaften Bedeutung jener Entscheidung bewußt zu sein.

Man vermag einzuwenden, es sei reiner Zufall, daß ausgerechnet Dr. Fritz Spanier die Stelle eines Chefarztes einnimmt. Wäre es nicht er, so hätte man einen anderen mit dieser Aufgabe betraut. Dieser Einwand ist jedoch nur bedingt zutreffend. Gleichzeitig nämlich – und das ist das Besondere an der Person Dr. Fritz Spaniers – besitzt er, wie uns Gordon Thomas berichtet, *„mysteriöse Einflüsse auf den Befehlshaber des Lagers"*,[7] was nichts anderes heißt, als daß Gestapo und SS gewillt sind, auf seine „Ratschläge" zu hören. Als einziger Häftling kann er es sich sogar leisten, in Gegenwart auch höchster nationalsozialistischer Offiziere und Polizeibeamter sitzen zu bleiben – eine Respektverweigerung, die bei jedem anderen Juden in Westerbork katastrophale Folgen zeitigen würde. Dieser „mysteriöse Einfluß" ist zweifellos auf die faszinierende Persönlichkeit Spaniers zurückzuführen, doch gibt es auch einen sehr realen Hintergrund, der offensichtlich Gordon Thomas nicht bekannt war: Lagerkommandant Gemmeker und Spanier kennen einander noch aus früheren Zeiten, da der SS-Mann sich von diesem jüdischen Arzt behandeln ließ. Dieses Nahverhältnis Arzt – Patient zeigt auch noch in Westerbork seine Nachwirkungen.

Dennoch werden eines Tages Spaniers Frau und die beiden Kinder in einen Viehwaggon geschleppt, der sie in ein Lager im Osten führen soll. Wie es zu diesem Übergriff kommt, ist unbekannt und auch kaum zu erklären. Angesichts der jetzt nahezu perfekt organisierten Lagerverwaltung läßt sich ein Irrtum ausschließen. Auch ein Racheakt ist unwahrscheinlich, denn wer sollte sich an Dr. Fritz Spanier rächen wollen? Eine theoretische Möglichkeit wäre noch, daß diese Aktion als Warnung der Nationalsozialisten für den Chefarzt gedacht ist, dessen selbstherrliches Auftreten bei manchen untergeordneten Gestapo- und Polizeibeamten möglicherweise Ärger hervorruft. Aber selbst diese Version scheint nicht zuzutreffen. Als Dr. Fritz Spanier nämlich von der Verhaftung seiner Familie erfährt, verlangt er energisch, entweder mit ihr zusammen „auf Transport" geschickt zu werden oder Frau und Kinder aus dem Viehwaggon zu befreien. Seine Intervention – bei wem sie erfolgt, bleibt unbekannt – ist erfolgreich. Seine Familie darf im Lager bleiben. Auf Anweisung Spaniers werden die bereits geschlossenen Waggontüren geöffnet.

Die entscheidenden Fragen über Dr. Fritz Spaniers Wirken lauten: Hat er seine Position mißbraucht? Wurden willkürliche Entscidungen – Bevorzugung von Freunden und Benachteiligung von anderen – getroffen? Benützte er sein „mysteriöses" Ansehen bei der deutschen Lagerverwaltung, um eigene Vorteile auf Kosten anderer zu erlangen? Nun, es gibt kein Indiz und erst recht keinen Beweis für eine unmoralische Handlung Spaniers. Man gewinnt, im Gegenteil, den Eindruck, daß er jede Möglichkeit ausnützt, um seinen Häftlingen behilflich zu sein. Zwar werden Fälle bekannt, in denen er die vorübergehend rettende Aufnahme Gesunder in sein Hospital verweigert, weil er befürchtet, die Deutschen würden den Betrug entdecken. Auch Dr. Fritz Spaniers geheimnisvoller Macht sind Grenzen gesetzt. Philip Mechanicus, ein unbestechlicher Berichterstatter über die Zustände in Westerbork, steht dem Arzt positiv gegenüber. Als Mechanicus am 16. Januar 1944 glaubt, „auf Transport" gehen zu müssen – im letzten Moment wird diese Verfügung dann widerrufen werden –, schreibt er in sein Tagebuch: *„Auch von Dr. Spanier"* (nehme ich Abschied und habe mich) *„für alles bedankt, was er für mich getan hat. Er gab mir ein Empfehlungsschreiben an seine Eltern in Theresienstadt mit und schenkte mir außerdem eine kleine Hausapotheke. Wieder hatte ich das Gefühl, es mit einem Mann von Format, mit einem guten Menschen zu tun zu haben...* "[8] Das sind deutliche Worte, die keines Kommentars bedürfen.

Allerdings gibt es auch Ereignisse, die nachdenklich stimmen. So ruft Dr. Fritz Spanier ein Jahr vor Kriegsende einige seiner Ärzte zu sich und gibt ihnen den Befehl, alle jüdischen Frauen in Westerbork, die mit „Ariern" verheiratet sind, zu sterilisieren. Eine derartige Maßnahme würde die Betroffenen vor einer Deportation bewahren. Sollten sich die Ärzte weigern, die angeordnete Operation durchzuführen, käme dies einem Todesurteil für die betroffenen Frauen gleich. Spanier beruft sich auf die Mitteilung eines ihm bekannten Gestapo-Beamten. Als sich eine ins Vertrauen gezogene Ärztin weigert, dem Wunsch des Chefarztes zu entsprechen, kommt es zu einer Überprüfung, und der Sterilisationsbefehl wird widerrufen. Jene, die sich inzwischen operieren ließen, entkommen – soweit man den vorliegenden Berichten entnehmen kann – der „Endlösung" keineswegs.[9]

Doch auch diese Angelegenheit belastet Dr. Fritz Spanier nicht. Die Vorstellung, man vermöge durch Zwangssterilisation bei Mischlingen und bei jüdischen Ehefrauen von „arischen" Männern der „jüdischen Gefahr" einen Riegel vorschieben, geistert seit Jahren in den Köpfen der nationalsozialistischen Ärzte. Auf der berüchtigten Wannsee-Konferenz war am 20. Januar 1942 unter dem Vorsitz Heydrichs vorgeschlagen worden, Mischlinge ersten Grades, soweit sie nicht deportiert werden, einer Zwangssterilisation zu unterziehen. Obwohl es damals zu keinem offiziellen Beschluß gekommen war, wird die Frage immer wieder aufgeworfen. Da derartige Zwangssterilisationen aus nationalsozialistischer Sicht einer gewissen Logik unterliegen, sollte es nicht verwundern, daß auch Dr. Fritz Spanier davon hört. Wie immer man es betrachtet, Spaniers Anordnung liegt zweifellos der Wunsch zugrunde, rettend einzugreifen.

Im Feber 1944 – an einer Niederlage Deutschlands ist jetzt nicht mehr zu zweifeln – nähert sich die irreale Welt von Westerbork immer deutlicher dem Schrecken anderer deutscher Konzentrationslager. Gegen Ende des Krieges trachtet man nicht mehr, Häftlinge erst gesund zu pflegen und dann in den Osten zu verschicken. Ganz im Gegenteil: Wer krank ist, wird für den Transport eingeteilt. Dr. Fritz Spanier, der von dieser Sinneswandlung erfährt und ihre Bedeutung erkannt haben wird, beauftragt daraufhin seine ihm unterstellten Ärzte, das Hospital nach Möglichkeit zu leeren. Es läge im höchsten Interesse der Patienten, möglichst viele zu entlassen. *„Das habe ich nicht nur einmal, sondern des öfteren durchblicken lassen"*, gesteht Spanier gegenüber Philip Mechanicus und fügt resigniert hinzu: *„Sie* (gemeint sind die Ärzte) *haben es nicht getan."*[10)]

Weshalb nicht? Möglicherweise – auch Philip Mechanicus ist dieser Meinung – war Dr. Fritz Spaniers Wink an die Ärzte nicht deutlich genug und wurde daher nicht verstanden. Das wäre plausibel. Auch der allmächtige Chefarzt muß sich jetzt zurückhalten. Sein Einfluß wird zusehends geringer. Längst hat man begonnen, selbst Ärzte und Pflegepersonal „auf Transport" zu schicken und das Hospital zu verkleinern. Spanier kann daher unmöglich deutlichere Worte gebrauchen. Er muß sich mit Andeutungen, die, wie es scheint, nicht verstanden werden, begnügen. Es mag auch sein, daß ihm einige Ärzte schlichtweg nicht glauben und die neue Vorgangsweise der deutschen Machthaber nicht begreifen.

OHNE KARTE UND KOMPASS

Nach der in Antwerpen endenden Sonderfahrt der „ST. LOUIS" wird das Schiff nach New York beordert und trifft dort am 28. Juni 1939, gerade noch rechtzeitig, ein. Ganz Amerika ist jetzt, dank der umfangreichen Berichterstattung, der Name dieses Schiffes bekannt. Das scheinbar gute Ende der Irrfahrt in Antwerpen verdrängt alle Ressentiments gegenüber Deutschland, die sich in der Öffentlichkeit gebildet haben. Viele Amerikaner empfinden geradezu einen „gruselnden Schauer", just jenen Dampfer zu besteigen, der noch wenige Tage zuvor Schauplatz eines gewaltigen Dramas gewesen ist. Ähnliches werden wohl Besucher alter Burgen empfinden, wenn sie die Kerker und Folterkammern besichtigen.

Von Stornos kann keine Rede mehr sein. Die nächste Kreuzfahrt – sie führt in die Karibik – ist restlos ausgebucht. Die beiden danach folgenden Reisen ebenfalls. Die „ST. LOUIS" ist für die Hapag zu einer Goldgrube geworden.

Während des kurzen Aufenthaltes in New York wird Kapitän Gustav Schröder zu einer Pressekonferenz in das „Waldorf Astoria"-Hotel eingeladen, um der Öffentlichkeit über die Ereignisse auf seinem Schiff zu berichten. Auf strikten Befehl der deutschen Botschaft muß er absagen. Eine, vom Standpunkt des Dritten Reiches aus gesehen, durchaus verständliche Maßnahme. Das Fiasko der von Goebbels beabsichtigten Propaganda mit der Sonderfahrt der „ST. LOUIS" läßt sich nicht mehr beseitigen.

Für Ende August ist die vierte Kreuzfahrt der „ST. LOUIS" geplant, mit einem für diesen Dampfer makabren Ziel: Diesmal soll es nach Kuba gehen. Anders als vor zwei Monaten, werden nicht verzweifelte Passagiere an Bord sein, denen man die Ausschiffung verweigert, sondern unbeschwerte, in Havanna herzlich willkommen geheißene amerikanische Vergnügungsreisende. Wieder sind alle Kabinen ausgebucht. Im letzten Moment wird jedoch die Kreuzfahrt storniert.

Die Besatzung wird zurück an Bord befohlen. Jedem Mitglied, das Landurlaub erhalten hatte, war aufgetragen worden, eine Adresse für den „Notfall" zu hinterlassen. Jetzt ist es soweit. Vier Tage vor Beginn des Zweiten Weltkrieges, in der Nacht vom 28. auf den 29. August, gleitet die „ST. LOUIS" aus dem Hafen von New York. Was veranlaßt Kapitän Schröder zu diesem Entschluß?

Alle großen deutschen Schiffe, die in der zweiten Hälfte August ihren Heimathafen verlassen, haben ein versiegeltes Kuvert an Bord. Unmittelbar vor Kriegsbeginn erhalten die Kapitäne per Funk die Anweisung, dieses zu öffnen, den Inhalt mit genauen Instruktionen zu studieren und zu befolgen. Kapitän Schröder jedoch ist nicht im Besitz eines „versiegelten Kuverts", da er seit Juni nicht mehr in Europa gewesen war. Eine offizielle Order aus Deutschland liegt ebenfalls nicht vor. Der deutsche Generalkonsul in New York warnt den Kapitän sogar nachdrücklich, ohne autorisierten Befehl das Land zu verlassen. Auf der anderen Seite ist es undenkbar, daß Gustav Schröder auf eigene Faust handelt. Die Vorstellung, er habe den bevorstehenden Krieg geahnt, die ausgebuchte Kreuzfahrt storniert und den Befehl zur „Flucht" erteilt, liegt jenseits der Realität.

Die einzig akzeptable Erklärung ergäbe sich aus der Annahme, daß die Hapag über verschlüsselte Telegramme mit Kapitän Schröder Kontakt aufgenommen und ihn aufgefordert hat, die Kreuzfahrt abzusagen. Obwohl es sich bei der Hapag um ein „normales" Wirtschaftsunternehmen handelt, besitzt diese Reederei – als Folge des staatlichen Mehrheitseinflusses – gleichsam einen halboffiziellen Status. Selbstverständlich wissen ihre Spitzenfunktionäre, was der Welt bevorsteht, und sie werden dementsprechend mit Hilfe der versiegelten Kuverts vorgesorgt haben, daß sich ihre Schiffe in Sicherheit bringen. Wohl wissend, daß sich eine derartige Botschaft nicht an Bord der „ST. LOUIS" befindet, bleibt der Hapag gar nichts anderes übrig, als mit dem Schiff direkten Kontakt aufzunehmen. Daß der deutsche Generalkonsul anderer Ansicht ist und vor „Eigenmächtigkeiten" warnt, ist ebenfalls verständlich, da er seine Befehle direkt vom deutschen Außenamt erhält.

Als am 1. September 1939 tatsächlich der Krieg ausbricht, ist Kapitän Schröder auf sich allein gestellt. Tag und Nacht wird – soweit es möglich ist – der Funkverkehr abgehört, und so erfährt er, daß eine große Anzahl deutscher Schiffe versucht, im sowjetrussischen Murmansk Zuflucht zu suchen. Seit August 1939 verbinden ein Handels- und Kreditabkommen sowie ein Nichtangriffspakt Deutschland mit der Sowjetunion, die somit den Status eines „befreundeten Staates" besitzt. Der Hafen von Murmansk ist ganzjährig eisfrei, ein äußerst wichtiger Umstand. Kapitän Schröder weiß genau, daß er – wenn überhaupt – nur während der langen Winternächte eine Chance besitzt, die am 3. September, dem Tag des Kriegsbeginns mit Großbritannien, sofort einsetzende Blockade zu durchbrechen und nach Hamburg zurückzukehren. Unmittelbar nach dem Ablauf des britisch-französischen Ultimatums werden die Positionslaternen und die Außenbeleuchtung der „ST. LOUIS" gelöscht und die Schornsteine mit Tarnfarbe übermalt.

Murmansk, 280 km nördlich des Polarkreises gelegen, zählt im Jahre 1939 119.000 Einwohner. Die Bedürfnisse der Seefahrt und der sowjetrussischen Kriegsmarine beherrschen das städtische Leben. Es gibt eine Seefahrt-Hochschule, Forschungsinstitute und Anlagen für Schiffsreparaturen. Deutsche Kriegsgefangene haben 1915 bis 1917 – während des Ersten Weltkrieges – eine Bahnlinie nach St. Petersburg und einen Flugplatz gebaut, für schutzsuchende Schiffe eine geradezu ideale Infrastruktur.

So trefflich die Wahl von Murmansk ist, so schwierig gestaltet sich die Fahrt dorthin. Sie erfordert höchstes seemännisches Können. Da dieser „Abstecher" nicht geplant war, befindet sich auch keine einzige Seekarte an Bord, an der sich die Besatzung orientieren könnte. Zum Glück – es klingt wie ein makabrer Witz – wird ein alter Schulatlas gefunden, der nun als Navigationshilfe dienen muß.

Kapitän Schröder läßt die „ST. LOUIS" nach Norden steuern, fährt zwischen Island und Grönland über den Polarkreis hinaus, umschifft die norwegische Insel Jan Mayen im nördlichen Eismeer und nähert sich Ende September dem russischen Hoheitsgebiet. Eine unglaubliche Leistung, vor allem, wenn man bedenkt, daß nicht nur brauchbare Karten fehlen, sondern auch ständig Gefahr durch feindliche Kriegsschiffe droht. Der Zweite Weltkrieg hat bereits begonnen, sich zu einem riesenhaften Flächenbrand auszuweiten. Ab 3. September befinden sich Australien, Indien und Neuseeland, ab 6. die Südafrikanische Union, ab 10. auch Kanada im Kriegszustand mit Deutschland. Seit dem 17. September, 6 Uhr Moskauer Zeit, marschieren – jetzt als Waffenbrüder Deutschlands – Sowjettruppen in Polen ein und besetzen den Ostteil des Landes.

Zu allem Übel fällt noch die Steuerbordmaschine aus, so daß die Geschwindigkeit auf 13 Seemeilen pro Stunde reduziert werden muß. Schließlich versagt auch der Kreiselkompaß. Fast könnte man meinen, der Teufel habe es auf die „ST. LOUIS" abgesehen. Doch ungeachtet aller Hindernisse gelingt Kapitän Schröder das Husarenstück. Er erreicht die sowjetischen Hoheitsgewässer. Lotsen kommen an Bord und leiten das Schiff in den Hafen von Murmansk. Verblüfft erkennt die Mannschaft bei ihrer Ankunft, daß dort bereits eine ganze Armada deutscher Schiffe versammelt ist, darunter die Dampfer „NEW YORK" und „BREMEN". Fünfzehn Mann bleiben an Bord, alle anderen werden mit der Bahn nach Leningrad (heute St. Petersburg) gebracht und von dort in ihre Heimat repatriiert, wobei drei Sonderzüge des „Polarexpreß" eingesetzt werden. Tausenden deutschen Seeleuten gelingt es dieserart, über Murmansk die englische Blockade zu durchbrechen.

Die „befreundete" Sowjetunion erweist sich als äußerst kooperativ, und Murmansk ist ein geeigneter Ort, um lädierte Schiffe wieder instand zu setzen. Die „ST. LOUIS" wird repariert, die Vorräte werden aufgefüllt, und der Kapitän erhält endlich die notwendigen Seekarten. Der Schulatlas wird nicht mehr benötigt.

Am 22. Dezember 1939 riskiert Kapitän Schröder mit den an Bord verbliebenen fünfzehn Mann, neuerlich die englische Blockade zu durchbrechen, um nach Hamburg zurückzukehren. Wenn man bedenkt, daß die Besatzung normalerweise 330 Mann beträgt (darunter freilich viele, die ausschließlich für das Wohl der Passagiere zuständig sind), so vermag man zu ermessen, welche Aufgabe das kleine Häuflein bewältigen muß, um unter diesen schwierigen Umständen das Schiff nach Deutschland zurückzubringen. Die langen Nächte, so hofft Schröder, werden ihm ausreichend Schutz bieten. Gemessen an den jetzt drohenden Gefahren war die Fahrt von New York nach Murmansk ein Kinderspiel. Die Blockade ist stärker geworden. Schnee, Nebel und Winterstürme erschweren die Heimreise zusätzlich. Eines der Besatzungsmitglieder ist Horst Hinz. Am 23. Mai 1989 wird er an das „Hamburger Abendblatt" unter anderem berichten: *„Mit Ehrfurcht und allerhöchster Hochachtung muß ich an meinen Kapitän, Herrn Gustav Schröder, denken... es war eine schaurige Fahrt, aber alles vertraute dem Kapitän Schröder."*[1]

Nach zehn Tagen – am 1. Januar 1940 – trifft die „ST. LOUIS" wohlbehalten in Hamburg ein. Die „schaurige Fahrt" ist zu Ende. *„Gleich nach der Ankunft in Hamburg kam der Vorsitzende des Hapag-Vorstandes mit großem Gefolge an Bord, um Kapitän und Besatzung zu begrüßen; er hielt eine Ansprache im Stile der damaligen Zeit, die mit dem üblichen ,Sieg Heil' abgeschlossen wurde",*[2] berichtet Heinz Burmester über die triumphale Rückkehr der „ST. LOUIS" aus Murmansk. Alle 15 Mann der Besatzung erhalten den Blockadebrecher-Orden verliehen.

Mit der zweifachen Durchbrechung der englischen Blockade endet für Kapitän Gustav Schröder nach 38 Jahren der Dienst auf See. Nie mehr wird er das Kommando über ein Schiff erhalten. Ein erstaunlicher Umstand, denn im zweiten Kriegsjahr benötigt Deutschlands Marine jeden tüchtigen Offizier, und Schröder zählt sicher zu ihren tüchtigsten. Der mögliche Verdacht, diese Entscheidung beruhe auf irgendwelchen Emotionen oder politischen Erwägungen, trifft auf keine der beiden Seiten zu. Schröder hat sich auf den Weltmeeren immer zu Hause gefühlt, jede Reise bereitete ihm Freude. Selbst die tragische Fahrt nach Kuba vermochte seine grundsätzliche Einstellung nicht zu ändern; allein schon deshalb, weil er gerade bei diesem Einsatz als Helfer und Retter auftreten konnte. Auch bei der Hapag bestehen keine Ressentiments gegenüber dem Kapitän; die Reederei ist, ganz im Gegenteil, mit Schröders Einsatz mehr als zufrieden. Vermochte er doch, die „ST. LOUIS"-Sonderfahrt ohne allzugroßen Gesichtsverlust für Deutschland zu beenden und sein Schiff, ungeachtet der britischen Blockade, unbeschädigt zurückzubringen. Beide Erfolge werden von den Nationalsozialisten ebenfalls anerkannt. Vor allem die spektakuläre Heimreise aus Murmansk findet das Wohlwollen der Partei.

Die Gründe für die Versetzung des Kapitäns sind ganz anders gelagert und in Wirklichkeit die Folge eines geradezu unverständlichen Bürokratismus. Jetzt im Krieg kommt der zivilen Schiffahrt kaum mehr Bedeutung zu. Das Nächstliegende wäre es, Gustav Schröder in die Kriegsmarine zu überstellen, diese hatte ihn jedoch bereits einmal abgelehnt, weil sich die zuständigen Herren an seiner geringen Größe und dem „Leichtgewicht" gestoßen hatten. So entscheidet sich das Oberkommando der Kriegsmarine für eine andere – im Grunde genommen sehr kluge – Lösung: Kapitän Schröder wird zur Deutschen Seewarte versetzt, die sich unter anderem mit besonderen Aspekten der technischen Navigation befaßt. Er konnte zeitlebens seine genialen Fähigkeiten in der Welt der Navigation unter Beweis stellen. Erinnern wir uns, daß er bereits während der Internierung im Ersten Weltkrieg seine Kameraden auf diesem Gebiet instruiert und sogar eine kleine Sternwarte gebaut hatte. Bei der doppelten Durchbrechung der Blockade erwies es sich dann, daß er nicht nur ein exzellenter Theoretiker war, sondern auch über imponierende praktische Fähigkeiten verfügte. Einen großen Ozeandampfer ohne Seekarte und ohne funktionierenden Kreiselkompaß unentdeckt von feindlichen Kriegsschiffen auf Schleichwegen nach Murmansk zu führen, ist und bleibt eine seemännische Meisterleistung ersten Ranges. Man vermag einzuwenden, letzteres sei ohne allzugroße Bedeutung, denn es gäbe immer noch sogenannte „Tochterkompasse" an Bord, und zur Not eigneten sich auch die in den Rettungsbooten vorhandenen Navigationsinstrumente. Das stimmt zweifellos für normale Fahrten, nicht aber, wenn ein Schiff bei Nacht und Nebel, von Feinden umlauert – vor allem ohne geeignete Seekarte! –, seinen Weg finden muß.

BILANZ DES SCHRECKENS

Die Bilanz des „ST. LOUIS"-Dramas nach Kriegsende ist für die meisten seiner Opfer, Täter und vom Schicksal Miteinbezogenen erschreckend. Kriege und Diktaturen hinterlassen blutige Spuren, eine Binsenwahrheit, die für den Zweiten Weltkrieg und für das nationalsozialistische Regime in besonderem Maß zutrifft.

Alle Teilnehmer der „Adlon"-Konferenz in Berlin – sie haben vermutlich die letzten Anweisungen für die Sonderfahrt nach Kuba erteilt – sterben eines unnatürlichen Todes. JOSEPH GOEBBELS begeht zusammen mit seiner Frau wenige Tage vor Kriegsende in der Berliner Reichskanzlei Selbstmord, nachdem das Ehepaar seine fünf Kinder vergiftet hatte. HERMANN GÖRING wird im Nürnberger Prozeß als Hauptbeschuldigter angeklagt. Wohl wissend, daß ihm die Hinrichtung durch den Strang sicher ist, nimmt er sich in seiner Zelle das Leben.

Besonders grausam ist das Ende von WILHELM CANARIS, dem Gastgeber der „Adlon"-Konferenz. Nach dem Attentat auf Adolf Hitler am 20. Juli 1944 wird er verhaftet, obwohl keine Hinweise vorliegen, daß er in irgendeiner Weise beteiligt oder gar nur Mitwisser gewesen wäre. Für Himmlers SS ergibt sich jedoch jetzt eine günstige Gelegenheit, ihren Gesinnungsgegner, den ehemaligen Chef der deutschen Abwehr, „auszuschalten". Canaris' Büro wird durchsucht, Panzerschränke werden aufgebrochen. Aber auch jetzt finden sich keine Anhaltspunkte, daß der Admiral mit den Attentätern konspiriert hätte. Es kommen jedoch zahlreiche Dokumente zum Vorschein, die beweisen, daß Canaris von weit zurückliegenden Auflehnungen gegen das nationalsozialistische Regime wußte und sein Wissen verschwiegen hatte; in den Augen des Regimes ein unverzeihliches Verbrechen. Je länger seine Haft dauert, desto härter werden die Bedingungen. Schließlich legt man ihn sogar in Eisenketten. Am 9. April 1945, im Morgengrauen, wird der Admiral wegen Hochverrates hingerichtet.

Der kubanische Staatspräsident LAREDO BRU, der die Flüchtlinge für sein korruptes Regime hat büßen lassen, verliert die nächste Wahl. Aber auch sein Nachfolger vermag in diesem von Revolten erschütterten Land nicht lange an der Macht zu bleiben. Er wird von Armeechef FULGENCIO BATISTA – Brus ehemaligem Todfeind – gestürzt. Batista regiert von 1940 bis 1944, wird dann verjagt und findet in den Vereinigten Staaten Asyl. 1952 gelingt es ihm neuerlich mit Hilfe der Armee, auf Kuba eine Diktatur zu errichten. Sieben Jahre später wird er von Fidel Castro nach sechs Jahren Guerillakrieg gestürzt.

Der amerikanische Präsident FRANKLIN D. ROOSEVELT, der es – genauso wie seine Frau ANNA ELEANOR – nicht einmal der Mühe wert gefunden hatte, auf die verzweifelten telegrafischen Hilferufe der Flüchtlinge zu antworten, geht 1940 zum dritten- und 1944 zum viertenmal als Sieger aus den Präsidentschaftswahlen hervor. Die letzte Amtsperiode ist nur von kurzer Dauer. Er stirbt am 12. April 1945, zu einem Zeitpunkt, da Hunderte der von ihm seinerzeit ignorierten „ST. LOUIS"-Flüchtlinge bereits zu Tode gekommen waren. Seine Frau überlebt ihn sieben Jahre.

FRITZ HAERLIN, Eigentümer des weltberühmten Hotels „Vier Jahreszeiten" in Hamburg und Mitglied des Totenkopfordens mit der SS-Nummer 90652, der mit großem Einsatz und beträchtlichem persönlichem Risiko seine jüdischen Mitarbeiter schützen wollte und jüdische Gäste allen Verboten zum Trotz bedienen ließ, wird im Juli 1945 verhaftet. Der begeisterte Turnierreiter verteidigt seine politische Vergangenheit mit dem Hinweis, seine Mitgliedschaft sei lediglich sportlich zu bewerten (die Reiter-SS war vom Internationalen Gerichtshof in Nürnberg nicht als „verbrecherische Organisation" eingestuft worden). Auch die Aussagen seiner Angestellten fallen zu seinen Gunsten aus. Fritz Haerlin wird in die Kategorie V („Entlastete") eingestuft. 1975 stirbt er im 79. Lebensjahr.

OTTO SCHIENDICK, der als „Hoheitsträger" von den Nationalsozialisten eingesetzt worden war, um die Vorgänge auf der „St. LOUIS" zu beobachten, fällt in den letzten Kriegstagen nahe bei Hamburg durch die Schüsse einer englischen Patrouille.

JOSEF JOSEPH, Leiter des Bordkomitees, dessen Mut und Nervenstärke Kapitän Schröder geholfen hatten, die Ruhe an Bord aufrechtzuerhalten und panikartige Tumulte zu verhindern, hat das Glück, dem britischen Internierungskontingent zugeteilt zu werden. Noch während des Krieges übersiedelt er in die Vereinigten Staaten von Amerika.

HEINRICH GLÜCKSMANN, dem es vergönnt gewesen war, direkt aus dem Konzentrationslager Buchenwald auf die „ST. LOUIS" zu kommen, überlebte in Großbritannien. 1946 erhält er die englische Staatsbürgerschaft. Sein Sohn stellte wertvolle Unterlagen für die Recherchen zu diesem Buch zur Verfügung.

MAX ABER, der seine von der Mutter verlassenen und daher allein reisenden Kinder auf Kuba in die Arme schließen kann, gelingt die Weiterreise in die Vereinigten Staaten. In seiner neuen Heimat darf er wieder als Arzt praktizieren.

Nach seinem Selbstmordversuch wird MAX LOEWE in Havanna gesund gepflegt. 1940 schlägt er sich nach England durch und findet dort seine Familie. Zwei Jahre später stirbt er.

ERICH DUBLON, einer der wenigen Passagiere, der während der Sonderfahrt der „ST. LOUIS" alle Ereignisse in seinem Tagebuch festgehalten hatte, findet vorübergehend in Brüssel bei seinem Onkel Zuflucht. Nach dem deutschen Angriff auf Belgien gerät er in die Fänge seiner Verfolger. Am 8. August 1942 wird Erich Dublon nach Auschwitz deportiert, wo er schon am 3. September den Tod findet. Sein Bruder WILLY, dessen Frau ERNA sowie die beiden kleinen Töchter des Ehepaares, LORE und EVI, werden am 15. Januar 1944 ebenfalls nach Auschwitz verschickt und umgebracht.[1]

MORITZ FRÖHLICH, der statt mit der „ST. LOUIS" mit der „IBERIA" nach Havanna gefahren war, gelingt es nach einem längeren Aufenthalt auf Kuba, in die Vereinigten Staaten einzureisen. Er nimmt den Namen GAY an und wird, zusammen mit seiner Familie, amerikanischer Staatsbürger. Er stirbt 1955, seine Frau überlebt ihn 22 Jahre. Sohn PETER GAY lebt heute als angesehener Universitätsprofessor in den USA.

WESTERBORK wird am 12. April 1945 durch kanadische Truppen befreit. Kurz zuvor hatte Kommandant ALBERT KONRAD GEMMEKER die Leitung des Lagers KURT SCHLESINGER übergeben. Die alliieren Streitkräfte finden noch 876 Gefangene vor. Ein holländisches Gericht verurteilt Gemmeker zu zehn Jahren Haft.

Gegen KURT SCHLESINGER, de facto Lagerleiter von Gemmekers Gnaden, Herr über Leben und Tod in Westerbork und Nutznießer zahlreicher Privilegien, wird nach der Befreiung des Camps eine Untersuchung eingeleitet. Es erfolgt keine Verurteilung. Schlesinger emigriert in die Vereinigten Staaten. Über sein weiteres Schicksal ist nichts bekannt.

PHILIP MECHANICUS, dessen Tagebucheintragungen wir detaillierte Informationen über Westerbork verdanken, wird am 15. März 1944 nach Bergen-Belsen transportiert und von dort nach Auschwitz. Schon drei Tage später ist er tot. Alle seine Leidensgenossen, die mit ihm von Westerbork nach Auschwitz gebracht wurden, erleiden das gleiche Schicksal.

DR. FRITZ SPANIER überlebt, vermutlich dank seiner privilegierten Stellung in Westerbork, den Krieg. Obwohl es vehemente Vorwürfe gibt, er habe seine Macht als Chefarzt mißbraucht, wird keine offizielle Anklage gegen ihn erhoben. Sofort nach der Befreiung Westerborks kehrt Spanier nach Deutschland zurück und begibt sich in das Konzentrationslager Bergen-Belsen, wo unzählige ehemalige Häftlinge dringend ärztlicher Hilfe bedürfen. In kurzer Zeit wird er dort zu einer ähnlich dominierenden und faszinierenden Persönlichkeit werden wie zuvor in Westerbork. Jetzt jedoch entscheidet sein Urteil nicht mehr über Leben oder „Transport". Hier darf er ausschließlich helfender Arzt sein.

Nach Beendigung seiner Tätigkeit in Bergen-Belsen übersiedelt Spanier nach Düsseldorf und eröffnet – wie in alten Zeiten – eine „normale" Ordination. Seine Ehe geht in Brüche. Nach der Scheidung heiratet er ein zweites Mal. Die Töchter übersiedeln in die Vereinigten Staaten. Dr. Fritz Spanier stirbt 1967.

* * *

Kapitän GUSTAV SCHRÖDER überlebt den Krieg, doch die Jahre bis zu seinem Tod verlaufen eher trist. Nach dem Zusammenbruch Deutschlands, 1945, beendet auch die Seewarte in Hamburg – in die er seit seiner Rückkehr aus Murmansk abkommandiert wurde – ihren Dienst. Kapitän Gustav Schröder wird im Rang eines Oberregierungsrates in den Ruhestand versetzt. Um seine kleine Pensionsrente aufzubessern – es fehlt ihm an allem –, betätigt er sich als Autor kleiner Bücher und Hefte. Von seinem bereits 1941 herausgegebenen Titel „Fernweh und Heimweh" über die Reisen auf KdF-Schiffen erwartet er sich zudem einige Tantiemen. Jetzt jedoch, vier Jahre später, kommt es dieses Buches wegen zu einem Eklat, über den man nur verständnislos den Kopf zu schütteln vermag. Die von den Siegermächten in Deutschland eingesetzten Militärregierungen ordnen nämlich an, daß alle Bücher, die den Nationalsozialismus verherrlichen, einzuziehen und zu vernichten seien. Unter dieses Edikt fällt auch Schröders „Fernweh und Heimweh". Burmester schreibt darüber: Es *„war kein nationalsozialistisches Propagandabuch, aber der Autor, der mehr als ein Jahr lang als erster Offizier und Kapitän KdF-Schiffe geführt hatte, pries... mit deutlichen Worten diese Reisen, weil er immer wieder festgestellt hatte, mit welch großer Freude die einfachen Menschen ihre Reise auf den Traumschiffen genossen haben".*[2]

Kein Dank der siegreichen Alliierten und kein Orden werden dem Kapitän zuteil. Hat man vergessen, daß sich eine der Siegermächte am Tod und Elend hunderter „ST. LOUIS"-Passagiere mitschuldig gemacht hat, die wenige Meter vom rettenden Strand vor Miami von bewaffneten Küstenbooten verjagt wurden? War es wirklich notwendig, diesem verdienten Mann sein Buch zu beschlagnahmen und einstampfen zu lassen, nur weil er über glückliche Menschen geschrieben hat, die eine Traumreise genießen durften?

Die Verfügung der Militärbehörden trifft Kapitän Schröder nicht nur ins Herz, sie bedroht auch seine materielle Existenz. Das Leben im Nachkriegsdeutschland ist hart. Die Menschen hungern, frieren und sind äußerst knapp an Geld. Auch Schröder lebt jetzt in ärmlichen Verhältnissen. Der Verkauf seiner kleinen Schriften und Bücher muß mithelfen, seine ärgsten Existenzsorgen zu lindern. 1949 erscheint sein Bericht über das Drama der „ST. LOUIS" unter dem Titel „Heimatlos auf hoher See". Andere Schriften folgen. Einige Bücher illustriert er selbst; nicht alle befassen sich mit der Seefahrt allein, viele sind auch Tieren gewidmet, vor allem den Albatrossen, mit denen ihn geradezu eine Freundschaft verband.

Die letzten Jahre seines Lebens verbringt der pensionierte Oberregierungsrat zurückgezogen mit seiner Ehefrau und einem kranken Sohn in Klein-Flottbek. Zu seinen wenigen Freunden gehört der Schriftsteller Hans Leip, dessen Gedicht „Lili Marleen" Weltruhm erlangte. Während des Ersten Weltkrieges geschrieben, wurde es – von Norbert Schultze vertont – im Zweiten Weltkrieg zu einem bei „Freund und Feind" gleichermaßen beliebten Soldatenlied.

Einige der überlebenden jüdischen Passagiere der „ST. LOUIS" erweisen sich gegenüber „ihrem" Kapitän als dankbar. Er erhält Lebensmittelpakete und manchmal auch einige Kleidungsstücke. Für Schröder ist jeder Pfennig wichtig: Als er zu Ostern 1950 Lilli Joseph – sie ist die Witwe nach dem inzwischen verstorbenen Präsidenten des Bordkomitees – einen Brief schreibt und sein Buch über die „ST. LOUIS" beilegt, bittet er sie ausdrücklich, die 80 amerikanischen Cent an eine New Yorker Adresse zu schicken.

Erst in den fünfziger Jahren erinnert sich das offizielle Deutschland an den Kapitän und seinen Einsatz während der Reise nach Kuba. Bundespräsident Theodor Heuss ersucht den Hamburger Senat, für Kapitän Schröder das Bundesverdienstkreuz zu beantragen. Ein Senator der Hansestadt überreicht es ihm am 4. Feber 1957 für seine *„Verdienste um Volk und Land bei der Rettung von Emigranten".* Der Dank des Vaterlandes hat achtzehn Jahre auf sich warten lassen und reduzierte sich auf ein Bundesverdienstkreuz II. Klasse.

Allem Anschein nach hat Gustav Schröder keine sonderlich glückliche Ehe geführt. Seine Nichte, Irmgard Glaevecke, meint dazu: *„Seine Ehe hat natürlich sehr darunter gelitten, daß sie* (die Eltern) *die Tragik mit ihrem kranken Sohn erleben mußten. Er wurde nur 45 Jahre alt.* "[3] Niemals, erinnert sich Irmgard Glaevecke, habe ihr Onkel über die Sonderfahrt der „ST. LOUIS" gesprochen, die damaligen Ereignisse seien mit keinem einzigen Wort erwähnt worden. Sie selbst habe alles seinem Buch „Heimatlos auf hoher See" entnehmen müssen.

Im Jahr 1957 wird Schröder Mitglied im Freundschaftsbund der Cap Hoorniers, einer Vereinigung, die von französischen Kapitänen gegründet worden war. Mit ziemlicher Sicherheit hat er bereits als Schiffsjunge auf dem Schulschiff „GROSSHERZOGIN ELISABETH" Kap Hoorn umsegelt, was ihn jetzt berechtigt, dieser Organisation beizutreten. Mittlerweile schwer erkrankt, nimmt er noch 1958 am internationalen Kongreß der französischen Bundesbrüder in Saint-Malo teil. Am 10. Januar 1959 stirbt der Kapitän im Alter von 73 Jahren. Seine Ehefrau Elsa überlebt ihn nur zwei Jahre.

Nun, da Gustav Schröder nicht mehr unter den Lebenden weilt, bekommt er einen Teil jener Anerkennung, die er schon längst verdient hätte. Nicht einmal sein Bericht über die Flüchtlingsfahrt der „ST. LOUIS" wurde seinerzeit von der Öffentlichkeit zur Kenntnis genommen. *„Der Vorfall war, so Freunde und Feinde, nichts als peinlich. Die gebührende Anerkennung für das Verhalten des bescheidenen Mannes blieb aus"*, wird der Dichter Hans Leip anklagend bei seiner Gedenkrede feststellen. In der Tat vermögen erst jetzt seine Mitmenschen die überragende Persönlichkeit des Verstorbenen zu erkennen. *„Du warst zur Tat bestimmt und geistig geprägt"*, schreibt der „Albatros", Mitteilungsblatt der deutschen Sektion der Cap Hoorniers. Der „Seewart" hebt hervor, daß *„Schröders Charakter... durch natürliche Vornehmheit und eine schier unbegrenzte Duldsamkeit geprägt* (war), *Eigenschaften, die ihn als ‚zu weich' erscheinen ließen. Nun, er glaubte kraft anderer Qualitäten, die nicht marktgängig sind, auf Härte verzichten zu können."* Sein Freund Hans Leip kennt Schröder besonders gut. In seiner ergreifenden Gedenkrede meint er unter anderem: *„Wer Einsicht hat in den Betrieb eines großen Überseers, der weiß, daß zu dessen Leitung, dem überragenden navigatorischen Können, noch einiges hinzuzufügen ist, nämlich die Fähigkeiten eines Hoteldirektors, Justizministers, Theaterintendanten, Superintendenten, Nachtwächters und Dompteurs und das alles mit drei multipliziert... Wir müssen bedauern"*, fährt Hans Leip fort, *„lange*

*nicht ihm gelauscht und ihm die gebührende Ehre angetan zu haben,
als es noch Zeit war. Aber so ist 's und so wird 's immer sein. Jeder
hat mit sich selber zu befinden und ist letzten Endes so einsam wie er...* "
Gustav Schröders Verhalten gegenüber seinen jüdischen Passagieren zeugt von einer tiefgreifenden humanistischen Natur, von Pflicht-
erfüllung und vorbildlicher Menschlichkeit. Darüber hinaus jedoch
hat er sich heldenhaft verhalten. Keinesfalls vermochte der Kapitän
mit Sicherheit vorauszusehen, ob Gestapo und SS den Landungsversuch vor Miami und vor allem den Plan, an der englischen Küste zu
stranden und das Schiff in Brand zu stecken, gutheißen würden.
Mochte auch das Risiko, später zur Rechenschaft gezogen zu werden –
aus den bereits geschilderten Gründen – gering gewesen sein, so war
eine Verurteilung doch nicht auszuschließen. Berechenbar sind die
Machthaber des Dritten Reiches nie gewesen. Ein deutscher Kapitän,
der im sechsten Jahr nationalsozialistischer Diktatur in einem Ozeandampfer Feuer legt, um Juden zu retten, riskiert Karriere und Freiheit,
im schlimmsten Fall sogar seinen Kopf.

Charakter und Persönlichkeit Schröders zu skizzieren, ist schon
deshalb so schwierig, weil er allen gängigen Klischees widerspricht.
Unter einem Kapitän stellt man sich gemeinhin einen kräftigen
Seebären vor und nicht einen extrem kleingewachsenen und leichtge-
wichtigen Mann, der jedes böse Wort verabscheut. Daß es Schröder
dennoch gelungen ist, als unbestrittener „Dompteur" für Zucht und
Ordnung auf den ihm anvertrauten Schiffen zu sorgen, gehört zu den
Geheimnissen seines Wesens. Es fiele weit leichter, in ihm einen Ge-
lehrten oder Hochschulprofessor, einen Philosophen oder gar einen
Schriftsteller der Romantik zu sehen. Dennoch war er mit Herz und
Seele und – das muß man hinzufügen – mit beachtlichem Erfolg
Kapitän.

Das Schicksal hat diesem ungewöhnlichen Mann eine ebenso ungewöhnliche Rolle zugewiesen. Rückhaltlos setzt er sich für die ihm
anvertrauten jüdischen Flüchtlinge aus Deutschland ein, aber sieben
Monate später wird ihn das gleiche Deutschland nach seiner Rückkehr
aus Murmansk als Seehelden feiern.

Doch auch ohne die spektakulären Ereignisse im Frühjahr und
Winter des Jahres 1939 wäre Kapitän Schröder ein bewundernswerter Mann geblieben – eine Tatsache, die seltsamerweise in keinem
Nachruf erwähnt wird. Er war eine Persönlichkeit, die in unserer Zeit
zu einer Seltenheit geworden ist, erst recht in den Jahren nationalsozialistischer Diktatur in Deutschland.

*Relativ spät erinnerte man sich in Deutschland an den mutigen Kapitän
Gustav Schröder, der dank seiner Menschlichkeit und Zivilcourage hunderten
Passagieren seines Schiffes das Leben gerettet hatte. Unmittelbar nach
Kriegsende wurde ihm von den Besatzungsmächten kein Dank zuteil. Im
Gegenteil: Man beschlagnahmte sogar eines seiner Bücher unter dem
Vorwand, er habe nationalsozialistisches Gedankengut verbreitet.*

1991 wird in Hamburg-Langenhorn, auf Beschluß des Senats, eine
Straße am Rand des Raakmoores „Kapitän-Schröder-Weg" benannt.
Neun Jahre später, am 9. November 2000, bringt die Hansestadt an
den Hamburger Landungsbrücken eine Gedenktafel für den tapferen
Kapitän an. Die Enthüllung erfolgt durch den Ersten Bürgermeister
der Freien und Hansestadt Hamburg.

* * *

Nach der Heimkehr aus Murmansk wird die „ST. LOUIS" zu einem
Wohnschiff der Kriegsmarine in Kiel umgebaut. Am 30. August 1944
beschädigen drei Bombentreffer der Royal Air Force das Schiff schwer.
1946, ein Jahr nach Kriegsende, wird der notdürftig instand gesetzte
Dampfer (korrekt müßte es „Motorschiff" heißen) nach Hamburg geschleppt und dient bis 1950 an den Altonaer Landungsbrücken als

Hotel. Er wird „*Anlaufstelle für bedeutende bildende Künstler, Musiker, Schriftsteller, Journalisten etc., eine Art Kultstelle in der Trümmerwüste Hamburgs*".[4] 1952 – somit 24 Jahre nach dem Stapellauf – wird das Schiff in Bremerhaven verschrottet.

Nur knapp die Hälfte ihres „Lebens" hat die „ST. LOUIS" ihren eigentlichen Dienst als Ozeandampfer versehen. Eine kurze Zeit für ein mächtiges Schiff, den einstmaligen Stolz Deutschlands! Dennoch ist sie in die Geschichte eingegangen. Sie war Mittelpunkt einer Tragödie und wurde gleichsam zum Synonym für die auf den Weltmeeren umherirrenden jüdischen Flüchtlinge. Daß sie wenige Monate später als mutiger Blockadebrecher für just jenes Land, das für die Vertreibung der 931 Emigranten verantwortlich war, gefeiert werden konnte, gehört zu den seltsamen Ironien einer verwirrenden Zeit.

* * *

Immer wieder wurde und wird die Frage gestellt, wie viele der 907 in Antwerpen gelandeten „ST. LOUIS"-Passagiere das Kriegsende erleben durften. Die Berichte darüber weichen noch bis in die achtziger Jahre hinein beträchtlich voneinander ab und werden ohne Quellenangabe veröffentlicht. Hans Herlin schreibt, in den Kontinentalstaaten Holland, Belgien und Frankreich seien mindestens 583 Opfer des Nationalsozialismus geworden. Rechnet man jene 80 nach England Geflüchteten hinzu, die, seinen Angaben zufolge, beim Untergang der „ARANDORA STAR" ertrunken sind, dann hätten 663 Passagiere den Tod gefunden und nur 244 das Ende des Zweiten Weltkrieges erlebt. Diese Zahlen entbehren jeder realistischen Grundlage, ganz abgesehen davon, daß – wie wir gesehen haben – vermutlich kein einziger Passagier der „ST. LOUIS"-Sonderfahrt beim Untergang der „ARANDORA STAR" ums Leben gekommen ist. Gordon Thomas schreibt von 667 Opfern des nationalsozialistischen Terrors, was zumindest den Verdacht aufkommen läßt, daß er Herlins Behauptung ungeprüft übernimmt. Die Torpedierung der „ARANDORA STAR" erwähnt er mit keinem einzigen Wort.

Zurückhaltender sind die Angaben in der „Enzyklopädie des Holocaust", die lediglich feststellt, daß die „*meisten*" Passagiere getötet worden seien. Die verläßlichste Auskunft jedoch erhalten wir zweifellos vom US Holocaust Memorial Museum in Washington, das in jahrelanger beispielloser Kleinarbeit bemüht war und immer noch ist,

Kapitän Gustav Schröder entstammte einer kinderreichen Familie.
Er hatte fünf Brüder und vier Schwestern.
Auf dem Bild von links nach rechts:
Kapitän Gustav, Ernst, Karl, Hans, Rolf und Konrad Schröder.

das Schicksal jedes einzelnen Passagiers der „ST. LOUIS" zu erforschen. Das bisherige Ergebnis dieser aufwendigen Recherche: 427
der 907 nach Europa zurückgebrachten Flüchtlinge seien durch den
Terror des Dritten Reiches ums Leben gekommen. Wenn diese Zahl
zutrifft – sie ist mit Sicherheit die seriöseste –, verdanken rund 480
Menschen ihre Rettung dem deutschen Kapitän Gustav Schröder.
Ohne seine beherzten und umsichtigen Entscheidungen wäre es den
zahlreichen Helfern in aller Welt gar nicht möglich gewesen, eine
Rückkehr der „ST. LOUIS" nach Deutschland zu verhindern. Dafür,
was dann allen Passagieren widerfahren wäre, gibt es heute wohl kaum
mehr Zweifel.

Wie auch immer, die Bilanz bleibt furchtbar. Vor allem, wenn man
bedenkt, daß jedem Ermordeten zuvor in Havanna und an der Küste
Miamis im wahrsten Sinn des Wortes nur wenige Schritte in die Freiheit gefehlt haben. Mit Androhung von Waffengewalt wurde ihnen
die Rettung verweigert. Aber auch die Überlebenden mußten Leid,
Verfolgung und Todesangst während vieler Jahre erdulden. Viele von
ihnen blieben für ihr Leben gezeichnet.

EPILOG

DIE UNSICHTBARE FRONT

Nachdem ich das Manuskript fertiggestellt hatte, kam ein guter Bekannter von mir zu Besuch. Da er zeitgeschichtlich äußerst gebildet und interessiert war, wollte er nähere Einzelheiten über das „ST. LOUIS"-Drama erfahren. Am Ende meines Berichtes meinte er: *„Genaugenommen tobte im 20. Jahrhundert ein europäischer Bürgerkrieg, der schließlich in den sogenannten Zweiten Weltkrieg ausartete."* Bürgerkrieg? Zunächst war ich verblüfft. Je länger ich jedoch über diesen Ausspruch nachdachte, desto mehr erkannte ich, wie zutreffend diese Klassifizierung war. Nach dem Ersten Weltkrieg entstanden in Europa drei Lager: Die Kommunisten auf der einen und ihre Gegner – vor allem Faschisten und Nationalsozialisten – auf der anderen Seite. Die dritte Gruppe bildeten die „Demokraten" unterschiedlichster Schattierungen. Diese waren keineswegs neutral. Ihre Haltung hing davon ab, ob sie sich mehr vor der linken oder vor der rechten Seite fürchteten.

Nicht Staaten standen einander gegenüber, sondern Ideologien. In nahezu jedem einzelnen europäischen Land gab es Gruppen, die sich in erbitterter Feindschaft bekämpften. Die Trennung zwischen Freund und Feind verlief quer durch Europa und hielt sich nicht an staatliche Grenzen. Diese unsichtbare Front bestand auch während des Zweiten Weltkrieges; eine Tatsache, die von einigen Historikern gerne verschwiegen wird. So kooperierte Frankreichs Regierung nach der Kapitulation mit den deutschen Okkupanten, und die französische Polizei war nicht minder gefürchtet als die deutsche Gestapo. In den meisten von den Nationalsozialisten besetzten Ländern wurde eine beträchtliche Anzahl Freiwilliger für die Waffen-SS rekrutiert. Kollaborateure gab es überall. Andererseits bildeten sich innerhalb der deutschen Herrschaftsgebiete Widerstandsgruppen, deren Tätigkeiten jedoch mancherorts – vor allem in Deutschland selbst – durch den nationalsozialistischen Terror und sein Überwachungssystem stark eingeschränkt wurden. Die schon auf der Konferenz in Casablanca im Januar 1943 von Roosevelt und Churchill erhobene Forderung nach bedingungsloser Kapitulation Deutschlands, Italiens und Japans ließ bewaffneten Widerstand zwecklos erscheinen. Im alltäglichen Leben lauerten Gefahren. Die Abschätzung, welcher Gesinnung der Gesprächspartner war, entschied oft über Leben und Tod. Wie verwirrend und kompliziert die damalige Zeit gewesen ist, zeigt sich insbesondere auch am Beispiel der „ST. LOUIS"-Sonderfahrt.

Ihre Geschichte verläuft nicht nur ungewöhnlich und dramatisch, sie widerspiegelt auch die unsichtbare Front zwischen den Anhängern und Gegnern der nationalsozialistischen Diktatur. Gegenwärtig sind zahlreiche Regierungen und politische Parteien bemüht – 55 Jahre nach dem Ende des Dritten Reiches –, die „Vergangenheit" aufzuarbeiten. So notwendig und lehrreich derartige historische Rückblicke auch sein mögen, so leiden sie doch allzuoft an Verzerrungen, unstatthaften Vereinfachungen und Selbstgefälligkeit. Es ist immer problematisch, wenn sich Menschen anmaßen, über Episoden der Geschichte Urteile zu fällen, ohne sich vorher die Mühe genommen zu haben, den damaligen Zeitgeist zu berücksichtigen. Allein der Verlauf der „ST. LOUIS"-Tragödie zeigt deutlich, wie bizarr die Fronten in Wirklichkeit verlaufen sind.

So stehen an Bord eines Luxusdampfers über 900 Juden mehr als 300 nationalsozialistisch geprägten deutschen Seemännern gegenüber. Sechs Jahre nach der Machtergreifung durch Adolf Hitler sind diese jüdischen Flüchtlinge völlig entrechtet: Sie dürfen weder ein Theater noch ein Konzert und nicht einmal ein Kino besuchen. Ihnen ist es verwehrt, Parkanlagen zu betreten, öffentliche Schwimmbäder aufzusuchen oder in Kuranstalten ihre Gesundheit wiederherzustellen. Ihre Wohnungen werden beschlagnahmt und ihre Geschäfte „arisiert". In Gasthäusern und Cafés sind sie „unerwünscht"; viele Hotels weigern sich, jüdische Gäste aufzunehmen. Sie dürfen sich zu bestimmten Zeiten nicht auf der Straße aufhalten und nur kurz ihre Einkäufe tätigen. Es ist ihnen ausdrücklich verboten, Dirndl und Lederhose zu tragen oder Haustiere zu halten. Sie werden verspottet und gedemütigt.

Auf der anderen Seite stehen Männer der Schiffsbesatzung, die seit sechs Jahren nationalsozialistischer Propaganda ausgesetzt sind. Sie lernen in der Schule, in der Hitlerjugend und im Arbeitsdienst, daß Juden Untermenschen seien und verjagt werden müßten. Sämtliche Zeitungen und Zeitschriften, Propagandafilme und Radiosendungen unterstützen diese Indoktrinierung. In manchem Elternhaus werden Hitlers Parolen vehement unterstützt.

Dennoch – und genau das gehört zu den wenig beachteten „ST. LOUIS"-Wundern – entsteht zwischen diesen beiden Lagern eine kaum zu begreifende Harmonie. Die jüdischen Passagiere werden liebenswürdig und aufmerksam bedient, die Mannschaft versucht, ihnen die Wünsche von den Augen abzulesen, und sie dürfen all das, was ihnen noch vor wenigen Tagen strikt verboten war: Filme anschauen, tanzen und das Schwimmbad benützen. Man wird vielleicht einwenden, die überraschende Haltung der deutschen Offiziere und Matrosen sei – aus welchen Gründen immer – befohlen worden. Eine derartige Ansicht ist jedoch grundfalsch. Man vermag Korrektheit zu befehlen, aber nicht Liebenswürdigkeit. Alle Aussagen überlebender Passagiere bezeugen jedoch eindeutig, daß die Servicebetreuung an Bord geradezu liebevoll und keineswegs nur korrekt war. Es ist gewiß richtig, den besonderen Einsatz des Kapitäns und seine Menschlichkeit hervorzuheben, aber man darf nicht übersehen, daß über 300 Mann Besatzung – von ganz wenigen Ausnahmen abgesehen – nicht anders handeln. Übrigens erwähnt Peter Fröhlich, Sohn des Berliner Kaufmanns Moritz Fröhlich (dieser hatte, wie berichtet, die Ticketgenehmigung für die „ST. LOUIS" gefälscht, um mit der „IBERIA" reisen zu können), ähnliche Erfahrungen auf der „IBERIA". Auch auf diesem Schiff werden die mitfahrenden jüdischen Passagiere von der deutschen Mannschaft korrekt und freundlich behandelt.

So wird die Sonderfahrt der „ST. LOUIS" nach Kuba zu einem einzigartigen Phänomen, dem interessanterweise kein Berichterstatter entsprechende Beachtung geschenkt hat. Der Fall ist in seiner Art tatsächlich ohne Beispiel. Niemals sonst werden 1939 in dem von den Nationalsozialisten beherrschten Deutschland Deutsche angehalten, hunderte jüdische Mitbürger zu bedienen und ihnen mit Respekt entgegenzutreten. Ist somit – eine entscheidende Frage – der Rückschluß erlaubt, daß sich Tausende oder gar Millionen Deutscher ähnlich verhalten hätten, falls ihnen – wie an Bord der „ST. LOUIS" – Gelegenheit dazu geboten worden wäre?

Gewiß, Seeoffiziere, Matrosen und Stewards arbeiten in einer internationalen Atmosphäre. Sie kennen andere Menschen, Länder und Sitten, und sie werden sich folglich weniger leicht von chauvinistischen und rassistischen Doktrinen beeindrucken lassen. Andererseits sind aber auch sie selbst durch die Schule des Nationalsozialismus gegangen, die tagtäglich bemüht war, Charakter und Weltanschauung zu prägen. Sechs Jahre nach Hitlers Machtergreifung ist es undenkbar, daß Gesellschaften wie die Hapag, die sich im Mehrheitsbesitz des Staates befinden, Mitarbeiter aufnehmen, die der Ideologie des Dritten Reiches erkennbar ablehnend gegenüberstehen. Das Phänomen „ST. LOUIS" läßt vermuten, daß unzählige Deutsche und Österreicher in ihrem Innersten humane Wertvorstellungen behalten haben und daher bereit sind, sich zu diesen zu bekennen, wenn dies ohne Gefahr möglich wäre. Eine derartige Einschränkung ist notwendig. Der Selbsterhaltungstrieb ist groß und Zivilcourage selten. Die

Bürger des damaligen Deutschland sind oft gezwungen, aus Rücksicht auf ihre Familie, aus Notwehr, aber auch ihrer Karriere zuliebe eine Maske aufzusetzen. Niemand sollte heute den Stab über diese Menschen brechen, bevor er sich nicht selber die Antwort gegeben hat, wie er sich unter den damaligen Umständen verhalten hätte. Kritiken aus dem bequemen Lehnstuhl, die mit einer Verspätung von mehr als einem halben Jahrhundert angebracht werden, laufen Gefahr, in Scheinheiligkeit auszuarten.

Nicht selten teilt die „unsichtbare Front" sogar die Seele einzelner Menschen. So verbündet sich Fritz Haerlin, Chef des Hotels „Vier Jahreszeiten" in Hamburg, mit dem Teufel und wird bereits 1933 Mitglied des SS Totenkopfordens, um – wie es später heißen wird – als Turnierreiter anerkannt zu werden. Dennoch hält er seine schützende Hand über seine jüdischen Angestellten, weigert sich, sie zu entlassen und riskiert, ungeachtet seiner SS-Funktion, gefährliche Repressalien der Machthaber. Haerlin nimmt jüdische Gäste auf und verbietet alle politischen Tätigkeiten in seinem Hotel.

Auch andere Beispiele zeigen, wie ungerecht und unstatthaft die heute gebräuchlichen Klischees sind. Kapitän Gustav Schröder, der heldenhafte Blockadebrecher, ist bereit, für die ihm anvertrauten jüdischen Flüchtlinge alles zu riskieren. Roosevelt dagegen, Präsident jener Nation, die sich als Schutzengel aller Entrechteten fühlt, hindert die Hilfesuchenden mit Waffengewalt, sein rettendes Land zu betreten. Nach der Landung in Antwerpen verweigern – wie wir gesehen haben – Repräsentanten der Asyl gewährenden Länder Gustav Schröder den Handschlag, weil sie der Meinung sind, ein deutscher Kapitän müsse zwangsläufig Nationalsozialist und Antisemit sein.

In Belgien, Frankreich und den Niederlanden finden sich nach dem deutschen Einmarsch viele Kollaborateure. Manche Idealisten oder fanatische Antikommunisten sind darunter, die sich freiwillig zur Waffen-SS melden. Aber auch der Antisemitismus Hitlers findet überall begeisterte Anhänger, und nicht zuletzt begehen viele Opportunisten und Karrieristen in den besetzten Ländern aus niedrigen Gründen Landesverrat. Für die Juden auf der „ST. LOUIS" wird diese Tatsache zu einem bitteren Vabanque-Spiel. Ist der, den sie um Hilfe bitten oder bei dem sie Zuflucht suchen, ein Freund oder ein Feind? Wird er ihnen beistehen, oder wird er sie der Besatzungsmacht ausliefern? Die wenigen Berichte überlebender „ST. LOUIS"-Passagiere beweisen in der Tat, daß diese unsichtbare Front alle besetzten Landstriche, Dörfer und Städte in gegensätzliche Lager teilt.

Relativ große Hilfe finden die „ST. LOUIS"-Passagiere in Belgien, obwohl die einheimischen Juden gegenüber den ins Land geflüchteten Glaubensgenossen bevorzugt werden. Kardinal Josef Ernst van Roey, *„die höchste kirchliche Autorität Belgiens setzte sich in mehreren Fällen erfolgreich für die Juden ein. Später aber wurde ihm vorgeworfen, lediglich bestimmten Gruppen geholfen zu haben: jüdischen Konvertiten, jüdischen Partnern aus interkonfessionellen Ehen und Juden belgischer Staatsangehörigkeit. Damit hätte er die Deportation der übrigen Juden erleichtert. Die Königinmutter, Elisabeth, intervenierte zugunsten der Juden belgischer Staatsangehörigkeit. Die Beschränkung des Schutzes auf belgische Staatsbürger implizierte jedoch, daß alle anderen Juden... im Stich gelassen wurden."*[1] Es gibt auch Bürger in Belgien – vor allem solche, die mit rechtsextremen Gruppen sympathisieren –, die Juden an die Besatzungsmacht ausliefern.

Ähnlich ist die Situation in den Niederlanden. Einerseits versuchen Teile der Bevölkerung, den jüdischen Emigranten zu helfen. So kommt es zu öffentlichen Protesten, als die Deutschen Juden nach Westerbork und von dort in die Vernichtungslager transportieren. Andererseits erweisen sich holländische Gemeindeverwaltungen, Eisenbahnarbeiter und vor allem die Polizei – von wenigen Ausnahmen abgesehen – als willige Helfer der Nationalsozialisten.[2]

Die unsichtbare Front, die während des Krieges die nationalsozialistischen Machtbereiche durchzieht, weist geradezu abstruse „Verzweigungen" auf. Da gibt es in Westerbork erschütternde, fast ideologisch gefärbte Auseinandersetzungen zwischen holländischen und deutschen Juden, obwohl beide Gruppen im Lager gefangengehalten werden und das gleiche Schicksal erleiden müssen. Die Lagerleitung wird de facto Kurt Schlesinger, einem ebenfalls inhaftierten Juden, überlassen. Er entscheidet, welche seiner Glaubensgenossen „auf Transport" gehen müssen und welche am Leben bleiben dürfen. Zu diesen Machthabern über Leben und Tod gehört auch Dr. Fritz Spanier, dessen Einfluß allerdings anderer Art ist. Während man Schlesinger als einen Handlanger der Gestapo bezeichnen kann, *„gehen die Meinungen* (über Dr. Spanier) *in den Publikationen weit auseinander, sodaß ein abschließendes Urteil zu seiner Person wohl noch einer umfassenden Studie bedarf".*[3]

Krasser noch als in Holland und Belgien gestaltet sich die Situation in Frankreich. Die Regierung des besiegten Landes stellt sich offen auf die Seite der Nationalsozialisten. Französische Beamte und Polizei werden angewiesen, den Deutschen bei der Verhaftung und

Deportation von Juden behilflich zu sein. Die in Frankreich internierten Passagiere der „ST. LOUIS" geraten so vom Regen in die Traufe. Das Land, das ihnen Schutz gewähren soll, entpuppt sich für die Ideologie des Nationalsozialismus als fast so anfällig wie Deutschland. Gewiß spielt dabei die deutsche Okkupation eine wichtige Rolle, aber die französische Regierung setzt auch aus eigenem Antrieb und ohne Zwang antisemitische Maßnahmen.

„Im März 1941 wurde eine Zentralstelle für die Koordinierung der antijüdischen Gesetzgebung und Maßnahmen eingerichtet... Außerdem veranlaßte die Vichy-Regierung im November 1941 die Gründung... eines Judenrates unter ihrer Kontrolle, der alle jüdischen Aktivitäten und Gemeinden überwachen sollte. In den zwei Jahren nach der Kapitulation Frankreichs veranlaßte die französische Regierung gezielt antisemitische Maßnahmen. Die offizielle Politik war autoritär, nationalistisch und korporativistisch orientiert."[4]

Andererseits gibt es auch zwischen Deutschland und seinen Verbündeten in der Judenfrage beträchtliche Unterschiede. Im faschistischen Italien lebende jüdische Flüchtlinge aus Deutschland werden in der Regel meist ungleich menschlicher behandelt als im Dritten Reich. Unzählige Berichte bestätigen die Hilfsbereitschaft der italienischen Bevölkerung. Das Blatt wendet sich nach dem Waffenstillstand im September 1943, als Italien nach der Kapitulation von deutschen Truppen besetzt wird. Jetzt erst beginnt die Deportation aller Juden, deren die Deutschen habhaft werden. Besonders kraß ist – wie bereits erwähnt – die Haltung Japans. Nicht nur, daß die Japaner in das von ihnen besetzte Shanghai jüdische Emigranten aus Deutschland frei einreisen lassen, sie weigern sich auch beharrlich, dem Wunsch Deutschlands nachzukommen und die Juden auszuliefern. Es ist das gleiche Japan, das seine Kriegsgefangenen unmenschlich behandelt und auf „Todesmärschen" grausam dezimiert.

Ist das Schicksal der „ST. LOUIS" ein Fall sui generis? Zunächst scheint es, als weiche die „ST. LOUIS"-Tragödie nicht von der damals üblichen mörderischen Norm ab. Alle Juden, denen es gelingt, Deutschland noch rechtzeitig zu verlassen, dürfen sich glücklich schätzen. Andere werden beim Versuch, eine rettende Grenze zu überschreiten – vor allem in der Schweiz –, zurückgewiesen. Wer aus Deutschland nicht flüchten kann oder will, wird in eines der Konzentrationslager deportiert, sieht man von den wenigen ab, die legal im Land bleiben dürfen oder von barmherzigen Menschen versteckt werden. Zehntausende Emigranten geraten nach 1939 in ihrem Asyl als

Folge des Zweiten Weltkrieges wieder unter die todbringende Herrschaft von Gestapo, SS und Sicherheitsdienst.

Dennoch gibt es einige ungewöhnliche Umstände, die dem Fall „ST. LOUIS" etwas Einzigartiges verleihen. Nahezu zwei Wochen haben die Flüchtlinge Gelegenheit, einander in entspannter Atmosphäre kennenzulernen und eine „Familie" zu bilden. Bordspiele, gemeinsame Mahlzeiten und Gespräche ergeben ein Freundschaftsband, das auch weiter bestehen wird, wenn die verträumten Stunden an Bord abrupt zu Ende gegangen sein werden.

Die Sonderfahrt der „ST. LOUIS" bleibt der einzige Fall, in dem die Nationalsozialisten ihre Opfer mit einem Luxusschiff in die Emigration schicken. Freilich haben auch andere deutsche Schiffe auswandernde Juden transportiert. Dennoch besteht zu all diesen Fällen ein gewichtiger Unterschied: Bei der „ST. LOUIS" handelt es sich um einen der größten deutschen Passagierdampfer. Der Charter erfolgt auf Wunsch – oder zumindest mit Billigung – nationalsozialistischer Machthaber. Die Reisenden sind ausschließlich Juden (abgesehen von den sechs in Frankreich zugestiegenen Kubanern und Spaniern). Diese Besonderheiten sowie das Interesse amerikanischer Tageszeitungen an den Vorgängen auf Kuba und vor der Küste Amerikas heben das „ST. LOUIS"-Drama aus allen ähnlich gelagerten Irrfahrten – es sind deren Hunderte – heraus. Die zermürbenden Wechselbäder zwischen Hoffnung und Verzweiflung wecken zunächst das Interesse der Öffentlichkeit: Das Elend der Verfolgten in Deutschland; das Glück, mit der „ST. LOUIS" in die Freiheit fahren zu dürfen; Enttäuschung in Havanna; dann wieder Erleichterung, als das irreführende Telegramm des Centro Israelita eintrifft; neuerliche Enttäuschung durch den Widerruf desselben; Aufatmen, als der Kapitän mitteilt, man werde am Strand von Miami Passagiere absetzen können, und so fort, bis schließlich das Ende der Irrfahrt in Antwerpen erfolgt. Dabei ist das, was bei der Landung in Europa als glückliches Ende gepriesen wurde, erst der Anfang eines unbeschreiblichen Leidensweges.

Es ist wahrhaftig eine bizarre unsichtbare Front, die den Feind zum Freund werden läßt, während der angebliche Freund Rettung und Hilfe verweigert oder sich gar auf die Seite des Mörders stellt. Nicht immer lassen sich Täter und Opfer auseinanderhalten. Dann gibt es noch eine dritte Gruppe – die Passagiere der „ST. LOUIS" wissen von ihr ein Lied zu singen –, die scheinbar unbeteiligt, in Wahrheit jedoch zu Helfern der Verfolger wird: Es sind jene, die wegschauen und nicht helfen, obwohl sie dazu in der Lage wären und auch keine bösen Folgen fürchten müßten. Bis in das Jahr 1940 hinein hätten nahezu alle in Deutschland und Österreich lebenden Juden gerettet werden können, wären die anderen Staaten bereit gewesen, sie aufzunehmen. Die Flüchtlingspolitik der sogenannten freien Welt gehört zu den besonders schmachvollen Begleiterscheinungen des Nationalsozialismus. Die Auswanderer auf der „ST. LOUIS" haben dies drastisch zu spüren bekommen.

Aber auch dort, wo Asyl gewährt wird, erfolgt dies unter peinlichen Auflagen. Die Kosten für die Unterbringung müssen Freunde und Verwandte übernehmen, meist jedoch die jüdischen Religionsgemeinschaften. Tausende werden in Camps gesteckt, von der Umwelt durch Stacheldraht und Hundepatrouillen getrennt. Die offiziellen Stellen zeigen nur allzu deutlich, wie unwillkommen ihnen die Hilfesuchenden sind.

Sehr kraß ist die Haltung der Vereinigten Staaten. Sie haben sich stets als die Beschützer der freien Welt aufgespielt, aber als es darum geht, jene zu retten, die ihre Freiheit verloren haben und sich in ärgster Not befinden, versagen sie kläglich. Die Tatsache, daß man 907 Juden die Einreise nach Amerika nicht nur verweigert, sondern sie mit Kriegsschiffen verjagt, steht in gewaltigem Gegensatz zu den selbstgefälligen Beteuerungen. Daß es Franklin Delano Roosevelt nicht einmal der Mühe wert findet, auf die verzweifelten, an ihn persönlich gerichteten Hilferufe der „ST. LOUIS" zu antworten, ist zudem schlichtweg unmenschlich.

Der so oft gehörte Einwand, man habe 1939 noch nicht wissen können, welches Schicksal den Hilfe suchenden Juden drohe, ist nur bedingt richtig. Amerika und allen voran die offiziellen Stellen waren über die Vorgänge in Deutschland sehr genau informiert. Der grauenhafte Alltag der Juden, sämtliche Verbote und Schikanen waren ihnen ebenso bekannt wie die bereits errichteten Konzentrationslager. Sie besaßen genaue Informationen über die Vorgänge in der „Reichskristallnacht". Auch wenn die Maschinerie der Massenvernichtung noch nicht in Gang gesetzt worden war, mußten die Amerikaner zumindest damit rechnen, daß die in Deutschland verbleibenden Juden nur Elend und Tod vor Augen hatten.

Selbst nach der Besetzung Dänemarks, Norwegens, Belgiens, Hollands, Luxemburgs und Frankreichs wäre es noch möglich gewesen, die verfolgten Juden zu retten. Nach dem Krieg haben die alliierten Besatzungsmächte in unzähligen Verhören den „Belasteten" genau das vorgeworfen, was sie selbst so lange praktiziert haben: wegschauen und die Hilfe auch dort zu verweigern, wo eine Rettung möglich gewesen wäre.

Gegenwärtig ist der Öffentlichkeit das Drama der „ST. LOUIS" so gut wie unbekannt – ungeachtet der Tatsache, daß es sich um ein echtes Drama handelt, das alle Elemente enthält, die man üblicherweise erwartet: Die Geschichte ist abenteuerlich, es gibt Helden und Bösewichte und solche, die mit Gleichgültigkeit dem Schicksal ihrer Mitmenschen begegnen. Wir finden ungewöhnliche Persönlichkeiten wie Gustav Schröder oder Fritz Spanier. Zufälligkeiten – die einen dürfen nach Großbritannien, die anderen müssen auf dem Kontinent verbleiben – entscheiden vielfach über Leben und Tod.

* * *

Die Geschichte der „ST. LOUIS" verläuft aber nicht nur dramatisch, sie ist auch ein Symbol für das Elend vertriebener Menschen und für die Geschehnisse in der nationalsozialistischen Ära. Sie widerlegt Vorurteile und Klischees. Wir lernen aus ihr, daß nicht Nationen gut oder böse sind, sondern einzelne Menschen. Vor allem jedoch wird uns deutlich vor Augen geführt, was aufrechte und mutige Menschen auch in ungewöhnlichen Zeiten zu bewirken vermögen. Schon allein die Persönlichkeit des kleinwüchsigen und leichtgewichtigen Kapitäns Gustav Schröder ist es wert, daß die Sonderfahrt der „ST. LOUIS" nicht in Vergessenheit gerät.

ANMERKUNGEN

Abkürzungen

HH   Hans Herlin, „Kein gelobtes Land"
GT   Gordon Thomas, „Voyage of the Damned"
GS   Gustav Schröder, „Heimatlos auf hoher See"
HB   Heinz Burmester, „Aus dem Leben des Kapitäns Gustav Schröder"
EdH   Enzyklopädie des Holocaust
UES   Unabhängige Expertenkommission „Schweiz – Zweiter Weltkrieg"
PM   Philip Mechanicus, „Im Depot"
ED   Erich Dublon, Tagebuch, veröffentlicht im „Aufbau", New York,
      18. Mai 2000 ff.

Prolog

1) Brief HHs an Rolf Ernst Schröder, Neffe von Kapitän Gustav Schröder,
   vom 21. Mai 1989

I. Gäste?

1) Vergleiche Rudolf Czernin, „Das Ende der Tabus", S. 149, sowie Albert Fischer,
   „Hjalmar Schacht und Deutschlands Judenfrage", S. 214ff.
2) „Jüdische Rundschau", 1936. Eine Statistik des Völkerbundes, veröffentlicht im Januar 1936, gibt ähnliche Größenordnungen wieder.
3) Das Beispiel wurde Sepp Ebelseders und Michael Seuferts „Vier Jahreszeiten",
   S. 177, entnommen.
4) Victor Klemperer, „Ich will Zeugnis ablegen bis zum letzten", S. 456.
5) Entnommen dem Bericht der UES, S. 84.
6) Albert Fischer, „Hjalmar Schacht und Deutschlands Judenfrage", S. 214ff.
7) Henry Picker, „Hitlers Tischgespräche im Führerhauptquartier", S. 19ff.
8) Vergleiche auch Wilfred Mairgünther, „Reichskristallnacht".

II. Der Sonne entgegen

Rätselhafter Charter

1) André Brissaud, „Canaris", S. 18.
2) Gert Buchheit, „Der deutsche Geheimdienst", S. 219.
3) Ebda., S. 201.
4) GT Hinweise auf den angeblichen Spionageauftrag finden sich an mehreren Stellen.
5) Aus einem Brief Gordon Thomas' an den Autor vom 9. Juni 1999.
6) Interview mit Heinrich Glücksmanns Sohn Edgar im Jahre 1999.
7) HH S. 17.
8) HH S. 12.
9) HB S. 174.
10) HB S. 175.
11) Mitteilung von Hapag Lloyd vom 8. April 1999 an den Autor.

Fata Morgana

1) GS S. 7.
2) ED.
3) GS S. 31.

Gewitterwolken über Havanna

1) GS S. 9.
2) Peter Gay, „Meine deutsche Frage", S. 176.
3) HH S. 70.
4) HH S. 71.
5) GS S. 34.
6) HH S. 87.
7) Schriftliche Mitteilung Herbert Hirschfelds an den Autor im Januar 2000.
8) HH S. 88.
9) GS S. 14.
10) Schriftliche Mitteilung Gisela Feldmans an den Autor im Jahre 2000.
11) HH S. 121 f.
12) Dieser Zeitungsnotiz ist zu entnehmen, daß die Passagiere offensichtlich der Meinung sind, man verdächtige sie, mit gefälschten Pässen zu reisen und verweigere ihnen deshalb die Landung.

Ein Täuschungsmanöver?

1) Victor Reimann, „Dr. Joseph Goebbels", S. 113.
2) HH S. 26.

III. Zurück in die Finsternis

Keep out

1) HH S. 106.
2) Entnommen einem Brief Rolf Ernst Schröders an Gordon Thomas.
3) Sollte richtig „Kapitän Gustav Schröder" lauten.
4) GS S. 15.
5) Einführung zu Erich Dublons Tagebuch.

„Schickt die Heimatlosen zu mir!"

1) Meyer's Enzyklopädisches Lexikon, 1976, Band 16, S. 500.
2) Cordell Hull war von 1933 bis 1944 Außenminister der Vereinigten Staaten. Vehement setzte er sich für eine Unterstützung Großbritanniens durch die USA während des Zweiten Weltkrieges ein. Er brachte den absurden „Morgenthau-Plan" zu Fall und erreichte, daß Präsident Roosevelt seine bereits geleistete Unterschrift zurückzog. Hull war einer der wichtigsten Paten bei der Gründung der Vereinten Nationen und erhielt dafür den Friedensnobelpreis.
3) Diese Mitteilung basiert auf einer Aussage von Severin Hochberg, Historiker im Center of Advanced Holocaust Studies, im Jahre 1999.
4) GT veröffentlichte das Telefonprotokoll in seinem Buch „Voyage of the Damned", S. 251.

5) Einige Gouverneursposten wurden von Splitterlisten (Farmer, Progressisten und ein Unabhängiger) besetzt.
6) Entnommen dem 8. Protokoll der Jalta-Konferenz. Der Protokollauszug betrifft die Sitzung vom 4. Feber 1945. Das Protokoll wurde von Bohlen, der an der Sitzung teilnahm, angefertigt.

Verzweiflung und Panik

1) GS S. 22.
2) GS S. 24.
3) GS S. 20.
4) GS S. 27.

Nervosität in Deutschland

1) HH S. 131.
2) HB S. 188.
3) GS S. 29f.

Dämmerung

1) GS S. 30.
2) GS S. 30.
3) HH S. 151.
4) Victor Klemperer: „Ich will Zeugnis ablegen bis zum letzten", S. 481ff.

Weshalb nicht nach Shanghai?

1) HH S. 121f.
2) „Neue Welt", Ausgabe Dezember 2000.
3) Bericht von Dr. Hans Eberstark an den Autor im Jahre 2000.

IV. Krieg

„Feindliche Ausländer"

1) EdH S. 579.
2) HH S. 177.
3) GT S. 297.
4) GS S. 34.
5) HH S. 170 ausführliche Beschreibung dieser Szene.
6) GT S. 300.
7) PM S. 260.
8) EdH.
9) Der Auszug aus der Rede des niederländischen Außenministers van Kleffens wurde dem „Archiv der Gegenwart" entnommen. Es erscheint seit Beginn der dreißiger Jahre und bringt betont sachliche, unkommentierte internationale Meldungen von besonderem Interesse. Das „Archiv" durfte auch – obwohl in Wien gedruckt – während des Zweiten Weltkrieges erscheinen, war aber nicht der Öffentlichkeit zugäng-

lich. Lediglich ein kleiner, ausgesuchter, politisch verläßlicher Kreis hatte Zugang zu den Berichten aus aller Welt. Das „Archiv der Gegenwart" veröffentlichte auch Reden feindlicher Staatsmänner, so etwa von Stalin, Churchill oder Roosevelt. Es ist anzunehmen, daß auch die im Text wiedergegebene Darstellung des holländischen Außenministers tatsächlich so gelautet hat, insbesondere da das „Archiv der Gegenwart" ausdrücklich darauf hinweist, daß es sich um ein wörtliches Zitat handelt. Der Tag der Pressekonferenz wird nicht erwähnt, aber unter dem Datum 15. Mai 1940 publiziert – was nicht heißen muß, daß sie an diesem Tag stattfand. Das wäre auch gar nicht möglich gewesen, da sich Außenminister van Kleffens an diesem Tag in Paris befand und erst zwei Tage später über Le Havre nach Southampton reiste. Die korrigierten Verlustangaben stammen einerseits vom niederländischen Militärattaché in Budapest und andererseits vom niederländischen Institut für Kriegsdokumentation in Amsterdam.

Gespensterhaftes Westerbork

1) EdH S. 1578.
2) PM S. 5 Vorwort.
3) Ebda., S. 12.
4) PM S. 33.
5) Ebda., S. 157.
6) PM S. 38.
7) GT S. 301.
8) PM S. 322.
9) Vergleiche GT S. 301f.
10) PM S. 358.

Ohne Karte und Kompaß

1) Eine Kopie des Briefes von Horst Hinz aus dem „Hamburger Abendblatt" befindet sich beim Autor.
2) HB S. 180.

Bilanz des Schreckens

1) „Aufbau", Nr. 10 / 2000.
2) HB S. 192.
3) Schriftliche Mitteilung von Irmgard Glaevecke an den Autor.
4) Entnommen einer von Rolf Ernst Schröder verfaßten Kurzbiographie über seinen Onkel Gustav Schröder.

EPILOG

Die unsichtbare Front

1) EdH S. 171.
2) Ebda., S. 1006.
3) Mitteilung des Herinneringscentrums Kamp Westerbork an den Autor.
4) EdH S. 486.

PERSONENVERZEICHNIS

LITERATURVERZEICHNIS UND QUELLEN

André Brissaud: „Canaris", Bechtermünz 1996
Gert Buchheit: „Der deutsche Geheimdienst", List 1966
Heinz Burmester: „Aus dem Leben des Kapitäns Gustav Schröder",
Deutsches Schiffahrtsarchiv 1990
Rudolf Czernin: „Das Ende der Tabus", Leopold Stocker Verlag 1998
Julius Deutsch: „Ein weiter Weg", Almathea
Sepp Ebelseder und **Michael Seufert:** „Vier Jahreszeiten", Rowohlt
1999
Albert Fischer: „Hjalmar Schacht und Deutschlands Judenfrage",
Böhlau 1995
Peter Gay: „Meine deutsche Frage", C. H. Beck 1998
Joseph Goebbels: „Tagebücher"
Fred Hahn: „Lieber Stürmer", Seewald 1978
Hans Herlin: „Kein gelobtes Land", Nannenverlag 1961
Herbert Hirschfeld: „Growing up on the run", 1983
Victor Klemperer: „Ich will Zeugnis ablegen bis zum letzten", Auf-
bau Verlag 1995
Wilfred Mairgünther: „Reichskristallnacht", Neuer Malik-Verlag 1987
Philip Mechanicus: „Im Depot", Tiamat 1993
Henry Picker: „Hitlers Tischgespräche im Führerhauptquartier",
Ullstein 1997
Victor Reimann: „Dr. Joseph Goebbels", Molden 1971
Werner Rings: „Schweiz im Krieg", Ex libris 1974
Wolfgang Schneider: „Alltag unter Hitler", Rowohlt 2000
Gustav Schröder: „Fernweh und Heimweh", Rütten und Loening 1943
Gustav Schröder: „Heimatlos auf hoher See", Becker-Druck 1949
Gordon Thomas und **Max Morgan-Witts:** „Voyage of the Damned",
Amereon House 1974

Meyer's Enzyklopädisches Lexikon 1976
Archiv der Gegenwart
Enzyklopädie des Holocaust, Piper
Die Tagebücher von Joseph Goebbels, Elke Fröhlich (Herausgeber),
Saur

Historisches Archiv des ORF
Hapag Lloyd
Holocaust Memorial Museum, Washington
The Museum of Jewish Heritage, New York

Deutsches Schiffahrtsmuseum
Bibliothek des Wissenschaftlichen Institutes für Schiffahrts- und
  Marinegeschichte (Peter Tamm)
Herinneringscentrum Kamp Westerbork, Hooghalen
Niederländisches Institut für Kriegsdokumentation, Amsterdam

Unabhängige Expertenkommission „Schweiz – Zweiter Weltkrieg",
  Bern 1999
8. Protokoll der „Jalta-Konferenz", Sitzung vom 4. Feber 1945 („Boh-
  len-Protokoll")

„Schiffahrt international"
„The New York Times"
„Der Stürmer"
„The Evening Star"
„Illustrierte Neue Welt"
„Aufbau"

DANKSAGUNG

Ungezählte Helfer sind mir zur Seite gestanden – sie mögen verzeihen, daß ich nicht alle erwähne. Allen voran haben mich zwei Advocati diaboli begleitet, die mit spitzer Feder meine Recherchen einer nochmaligen Kontrolle unterzogen: Prof. Mag. Dr. Eberhard Würzl, ein profunder Kenner der Zeitgeschichte, und Holger Sterzenbach, Mitarbeiter der Bibliothek des Wissenschaftlichen Institutes für Schiffahrts- und Marinegeschichte in Hamburg. Dr. Antoon G. Roos beschaffte mir Unterlagen aus den Niederlanden.

Bettina M. Gordon, meine Assistentin während meiner Abgeordnetenzeit im Österreichischen Nationalrat, nahm es auf sich, tausende Kilometer in den Vereinigten Staaten zurückzulegen, um dringend benötigte Unterlagen auszuheben.

Da nur sehr wenige Dokumente existieren, die Aufschluß über die Sonderfahrt der „ST. LOUIS" geben, war ich in besonderem Ausmaß auf die Berichte von Zeitzeugen angewiesen. Mehr als ein Dutzend Überlebende beziehungsweise deren Nachkommen brachten in dankenswerter Weise ihre Erinnerungen an die damaligen Geschehnisse ein und überließen mir wichtige Dokumente. Einige von ihnen waren sogar bereit, mich in Wien aufzusuchen.

Bei der Manuskriptarbeit standen mir Michaela Th. Laffont und Friederike Wallentin zur Seite. Das „Mitdenken" beider erwies sich als äußerst hilfreich und bewahrte mich vor dem Fehler, Ereignisse der dreißiger Jahre, die der heutigen Jugend meist unbekannt sind, als bekannt vorauszusetzen

Nicht zuletzt danke ich meiner Frau Trixi, die sich, wie so oft zuvor, als beinharte Kritikerin erwies und mich immer wieder zu Verbesserungen nötigte.

Georg J. E. Mautner Markhof

The *St. Louis* Passengers

Aber, Evelyn
Aber, Renate
Aberbach, Adolf
Aberbach, Anna
Ackermann, Bertha
Adelberg, Samuel
Adler, Berthold
Adler, Carola
Adler, Chaskel
Adler, Paul
Adler, Regina
Adler, Resi
Alexander, Gisela
Alexander, Karl
Alexander, Leo
Altschiller, Jütte
Altschul, Gerd
Altschul, Hans
Altschul, Lotte
Altschul, Rolf
Apfel, Babette
Arens, Alfred
Arndt, Arthur
Arndt, Hertha
Arndt, Lieselotte
Aron, Alfred
Aron, Sofie
Ascher, Herbert
Ascher, Vera
Atlas, Charlotte*
Bach, Willy
Back, Cecilia
Back, James
Bajor, Ladislas
Bak, Stella Bianca
Ball, Magdalena*
Ball, Rudolf
Banemann, Jeanette
Banemann, Margit
Banemann, Philipp
Bardeleben, Anna
Bardeleben, Marianne
Baruch, Frieda
Baruch, Ludwig
Begleiter, Alfred
Begleiter, Naftali
Begleiter, Sara
Beifuss, Alfred
Beifuss, Emma
Bendheim, Bertha
Bendheim, Ludwig
Benjamin, Adelheid
Berggrün, Antonie
Berggrün, Ludwig
Bergmann, Otto

Bergmann, Rosy
Bernstein, Bruno
Bernstein, Julius
Bernstein, Margot
Bernstein, Selma
Bibo, Günther
Biener, Elsa
Biener, Selmar
Blachmann, Arthur
Blachmann, Erna
Blachmann, Gerda
Blatteis, Elias
Blatteis, Gerda
Blatteis, Klaus
Blaut, Arnold
Blaut, Artur
Blechner, Oskar
Blum, Betty
Blum, Richard
Blumenstein, Elsa
Blumenstein, Heinz-Georg
Blumenstein, Regi
Blumenstock, Lea
Blumenstock, Mechel
Blumenstock, Ruth
Boas, Benno
Boas, Charlotte
Bohm, Heinz
Bohm, Kurt
Bonné, Beatrice
Bonné, Hans-Jacob
Bonné, Meta
Borchardt, Alice
Borchardt, Heinrich
Bornstein, Wilhelm
Brandt, Dieter
Brandt, Johannes
Brandt, Lina
Brann, Alfred
Brauer, Erich
Brauer, Käthe
Breitbarth, Arthur
Brenner, Blanka
Broderova, Elizabeth
Brück, Herbert
Brühl, Hedwig
Brühl, Lieselotte
Brühl, Walter
Buchholz, Auguste
Buchholz, Wilhelm
Buff, Fritz
Bukofzer, Martha
Buxbaum, Levi
Camnitzer, Edith
Camnitzer, Rosalie

Camnitzer, Siegfried
Chaim, Georg
Chraplewski, Jan
Chraplewski, Klara
Chraplewski, Peter
Chraplewski, Siegfried
Cohen, Rudolf
Cohn, Eugen
Cohn, Georg
Cohn, Helene
Cohn, Johanna
Cohn, Lewis
Cohn, Lydia
Cohn, Rita
Cohn, Sara
Cohn, Walter
Cohnstaedt, Fritz
Cohnstaedt, Nelly
Colin, Auguste
Cunow, Carl
Czerninski, Hilde
Czerninski, Inge
Czerninski, Max
Daniel, Anna
Danziger, Karl
Danziger, Rosa
David, Emma
Dingfelder, Johanna
Dingfelder, Leopold
Dingfelder, Rudi
Dobiecki, Bajrech
Dobiecki, Bella
Dobiecki, Golda
D'onath, Paul
Dörnberg, Gertha
Dresel, Alfred
Dresel, Richard
Dresel, Ruth
Dresel, Zilla
Dublon, Erich
Dublon, Erna Dora
Dublon, Eva
Dublon, Lore
Dublon, Willy-Otto
Dzialowski, Bruno
Dzialowski, Lici
Eckmann, Egon
Edelstein, Ida*
Eichwald, Fritz
Einhorn, Aron
Einhorn, Gitel
Eisner, Ludwig
Epstein, Bettina*
Epstein, Moritz*
Erdmann, Rose

Erdmann, Simon
Eskenazi, Albert
Eskenazi, Gertrud
Eskenazi, Nissin
Falk, Eugen
Falkenstein, Hilde
Falkenstein, Max
Fanto, Julius*
Feig, Werner
Feilchenfeld, Alice
Feilchenfeld, Bertha Judith
Feilchenfeld, Henny
Feilchenfeld, Rafael
Feilchenfeld, Wolf
Fink, Herta
Fink, Manfred
Fink, Michael
Finkelstein, Ina
Fischbach, Amalia, Dull
Fischbach, Amalie, Fischbach
Fischbach, Jonas
Fischbach, Moritz
Fischer, Hans-Hermann
Fischer, Johanna
Fischer, Ruth
Flamberg, Brandla
Flamberg, Fella
Frank, Clara
Frank, Manfred
Frank, Max
Frank, Moritz
Frank, Siegfried
Frank, Ursula
Fränkel, Alice
Fränkel, Hans
Fränkel, Leo
Frankfurter, Lilly
Freiberg, Gisela
Freiberg, Herta
Freiberg, Ruda Regina
Freund, Lieselotte
Freund, Philipp
Freund, Therese
Fried, Engelbert
Friedemann, Walter
Friedheim, Alfred
Friedheim, Edith
Friedheim, Hertha
Friedmann, Amalie
Friedmann, Bruno
Friedmann, Georg
Friedmann, Lilian
Friedmann, Rose
Friedmann, Ruth
Friedmann, Willy

Fröhlich, Max
Fuchs-Marx, Anna
Fuchs-Marx, Walter
Fuld, Hans
Fuld, Julie
Fuld, Ludwig,
Gabel, Beate
Gabel, Gerhard
Gabel, Heinrich
Gelband, Benjamin
Gelband, Chana
Gembitz, Heinz-Adolf
Gembitz, Martha
Gembitz, Max
Gerber, Rosa
Gerber, Ruth
Glade, Bruno
Glaser, Arthur
Glaserfeld, Moritz Max
Glass, Herbert
Glücksmann, Hans Heinrich
Glücksmann, Heinrich
Glücksmann, Margarete
Goldbaum, Anna*
Goldberg, Wilhelm
Goldreich, Rudolf
Goldreich, Therese
Goldschmidt, Adolf
Goldschmidt, Alex
Goldschmidt, Else
Goldschmidt, Fritz
Goldschmidt, Gerda
Goldschmidt, Inge
Goldschmidt, Klaus-Helmut*
Goldschmidt, Lore
Goldstein, Heinz
Goldstein, Hermann
Goldstein, Recha
Gottfeld, Julius
Gottfeld, Rosa
Gotthelf, Fritz
Gotthelf, Käte
Gottlieb, Sali
Gottschalk, Charlotte
Gottschalk, Erika
Gottschalk, Jacob
Gottschalk, Regina
Greilsamer, Erich
Greve, Evelyn
Greve, Heinz Ludwig
Greve, Johanna
Greve, Walter
Gronowetter, Hermann
Gross, Frieda
Gross, Johanna
Grossmann, Erich
Grossmann, Friedrich
Grossmann, Helene
Grossmann, Henny
Grossmann, Idel
Groza de Quintero, Ileana

Gruber, Alex
Gruber, Gisela
Gruber, Hermann
Gruber, Max
Grubner, Jakob
Grubner, Joachim
Grubner, Mano
Grubner, Ryfka
Grünberg, Etty
Grünstein, Gerd Fritz
Grünstein, Heinz
Grünthal, Adolf
Grünthal, Bertha-Ellen
Grünthal, Else
Grünthal, Horst-Martin
Grünthal, Lutz
Grünthal, Margarete
Grünthal, Ruthild
Grünthal, Sibyll
Grünthal, Walter.
Gutmann, Martha
Guttmann, Harry
Guttmann, Helga
Guttmann, Josef
Guttmann, Margarete
Guttmann, Rosi
Guttmann, Ruth
Guttmann, Sally
Haas, Anton
Haas, Elisabeth
Haas, Leo
Haber, Nathan
Hamburger, Arthur
Hammerschlag, Max
Hammerschlag, Moses
Händler, Fritz
Händler, Georg
Händler, Marie
Händler, Rosamunde
Hausdorff, Arthur
Hausdorff, Gertrud
Hauser, Cecilie
Hauser, Herrmann
Hecht, Charlotte
Heidt, Else
Heidt, Fritz
Heilbrun, Berna
Heilbrun, Bruno
Heilbrun, Günther
Heilbrun, Ingeborg
Heilbrun, Johanna
Heilbrun, Leon
Heilbrun, Norbert
Heilbrun, Ruth
Heilbrun, Sally
Heim, Emil
Heim, Gerda
Heimann, Bella
Heimann, Erwin
Heinemann, Hilmar
Heldenmuth, Alfred

Heldenmuth, Lilo
Heldenmuth, Selma
Heller, Frantisek
Heller, Freide
Heller, Irma
Heller, Moritz
Hermann, Gerda
Hermann, Julius*
Hermann, Sophie
Hermanns, Julius
Herrmann, Fritz
Herz, Amalie
Herz, Anna
Herz, Max*
Herz, Walter
Hess, Adolf
Hess, Ilse
Hess, Jette
Hess, Martin
Hess, Vera
Hesse, Robert
Heymann, Arno
Heymann, Dorothea
Heymann, Hedwig
Hilb, Fritz
Hirsch, Hermann
Hirsch, Joachim
Hirsch, Margot
Hirsch, Max
Hirschberg, Julius
Hirschberg, Regina
Hirschfeld, Ruth
Hirschfeld, Siegfried
Hoffmann, Emma
Hoffmann, Karl
Hoffmann, Selma
Hofmann, Cilly
Hofmann, Siegfried*
Hopp, Margarethe
Huber, Lilli
Hüneberg, Walter
Isakowski, Kurt
Isner, Babette
Isner, Bella
Isner, Justin
Isner, Ruth
Israel, Hugo
Jacobowitz, Martin
Jacobowitz, Mathilde
Jacobowitz, Walter
Jacobsohn, Erich
Jacobsohn, Margarete
Jacobsohn, Thomas
Jacoby, Käthe
Jacoby, Otto
Jacoby, Regina
Jacoby, Susanna
Jimenez, José
Joel, Günther
Joel, Johanna
Joel, Leon

Jonas, Julius
Jordan, Johanna*
Joseph, Benno
Joseph, Brigitte
Joseph, Ernst
Joseph, Frieda
Joseph, Fritz
Joseph, Hertha
Joseph, Josef
Joseph, Liesel
Joseph, Lilly
Jungermann, Alois
Jungermann, Chaim
Jungermann, Lucie
Jungermann, Moschek
Kahn, Arthur
Kahn, Else
Kahn, Gustav
Kahn, Willi
Kahnemann, Paula
Kaim, Hans
Kaminker, Berthold*
Karliner, Flora
Karliner, Herbert
Karliner, Ilse
Karliner, Joseph
Karliner, Marta
Karliner, Ruth
Karliner, Walter
Karmann, Annemarie
Karmann, Karl
Karmann, Käthe
Karmann, Richard
Karmann, Sidonie
Kassel, Artur
Kassel, Fritz
Katz, Julius
Katz, Siegfried
Kaufherr, Betty
Kaufherr, Hannelore
Kaufherr, Josef
Kaufmann, Adelheid
Kaufmann, Nathan
Keiler, Ruth
Kirchhausen, Hermann
Kirchhausen, Karl
Klein, Evelyn
Klein, Hannelore
Klein, Hans
Klein, Hermanda
Klein, Leopold
Klein, Luise
Klein, Nicolaus
Knepel, Chaja
Knepel, Gisela
Knepel, Sonja
Kochmann, Alice
Kochmann, Friedrich
Kochmann, Hilde
Kohn, Maximilian
Kohorn, Paul

Köppel, Irmgard
Köppel, Jakob
Köppel, Josef
Köppel, Judith
Kormann, Osias
Krebs, Günther
Krohn, Regina
Kügler, Maria
Kutner, Hans
Langnas, Leon
Laskau, Benno
Lauchheimer, Ida
Lebrecht, Max
Lehmann, Mina
Lehmann, Salomon
Leimdörfer, Hugo
Leinkram, Aron
Leinkram, Mina
Lenneberg, Georg
Lenneberg, Gisela
Lenneberg, Hans
Lenneberg, Julius
Lenneberg, Werner
Levin, Hildegard
Levin, Ilse
Levin, Ingeborg
Levin, Kurt
Levin, Mirjam
Levy, Ernestine
Lewith, Julius
Lewith, Valerie
Leyser, Erich*
Leyser, Friedrich
Leyser, Margot
Lichtenstein, Fritz*
Lichtenstein, Lucie
Lichtenstein, Max Norbert
Liepmann, Erna
Liepmann, Herbert
Lissberger, Hedwig
Litmann, Majlich
Löb, Anneliese
Löb, Armin
Löb, Bella
Löb, Isidor
Löb, Karolina
Löb, Marie
Löb, Ruth
Loeb, Hans-Otto
Loeb, Olga Marie
Loewe, Elise
Loewe, Fritz
Loewe, Max
Loewe, Ruth
Loewenstein, Ernst
Loewenstein, Regina
Loewisohn, Martha
Lövinsohn, Edith
Lövinsohn, Hella
Löwenstein, Alice
Löwenstein, Ernst

Löwenstein, Ida
Löwenstein, Kurt
Löwenstein, Otto
Löwy, Geza
Luft, Gerhard
Luft, Margot
Lustig, Egon
Lustig, Elsa
Maier, David
Maier, Freya
Maier, Helene
Maier, Ludwig
Maier, Pauline
Maier, Sonja
Mainzer, Ernst
Mainzer, Olga
Manasse, Alfred
Manasse, Emmy
Manasse, Herbert
Manasse, Ida
Manasse, Wolfgang
Mankiewitz, Johanna
Mankiewitz, Siegfried
Mannheimer, Siegfried
Marcus, Friedrich
Marcus, Ilse
Marcus, Kurt
Marx, Emil
Marx, Flora
Marx, Salomon
Marx, Simon
Maschkowsky, Arthur
Maschkowsky, Toni
May, Ludwig
Mayer, Adalbert
Mayer, Fanny
Mayer, Ludwig
Mayer, Samuel
Mayer, Stephanie
Mendel, Christine
Mendel, Elisabeth
Mendel, Karl
Menendez, Mercedes
Menendez, Ramira
Menendez, Zeza
Messinger, Pessla
Messinger, Salo
Messinger, Selman
Metis, Annette
Metis, Lotte
Metis, Wolfgang
Meyer, Anna
Meyer, Berthold
Meyer, Elfriede
Meyer, Ernst
Meyer, Joseph
Meyerhoff, Charlotte*
Meyerstein, Alice
Meyerstein, Hans
Meyerstein, Ludwig
Michaelis, Cecilie

Michaelis, Walter
Moser, Edmund*
Moser, Rosalie*
Moses, Alfred
Moses, Eugen
Moses, Georg
Moses, Helmut
Moses, Martha
Moses, Thea
Moskiewicz, Ismar
Motulsky, Arno
Motulsky, Lia
Motulsky, Lothar
Motulsky, Rena
Mück, Joachim*
Mühlenthal, Charlotte
Müller, Ernst
Müller, Margot
Münz, Karl
Münz, Meta*
Münz, Paula
Münz, Sophie
Nathanson, Harry
Nathanson, Hilde Nora
Neuberg, Ilse
Neuberg, Wilhelm
Neufeld, Fritz
Neufeld, Joseph
Neuhaus, Felix
Oberdorfer, Gerda
Oberdorfer, Hedwig
Oberdorfer, Margarete
Oberdorfer, Max
Oberdorfer, Simon
Oberdorfer, Stefanie
Oberndorfer, Paula
Obstfeld, Hermine
Oehl, Dorothea*
Oehl, Käthe
Oppé, Armin
Oppé, Margarethe
Oppenheimer, Adolf
Oppler, Arthur*
Oppler, Elise
Ostrodzki, Betti
Ostrodzki, Ernst
Oyres, Herbert
Oyres, Karl
Pander, Berta
Pander, Hilde
Pander, Max
Philippi, Ernst
Philippi, Gert
Philippi, Margarete
Philippi, Wolfgang
Pick, Elisabeth
Pinthus, Heinz
Pommer, Martin
Präger, Margarethe
Präger, Siegfried
Preger, Alexander

Preiss, Gerhard
Preiss, Lisbeth
Quintero, Lazaro
Rabinowitz, Harry
Rebenfeld, Kurt*
Recher, Irene
Recher, Moritz
Reichenteil, Betty*
Reichenteil, Joseph*
Reif, Chaje Leja
Reif, Friedrich
Reif, Liane
Reingenheim, Fanny
Reingenheim, Jacob
Reingenheim, Selma
Reutlinger, Elly
Reutlinger, Renate
Richter, Marianne*
Riegelhaupt, Cypora
Riegelhaupt, Israel
Riesenburger, Hermann*
Ring, Erich
Ring, Erna
Ring, Jacques
Rinteln, Elisabeth
Rinteln, Walter
Ritter, Wilhelm
Rosenbach, Heinz
Rosenbaum, Rosa
Rosenberg, Louis
Rosenberg, Ricka
Rosenberg, Selig
Rosenfeld, Hans
Rosenfeld, Selma
Rosenfeld, Steffi
Rosenthal, Johanna
Rosenthal, Kurt
Rosenthal, Margrit
Rosenthal, Max
Rosenthal, Rolf
Rosenzweig, Siegfried
Ross, Heinrich
Roth, Camilla
Roth, Ernst
Roth, Harry
Rothmann, Jenny
Rothmann, Martin
Rotholz, Berthold
Rotholz, Guenther
Rotholz, Horst
Rotholz, Margarete,
  Loewenstein
Rotholz, Margarete, Spanier
Rotholz, Siegfried
Rothschild, Erwin
Rothschild, Eva
Rothschild, Frieda
Roubitschek, Ernst
Roubitschek, Pauline
Roubitschek, Richard
Ryndsionski, Ferdinand

Safier, Cypora
Safier, Eva
Safier, Jakob
Salm, Ida
Salm, Leopold
Salmon, Edith
Salmon, Egon
Salmon, Erna
Salomon, Moritz
Salomon, Sybilla
Sandberg, Delta
Sandberg, Ruth
Schafranik, Heinrich
Schafranik, Leontine
Schapira, Henriette
Schapira, Leib
Schelansky, Frieda
Schelansky, Hans Heinz
Scheuer, Gertrud
Scheyer, Martha
Schild, Irma
Schild, Ison
Schillinger, Georg Jezi
Schillinger, Jan
Schillinger, Marie
Schillinger, Samuel
Schlesinger, Frederike
Schlesinger, Max
Schlesinger, Meta
Schlesinger, Richard
Schoeps, Anni
Schoeps, Beate
Schoeps, Kurt
Schönberger, Moritz
Schönemann, Gertrud
Schönemann, Siegfried
Schönemann, Wolfgang
Schott, Else
Schott, Kurt
Schott, Siegfried
Schuck, Gertrud
Schüfftan, Therese
Schüfftan, Walter
Schüfftan, Wolfgang
Schulhof, Julius
Schulhof, Stella
Schumanovsky, Emil
Schwager, Albert
Schwager, Resi
Schwalbendorf, Josef
Schwartz, Oskar
Schwartz, Regina
Schweiger, Sofie*
Schweitzer, Jenny
Schweitzer, Max,
Secemski, Aron ·
Secemski, Hanna
Secemski, Luise

Segal, Moses
Segal, Sabine
Seliger, Walter*
Seligmann, Alma
Seligmann, Max
Seligmann, Rosa
Seligmann, Siegbert
Seligmann, Siegfried
Seligmann, Ursula
Siegel, Arthur*
Sietz, Lea
Silber, Chaja
Silber, Leo
Silber, Salomon
Silberstein, Gert
Silberstein, Kurt
Silberstein, Renate
Silberstein, Thea
Silzer, Leontine
Silzer, Paul
Simon, Carl
Simon, Edith
Simon, Ilse
Simon, Martin
Simon, Rolf
Simon, Selma, Katz
Simon, Selma, Schlesinger
Singer, Amalie
Singer, Josef
Singer, Max
Siperstein, Josefine
Sklow, Betty
Skotzki, Charlotte
Skotzki, Günther
Skotzki, Helga
Skotzki, Inge
Spanier, Babette
Spanier, Fritz
Spanier, Ines
Spanier, Renate
Speier, Meier
Spira, Hanna
Spitz, Erich
Spitz, Ursula
Spitz, Vera
Springer, Julius
Srog, Abraham
Srog, Mathilde
Stahl, Rosa
Stark, Moses
Stark, Paul
Stark, Pessel
Stein, Else
Stein, Erich
Stein, Fanny
Stein, Grete
Stein, Joseph
Stein, Kurt

Stein, Mauritius
Stein, Werner
Sternberg, Alice
Sternlicht, Gertrud
Sternlicht, Lotte*
Strauss, Alfons
Strauss, Emma*
Strauss, Heinrich*
Strauss, Hermann
Strauss, Josef
Strauss, Kurt
Strauss, Max
Sydower, Wilhelm
Tannenbaum, Karl
Tannenbaum, Malchen
Tichauer, Else
Tichauer, Herbert
Tischler, Harry
Tischler, Lina
Trödel, Blanca
Trödel, Erich
Trödel, Leopold
Trödel, Walter
Turkowicz, Edith
Turkowicz, Helene
Turkowicz, Joer
Unger, Bertha
Velman, Hilde
Velman, Walter*
Vendig, Charlotte
Vendig, Ernst
Vendig, Fritz-Dieter
Vendig, Heiner
Vendig, Paulina
Wachtel, Amanda*
Wachtel, Joseph
Waldbaum, Gerda
Waldbaum, Margarete
Waldbaum, Viktor
Wallerstein, Anton
Wallerstein, Edith
Wallerstein, Julius
Wallerstein, Paula
Warschawsky, Franz Peter
Warschawsky, Hans
Warschawsky, Johanna
Warschawsky, Ursula
Wartelski, Leo
Wassermann, Paula
Wasservogel, Irma
Wasservogel, Viktor
Wechselmann, Margarete
Wechselmann, Oskar
Weil, Anneliese
Weil, Arthur
Weil, Berthold*
Weil, Clara
Weil, Eduard

Weil, Emma
Weil, Ernst
Weil, Felix
Weil, Gustav
Weil, Ingeborg
Weil, Julius
Weil, Susanna
Weil, Thekla*
Weiler, Meier
Weiler, Recha
Weinberg, Walter
Weinstein, Dina
Weinstein, Siegfried
Weinstock, Arthur
Weinstock, Charlotte
Weinstock, Ernst
Weis, Bella
Weis, Max
Weisel, Friederike
Weiser, Chawa
Weiser, Ignaz
Weiss, Gerda
Weiss, Laja
Weiss, Leopold
Weiss, Majer
Weissler, Walter
Weisz, Samuel
Weltmann, Elly
Weltmann, Erich
Weltmann, Renate
Wertheim, Fritz
Westheimer, Klara*
Wiesenfelder, Martin
Wilmersdörfer, Flora
Wilmersdörfer, Siegfried
Windmüller, Berta
Windmüller, Hans
Windmüller, Rudi
Windmüller, Salomon
Winkler, Istvan
Wolf, Abraham
Wolf, Elisabeth
Wolf, Johanna
Wolf, Lina*
Wolf, Moritz
Wolfermann, Flora
Wolfermann, Jacob
Wolff, Adolf
Wolff, Else
Wolff, Hildegard
Wolff, Max
Zellner, Gertrud
Zellner, Margot
Zellner, Max
Zellner, Ruth
Zweigenthal, Fritz*

The 937 names on this list come from a Cuban Immigration Department/Hamburg-America Line manifest held by the American Jewish Joint Distribution Committee archive in New York, NY. Other than correcting obvious errors, the names appear as recorded on the original document.

* Unaccounted-for passengers as of March 4, 1999